国家社会科学基金艺术学项目
非物质文化遗产青少年传承研究
北京师范大学附属实验中学校本课程读本

课题研究成果

冯琳 何志攀 杨娜 等 编著

华夏节令

传承传统节日

学苑出版社

《华夏节令》编写委员会

主　编：冯　琳　何志攀　杨　娜
副主编：郭　月　卢　怡
委　员（以姓氏笔画为序）：
　　　　冯春苗　李松蔚　豆金楠　吴　艳　陈雨蕉　孟瀚文　施　倩

文化铸今古
礼仪安邦国

丙申春月 柳娥

禮儀之邦 衣冠上國

丙申年冬 余輝書

序

　　大凡提及中华的传统文化，大家都会联想到四书五经、唐诗宋词，联想到书法绘画、京昆雅韵，再或者，联想到"四大发明"或故宫长城。在一些学校考察的时候，时常会听到从教室里传来朗读着《三字经》《百家姓》的童稚雏音。从近些年国家提倡和重视传统文化的教育和推广工作以来，我们的确看到了一些令人欣喜的成果——人们对传统文化的重视程度越来越高，各种书院、传习所如雨后春笋纷纷涌现；中小学也开始逐渐自觉提炼学校的文化精髓，各种来自古代经典中的名言、警句成为校训或者是学校的文化理念；孔子学院和孔子课堂也在世界各地生根发芽，吸引了众多的中国文化爱好者。

　　但是在这些欣欣向荣的景象背后，我个人还是有一些隐忧，特别是当看到那些小孩子们刚刚背完《三字经》《百家姓》《千字文》，就捧起《论语》《大学》，甚至《周易》，开始阅读甚至背诵的时候，总会感到错愕：一个刚刚能以儿歌的方式背完"三、百、千"的孩子，如何能够在似懂非懂间，一步跨越到解读半部就可以治天下的《论语》，或者让许多专家学者呕心沥血研究一辈子的《周易》呢？再由此联想到，那些对中华文化感兴趣的外国友人们，他们究竟是迷恋绚丽的神话、传奇的侠义，抑或是九州的美食、精致的器物……我们是否真正了解？

　　这个现实反映在出版物中，就更加明显。书店里摆放在儿童读物区的《弟子规》或《三字经》的品种和版本，要远多于成人阅读区内的同类书籍；如果是一个对传统文化感兴趣的中学生，在国学书籍区域内，多半买不到匹配阅读水平的书籍。这就像一个刚刚学会加减乘除的小学生，马上就灌之以微积分，总给人揠苗助长的感觉。说到底，很多

1

人对"传统文化"的理解失之肤浅。传统文化并非仅指那些束之高阁的典籍、曲径回廊的园林、石碑镌刻的文字、厅堂戏楼的吟哦，它更应该是一种生活方式、一种烟火气息。前面提及的那些，都只是传统文化的某个载体、某种体现，远非文化的全部。

循着这个思路，我们还可以继续叩问：古人为何可以成贤成圣，文字为何可以成经成典，诗词歌赋何以传诵千年依旧风流动人……这些问题值得我们深思，值得我们去探究促成这一切的因素。除了时代的变迁，古人和我们并没有更多的不同，不会不食人间烟火或是只着霓裳羽衣。除去丝竹管弦、颠沛流离的日子，他们的岁月依然是恪守着中国人"衣食住行"这个最基本的四字生活准则——也正因为这四个字，才使得中华文化一脉相承。

很欣慰，有一群年轻的教师们已经注意到这个问题，他们开始从服饰和礼仪着手，探索今古相通的传承规律和生活方式。应该说，在华夏服饰与华夏礼仪、华夏节令中，凝聚着中华民族的精神内涵：端庄典雅、宽容博大、自信傲岸、仪态万方，体现出一派清静娴雅的诗意栖居。他们着力从服饰、礼仪这些具体的角度管窥中华传统文化，不仅选择了正确的方向，而且字里行间饱含着他们对传统文化深沉的热爱。我想这已经足够了！作为希望能为弘扬中华文化做点实事的年轻人，他们的作品很好地在儿歌与经典、在凡人和圣贤之间搭建起一座充满生活气息的桥梁，也算稍稍地弥补了我当初的一些隐忧。我总相信，中华传统文化博大精深，只要传承之路的方向没有错，并且能够不断发扬光大，谁说当今不会再出圣人？

谨以此序，对他们的坚持和努力表示钦佩和鼓励！

教育部原总督学、国家教委原副主任 柳斌
2016 年 8 月

前言

浸润佳节 续写千秋

悠悠华夏，千载辉煌。中国是一个历史悠久的文明古国，丰富的民族节日是中华文化的重要组成部分。传统节日，也像传统服饰那样美不胜收。在林林总总的日子里，总有一些特别的日子，让人们可以怀念起曾经的兰亭旧梦、清明踏青、端阳龙舟、中秋皓月。这些节日反映着民族的传统习惯、道德风尚和思想观念，也寄托着整个民族的憧憬，给人们带来了日常生活之外的特殊文化空间，更是千百年来一代代中国人岁月长途中的狂欢盛宴。

但不知何时起，域外节日开始在中国流行，一些带有着浓厚宗教氛围的节日成了欢乐的盛会，进而演绎为商家的促销手段，这背后隐藏的可能是对于自己文化的自卑和不自信，以及经济快速增长后的文化空虚与淡漠。不是不能吸纳外来文化，但是"海纳百川"的前提是"以我为主、为我所用"，而不是对"自我"的冲击，甚至抹杀、替代。而反观民族节日，端午节变成了"粽子节"、中秋节变成了"送礼节"、春节变成了"发红包节"，传统节日不仅氛围变淡了，更是变味了，使得我们很难像前人那样从四季节令变换中感悟天人物我的关系、安顿自己的身心。然而，同处东亚文化圈的其他国家，对脱胎于华夏的节日的演绎和重视，又碰触到了中国人的"敏感"神经，使我们无法再为自己的"不作为"寻找借口：原来不是祖先留给我们的不够好，而是我们没有珍惜与呵护。

2007年底，国务院公布《关于修改〈国务院全国年节及纪念日放假办法〉的决定》，将传统节日清明、端午、中秋增设为国家法定节假日，并于2008年1月1日起正式施行。被列为法定节假日的传统节日，终于给传统节日复兴带来了新中国成立以来的最好契机，更成了传统文化爱好者展示共同体的良好空间。与此同时，传统节日与汉服活动相结合的方式，更是成为各汉服社团宣传活动的主打策略。自此，汉服运动参与者对于传统民族服装的宣传形式不再局限于以公园游玩、马路上巡游来吸引公众的注意力，而是与传统节日相结合，在特定的时间和空间内，将传统服饰、礼仪、民俗和现代社会相结合，并借助大众媒体进行广泛传播。毕竟，在传统服饰向节日盛装的功能转向的背景下，传统节日才是各民族

穿着传统服饰展现传统文化的重要场域，也是人们通过节日与传统文化发生互动，获取民族认同与民族凝聚力的关键载体。

事实上，当上巳曲水流觞、清明踏青郊游、中秋拜月祭月……这些昔日的传统节日与传统的土壤环境分离之后，在现代生活中也只是残留于记忆中的一个个影子，以文化象征物的形式存在于人们的生活空间。但庆幸的是，十余年来，时光轮回。随着大量汉服社团对于传统节日的不断参与和演绎，节日生活的非日常性特性，不仅成了汉服运动群体展示其独特风格的合理空间，更是为民俗文化回归现代社会找到了可行性载体，人们似乎也感觉到，在华夏衣冠被找回的同时，归来的还有民俗节日。对于社会公众而言，沉溺在现代生活的海洋之时，也在重新审视着那群正在推广着传统节日的人们。"新鲜"感过后或许开始思考，祖先留下的文化和精神，我们是不是真的丢了些什么？

本书结合传统历法基本常识和传统汉服文化来展现华夏文明的节日文化。首先帮助读者"知其然"，以"春、夏、秋、冬"的岁时流转为主线，逐月介绍主要节日的历史由来、特色节俗、今日过法及相关诗词，勾勒中国传统节日的整体面貌以及今日传承弘扬的思考。其次对传统历法的基本常识进行说明，以帮助大家"知其所以然"，了解前人是如何把握大自然的运行节奏，安顿自己的生活实践，从而帮助我们更主动地面对社会的变迁，点化提升我们日益紧张忙碌的生活。节日文化的弘扬复兴，是整个华夏文明复兴的一部分。"着汉家衣裳，兴礼仪之邦"，将汉服活动与传统、礼仪、节日的复兴结合起来，不仅是汉服复兴的常见做法，也给传统礼仪、节日的复兴带来了崭新的契机，故本书还收录了节日活动策划指南和汉服教育、汉服汉文化复兴理论思考等内容，从实践和理论两个层面，深化对我们华夏文明的认识。

我们书写的所有努力，是为了让读者能够充分感受到中华文明"从时间看待世界"的思维方式，能够体会华夏民族对于自然运转、岁月变迁的敏锐感知和深刻把握，从而与我们一道，探索如何在今天继承弘扬我们的节日文化。

我们希冀，古老的华夏节日文化能与今人的生活融合起来！

2017年1月，中共中央办公厅、国务院办公厅印发了《关于实施中华优秀传统文化传承发展工程的意见》，里面提道："深入开展'我们的节日'主题活动，实施中国传统节日振兴工程，丰富春节、元宵、清明、端午、七夕、中秋、重阳等传统节日文化内涵，形成新的节日习俗。加强对传统历法、节气、生肖和饮食、医药等的研究阐释、活态利用，使其有益的文化价值深度嵌入百姓生活。"这段意见是文件中"重点任务"部分之"融入生产生活"。是啊，任何美好的文化，如果脱离了民众的生产生活，就会枯萎消散；而美好的文化，本身又是为了让我们的生活更加美好。本书希望能帮助大家了解我们的节日文化，并让大家在对传统佳节的浸润体味中，感悟岁月、安顿身心。

唯愿我们的传统节日，也不被后世子孙所遗忘。在中华传统文化整体升温的浪潮下，伴随着文化的诸多部分，重新回到我们的现实世界，让现代的人们真正地过上自己的民族节日，重新拾起被淡忘的传统习俗。

举旷世之华装，兴礼仪之家邦；融九州之佳节，传一国之荣昌。

杨娜（兰芷芳兮）
北京市光华路中央电视台

第一篇　春风十里

第一章　正月辞旧风气新 /1

华夏新年 /1
立春日 /12
元宵节 /16
天穿节·填仓节·正月晦 /21

第二章　二月日暖春萌动 /26

中和节 /26
春龙节 /29
花朝节 /32

第三章　三月青春弹指过 /39

上巳节 /39
寒食节 /43
清明节 /47

第二篇　夏意盈怀

第四章　四月薰风带暑至 /52

立夏日 /52

第五章　五月榴花照眼明 /56

端午节 /56
分龙节 /62

第六章　六月荷花香满湖 /65

六月六 /65
观莲节 /68

第三篇　秋色斑斓

第七章　七月新秋风露早 /72

立秋日 /72
七夕节 /75
中元节 /80

第八章　八月人间桂花秋 /84
中秋节 /84
第九章　九月霜秋秋已尽 /91
重阳节 /91

第四篇　冬蕴万物
第十章　十月陡觉布被轻 /97
十月朝 /97
立冬日 /100
下元节 /102
第十一章　十一月里夜长寒 /105
冬至日 /105
第十二章　腊月风和意已春 /111
腊八节 /111
尾牙节 /115
祭灶节 /118
除夕 /121

第五篇　历法举要
第十三章　四时节令 /128
一年四季 /128
节气月令 /136
第十四章　岁月流转 /145
天干地支 /145
月·日·时 /150

第六篇　策划指南
第十五章　春萌夏动 /159
如何策划一场成功的汉服活动 /159
2018年元宵节活动方案 /163
2017年花朝节活动执行案 /167
2017年首届端午节汉服趣味运动会 /173

第十六章　秋游冬聚 /179

2017 年七夕大型活动策划案 /179
2017 年中秋走月雅聚活动 /181
2017 年重阳特别企划 /182
2016 年冬至活动策划案 /183

第七篇　汉风化人

第十七章　校园华裳 /187

面向生活与实践的国学校本课程 /187
汉服选修课的理想与现实 /196
中学汉服社团建设的思考与实践 /203

第十八章　笔著服章 /210

《华夏文明》系列选修课教材写作方案 /210
中华传统礼乐文明研习课课程设计方案 /219
汉服概念的修正缘由及其发展的三个阶段 /225

附　录

中国华服日倡议书 /231
中国华服日：关于对《中国华服日倡议书》中"中华民族传统节日"
　　和"人生重要节点"进行明确的公告 /232
传统节日穿衣指南 /233
新年汉衣彰显魅力 /243
幸运色里助你开运 /248
原汁原味中国游戏 /252

第一篇　春风十里

在遥远的古代，寒冬是残酷的，每当冬去春来，人们总是迫不及待：华夏新年是最隆重热烈的期盼；充满浪漫气息的元宵夜张灯结彩；立春来到，东风化雨，大地回暖；百花生日，簪花点缀，拜贺花神；上巳"长安水边多丽人"；寒食清明慎终追远……整个春季弥漫着新生的气息。

第一章　正月辞旧风气新

> 天地风霜尽，乾坤气象和。历添新岁月，春满旧山河。
> 梅柳芳容稚，松篁老态多。屠苏成醉饮，欢笑白云窝。
> ——（明）叶颙《己酉新正》

> 孟春之月，日在营室，昏参中，旦尾中。其日甲乙。其帝大皞。其神句芒。其虫鳞。其音角。律中大蔟。其数八。其味酸。其臭膻。其祀户。祭先脾。
> 东风解冻，蛰虫始振，鱼上冰，獭祭鱼，鸿雁来。
> ——《礼记·月令》

正月开启了四季崭新的轮回，有"爆竹声中一岁除"的新春喜庆，有"暖烟轻逐晓风吹"的立春悸动，更有"东风夜放花千树"的元宵繁华……正月的每一个日子都被赋予了特殊的意义，表达着华夏儿女的历史记忆与生活理想。

华夏新年

> 爆竹声中一岁除，春风送暖入屠苏。千门万户曈曈日，总把新桃换旧符。
> ——（宋）王安石《元日》

春节是中华民族最盛大的节日。有孩童"相守夜欢哗"的欢腾喜庆，有年轻人"欢多情未极，赏至杯莫停"的情意绵绵，有老人守岁"努力尽今夕，少年犹可夸"的老而弥坚，还有天涯游子"乡心新岁切，天畔独潸然"的无尽相思。

时至今日，春节仍然是华夏子女最深切的盼望与思念。一年一度的春运，好似是一次人口的大迁徙：成千上万的异乡游子，不顾工作繁忙、不惧天气恶劣、不怕旅途艰辛，踏上归乡的路途，赶在大年三十前回家中团圆。"回家过年"是打拼在外的异乡人给自己最有力的安慰。

华夏节令

传承传统节日

元日拜年（天汉民族文化网 蒹葭从风 绘）

春节所蕴含的文化意味跨越时间、地域，植根于每一个华夏儿女心中，这是一种深深的文化认同感，这是一股浓浓的对家人的牵挂、对故土的眷恋之情。

一、千门万户曈曈日——春节时日

《尚书·尧典》："钦若昊天，历象日月星辰，敬授人时。……期三百有六旬有六日，以闰月定四时成岁。"《尔雅·释天》："唐虞曰载，夏曰岁，商曰祀，周曰年"。"年"的概念，最初含义始于农业。先民们根据农作物的生长周期发现了春夏秋冬四季交替的规律，由此有了"年"的概念。"年"即丰收时节。古人谓谷子一熟为一"年"，五谷丰收为"大有年"。

"年"的甲骨文写法：上半部分为"禾"字，下半部分为"人"字。这展现了一个人背负成熟的禾的形象，表示庄稼成熟，古时候所谓的"年成"便指此。由于谷禾一般都是一岁一熟，所以"年"与"岁"在日期数量上有相同周期了。

古时候的新年为岁首之日，历来有不同的称法，如元日、元旦、元正、岁朝等，但都表示正月初一是年、月、日三者的开始。传说这一节日源自虞舜时代。《尚书·舜典》："正月上日，（舜）受终于文祖。在璇玑玉衡，以齐七政。肆类于上帝，禋于六宗，望于山川，遍于群神。"由于历法的差异，岁首日多有变动。夏代建寅，以寅月为起始，寅月相当于今日农历的正月。商代建丑，丑月相当于农历的腊月。周代建子，子月相当于农历的十一月。秦代建亥，亥月相当于农历的十月。汉初沿袭秦制，汉武帝太初元年实行太初历，恢复夏历建寅，以夏历的正月为一年的岁首。

年（甲骨文）

辛亥革命后，临时大总统孙中山发布《改历改元通电》："中华民国改用阳历，以黄帝纪元四千六百九年即辛亥十一月十三日，为中华民国元年元旦"，从此中国改用西历。1914年，临时大总统袁世凯将阴历的元旦定为春节，端午为夏节，中秋为秋节，冬至为冬节。1949年9月27日，中国人民政治协商会议第一届全体会议决定采用"公元纪年法"，将公历1月1日称为"元旦"，夏历正月初一仍称"春节"。1970年以后夏历改称为农历。从此，中国有了两个新年：阳历的元旦，农历的春节。

现代的春节本指正月初一，但民间意义上的春节一般从腊月初八的腊祭或腊月二十三或二十四的祭灶开始，一直到正月十五，喜庆气氛要持续一个多月。其中，除夕、正月初一和元宵节为三大高潮。

夏商周三代新年到来的具体时刻有所不同。夏代为平旦（黎明的寅时，3

点至5点），商代以鸡鸣（丑时，1点至3点），周代以夜半（子时，23点至1点）。后世主要沿用周人的日始概念，以子时为准。新年来临被称为"交子时"，今天，随着"24小时"时间制的普及，人们都以"0点"的钟声作为新年的开始，伴随着激动人心的倒计时，0点到来的那一刻，千家万户响起了鞭炮声、笑闹声，庆祝新年的到来。

二、春在千门万户中——新年节俗

春节是辞旧迎新、祭祝祈年的日子，也是阖家团圆、娱乐狂欢的日子。在腊月一系列除旧布新的工作之后，除夕之日，全家欢聚一堂。吃罢"团年饭"，长辈给孩子们分发"压岁钱"，一家人团坐"守岁"。元日子时交年时刻，鞭炮齐响，辞旧迎新的活动达于高潮。各家焚香致礼，敬天地、拜祖宗，然后依次给尊长拜年，继而同族亲友互致祝贺。元日以后，各种丰富多彩的娱乐活动竞相开展：耍狮子、舞龙灯、扭秧歌、踩高跷、杂耍诸戏等，为新春佳节增添了浓郁的喜庆气氛。集迎、祈年、团圆、娱乐为一体的春节，是中华民族最隆重的盛典佳节。2006年，春节民俗列入第一批国家级非物质文化遗产名录。

近人有"年兽"的传说。据说"年"是民间神话传说中的恶兽，曾屡次来到凡间捣乱，但有一次，"年"闯入某村，巧遇穿红衣，燃竹竿取暖者。见"噼啪"爆炸有声，红光闪耀，"年"惊窜奔逃。于是人们每逢"年"出时，家家户户闭门家居；贴红联，穿红衣，燃爆竹以驱"年"。"年"被赶跑了，人们就敲锣打鼓，互称"恭喜"，后来就演变成了"拜年"。这一传说并无典籍依据，但它把新年节俗串联了起来，生动形象地加以讲解，给人以深刻印象，在民间广为流传。

（明）李士达《岁朝村庆图》（局部）

1. 祭祖

中国人强调慎终追远。子时一过，祭祖就开始了。没有守岁的人家，往往是在五更天开始祭祖。东汉崔寔《四民月令》："正月之旦，是谓正日。躬率妻孥，絜祀祖祢。"正式祀祖前三天，家长及执事都要屏绝旁念，一心一意用礼制约束。正日进酒降神，然后家室尊卑，无论大小，以次列坐先祖之前，子、孙、

家祭（燕王WF 绘）

曾孙各上椒酒于其家长，举觞称寿。祭祖的同时，有的地方也祭祀天神、土地神，其实就是给列祖列宗、诸神拜年。

各地祭祖时间不一，有的地方在年夜饭之前祭拜，也有的地方在除夕子夜前后祭拜。还有的地方初一在家里祭拜之后，还要去祠堂祭祖。也有上坟祭祖的，俗称墓祭，主要是在坟地烧香、上供、叩拜。近代一般是到亲人的墓地祭拜。祭祀的时间、习俗虽有差异，对祖先的缅怀之情都是一样的。

2. 拜年

古时"拜年"一词原有的含义是为长者拜贺新年，包括向长者叩头施礼、祝贺新年如意、问候生活安好等内容。遇有同辈亲友，也要施礼道贺。拜年时，晚辈要先给长辈拜年，祝长辈人长寿安康，长辈可将事先准备好的压岁钱分给晚辈。据说压岁钱可以压住邪祟，因为"岁"与"祟"谐音，晚辈得到压岁钱就可以平平安安度过一岁。

广东有新年歌唱"初一人拜神，初二人拜人"。大年初一，人们首先在家中穿上新衣服，首拜天地神祇，次拜祖先真影，再拜高堂尊长，最后全家按次序互拜。对尊长要行大礼，对孩童要给赏赐，平辈间拱手致语。拜亲朋的次序是：初一拜本家；初二、初三拜母舅、姑丈、岳父等，直至十六日。现代人见面不易，很难完全遵循此次序，但团聚之情依然。此外，现代还有邮寄贺年卡片、贺年信，以及电话、短信、微信拜年等新形式。

在古代，上层士大夫有用名帖互相投贺的习俗。宋人周辉《清波杂志》中说："至正交贺，多不亲往，令人持马衔，每至一门撼数声，而留刺字以表到"。明朝文征明在《贺年》诗中描述："不求见面惟通谒，名纸朝来满敝庐；我亦随人投数纸，世憎嫌简不嫌虚"。针对这种虚应故事的情况，清代《帝京岁时纪胜》记载有俗语云："新正拜年，走千家不如坐一家"，就是强调拜年重在真诚的心意。

3. 放爆竹

当午夜交正子时，新年钟声敲响，大地上空，爆竹声震响天宇。在这"岁之元、月之元、时之元"的"三元"时刻，在熊熊燃烧的旺火周围，孩子们放着鞭炮，欢乐地跳跃玩耍，这时，屋内是通明的灯火，庭前是灿烂的火花，屋外是震天的响声，把除夕的热闹气氛推向了最高潮。这声声爆竹寄托了人们祛邪、避灾、祈福的美好愿望。

(清)姚文瀚《岁朝欢庆图》(局部)

南朝梁人宗懔在《荆楚岁时记》中记载:"正月一日,鸡鸣而起,先于庭前爆竹,以避山臊恶鬼。"

4. 新年饮食

中国人讲究"民以食为天",有"舌尖上的中国"之说。在春节这一隆重的节日中,饮食更是重头戏。中华地域辽阔,风俗不一,加之海外华人的演绎流变,新年饮食也是多种多样。代表性的食品有:

饺子。各地吃饺子的习俗不尽相同,有的地方除夕之夜吃饺子,有的地方初一吃饺子,北方一些地方还有初一到初五每天早上吃饺子的习俗。吃饺子是表达人们辞旧迎新之际祈福求吉的特有方式。

饺子在宋代以前,被称作"角子"或"水角儿";元代被称为"扁食";明代以后,普遍称饺子。按照中国古代记时法,晚上11时到第二天凌晨1时为子时。"交子"即新年与旧年相交的时刻,"交于子时"寓意新年。饺子就意味着更岁交子,过春节吃饺子被认为是大吉大利。

年糕。寓意万事如意年年高。年糕的种类有很多,比如北方的白糕饦、黄米糕;江南的水磨年糕;西南的糯粑粑;台湾的红龟糕。明清时,年糕已发展成市面上一种常年供应的小食,并有南北风味之别。北方年糕有蒸、炸二种,南方年糕除蒸、炸外,尚有片炒、汤煮诸法。

汉代扬雄的《方言》一书中就已有"糕"的称谓,魏晋南北朝时已流行。贾思勰《齐民要术》记载了制作方法。

腊肉。春节期间必备的传统美食,在中国有着悠久的历史。相传在上古夏朝时,人们于十二月合祭众神叫做腊,因而十二月叫腊月。腊肉,就是在冬天将肉类以盐渍经风干或熏干制成而得名的。

早在《周礼》与《周易》中，就已有关于"肉脯"和"腊味"的记载。当时朝廷有专管臣民纳贡肉脯的机构和官吏。在民间，学生也用成束干肉赠给老师作为学费或聘礼，即"束脩"（十条腊肉）。自宋代以后腊肉已经成为民众新年餐桌上不可缺少的美味佳肴。

春节期间的饮食是一种重要的交际活动。比如"吃年酒"，就是春节期间，宴请亲朋好友的酒宴。年前宴请叫分岁酒，年后宴请叫年酒，新年开始后，闹年酒一般要持续十多天。

古籍经常提及的年节饮食，有些今人已知之不多，如五辛盘、屠苏酒、椒柏酒等。五辛盘又称辛盘、春盘，即在盘中盛上五种带有辛辣味的蔬菜——葱、蒜、韭菜、油菜、香菜。屠苏酒，古时候过年指定用酒。合家饮屠苏酒时，先从年少的开始，年纪较长的在后，逐人饮少许。苏辙有《除日》诗云："年年最后饮屠苏，不觉年来七十余"。椒柏酒，指椒酒和柏酒。夏历正月初一用以祭祖或献之于家长以示祝寿拜贺之意。

5. 庙会

庙会，又称"庙市"或"节场"，一般在春节、元宵节等节日举行，是我国集市贸易形式之一。其形成与发展和寺庙的宗教活动有关，在寺庙的节日或规定的日期举行，多设在庙内及其附近，进行祭神、娱乐和购物等活动。庙会流行于全国广大地区。

在祭祀祖先神和自然神的过程中，人们聚集在一起，集体开展一些活动，如进献供品、演奏音乐、举行仪式等，这种为祭祀神灵而产生的集会可以看作是后世民间庙会的雏形。实际上，从"庙会"两个汉字本身也可以看出这点，"庙"最初就是指供奉神灵尤其是祖先神灵的建筑。

6. 岁朝清供图

古人过年时，为美化家居环境，除了春联、剪纸、年画外，还时兴请人将岁朝图和吉祥图挂于厅堂，以迎祥纳福，倍增喜气。"岁朝"即一岁之始。"清供"，又称清玩，包括金石、书画、古器、盆景等可供赏玩的文雅物品。元明之后，又将瓷、铜、玉、石等各种古器物及花卉、果品归为清供物品。"岁朝清供图"就是将这些，尤其谐音含有吉祥之意的清供物品描绘渲染成图，以祝贺新岁的到来，寄托对美好生活的祝愿。

（明）周之冕《岁朝清供图》

三、一年心愿一月酬——喜乐春节

从小年祭灶开始，年味渐浓。到了元日，春节正式进入了高潮。我们的"大春节"从祭灶日开始，到上元节，长达二十天有余，可谓色彩缤纷、高潮迭起。广州民间流传的新年习俗歌说："初一人拜神，初二人拜人，初三穷鬼日，初四人乞米，初五初六正是年，初七寻春去，初八八不归，初九九头空，初十打春去，十一打仔回，十二搭灯棚，十三人开灯，十四灯火明，十五祈完灯，采青走百病。"

江南一带的《新年十日歌》，详细记载了正月初一到初十的过年风俗：

年初一，一寤觉来太阳照东窗，起身忙换新衣裳。家堂君亲天香点，祖宗尊像挂中堂。九子果盘装齐整，预备客人来来往。今朝叮嘱佣人莫扫地，小儿吃饮莫淘汤。

年初二，儿童更欢喜，昨日初一不出户，今日要到亲眷人家去拜拜年。哥哥弟弟手相牵，东家留吃饭、西家排酒筵。临到走，还有二百压岁钱。

年初三，去拜丈母哉，姑爷带仔姑娘同来。人得门，笑口开。拜见丈人权道恭喜，拜见丈母说发财。茶又好，酒又好，隔壁伯婆含笑问姑娘，啥时候，它月养个小宝宝。

年初四，夜不眠，家家接财神，处处放吉鞭。五路正神当中坐，招财利市分两边。斤头蜡烛煌煌亮，齐供羊头元宝鱼。回家拜跪忙碌碌，一心奉敬办至矣。呜呼，哪有千万财神爷，分身到你店堂里。

年初五，伙友要吃开张酒。酒酣快猜拳，五对八马不离口。有个朋友聊下去，有个朋友要分手。来来去去各自忙，来者心欢喜，去者心悲伤。劝君莫悲伤，以后须要巴巴结结争个好面光。

年初六，仍穿新衣服。锣鼓声喧震耳聋，预借元宵习练熟。元宵闹花灯，各处有风俗。龙灯身袅袅，虹灯芒簇簇。叮嘱小儿勿买糖，省下钱来买蜡烛。状元及弟旧名词，要换共和称五族。

年初七，人生日。早餐餐毕取秤来，称出轻重最划一。哥哥称了六十斤，弟郎称了四十七；开口向哥道，休发诮，明年弟弟多吃肉，发个大块头超过你。

年初八，麦生日，农户家家祈丰年。世间一日没了麦，将有何物来充饥？一粒麦，种下田，待到秋成九秋天，不知费了气力几多许，才得摔掼稻吃新米。

年初九，天生日。世间人人都靠天，做事先求弗欺天。婆婆拜佛好修行，新华无事都念经。修得百年无毛病，交好运，退灾星，好行方便发善心。

年初十，地生日。有天还有地，比是爷娘不多异。人畜房屋都依地，米麦百谷都生地。菜蔬风味拿来祭，祭他生日他欢喜。人生忠孝与节义，地维赖以立，作事须求脚脚踏实地。

1. 雄鸡一唱天下白（初一：鸡日、元日，"金鸡报晓"）

传说女娲在造人之前，于正月初一创造出鸡，初二创造狗，初三创造猪，初四创造羊，初五创造牛，初六创造马。故而人们在正月初一之时，把鸡的画像贴在门上，或直接画鸡于门，象征鸡在第一天被创造出来。

大年初一，万象更新。一大早，换上新衣的晚辈要向长辈祝福，全家吃各种带有吉祥寓意的食品。随后是亲友互拜新年，客至以节令饮食招待。人们往往于这一天去寺庙道观行香祈福。这一天还有诸多禁忌，如不能动用扫帚、尽量不动刀剪针线，不说不吉利字眼，打碎碗碟要说"岁岁平安"等，这些都体现了人们追求吉祥如意的美好心愿。

2. 祭神迎婿话家常（初二：犬日，"金吠报春"）

去亲眷人家去拜年，也有说法是出嫁的女儿回娘家，即"回门"。回家时要携带礼品分给娘家的小孩，并在娘家吃午饭，好与许久未见的姊妹叙旧话家常。在过去，一家人会选择这一天拍张全家福。

北方在正月初二祭财神。民间以赵公明为正宗财神，范蠡为文财神，关羽为武财神。这天不论商贸店铺或普通家庭，都要把除夕夜迎来的财神祭祀一番，供品为"五大供"，即：整猪、整羊、整鸡、整鸭、红色活鲤。

3. 祭祀神明小年朝（初三：猪日、小年朝，"肥猪拱门"）

小年朝又称天庆节。宋真宗大中祥符元年，因传有天书下降人间，真宗下诏书，定正月初三日为天庆节，后来称小年朝。此日不扫地、不乞火、不汲水，与岁朝相同。有说法这一天才是女婿看望老丈人、媳妇回娘家的日子。旧时初三日夜还把年节时的松柏枝及节期所挂门神门笺等一并焚化，俗谚云"烧了门神纸，个人寻生理"。

这一天又称赤狗日，与"赤口"同音。大年初三的早上要贴"赤口"（意为禁口），认为这一天里易生口角，不宜拜年。不过现在人们难得春节团聚，对此习俗已经淡化。民间还传说初三晚上是"老鼠娶亲"，故要早早熄灯睡觉，还会在屋角洒落一些米粒、糕饼，供老鼠食用，称为"老鼠分钱"。

4. 接神扔穷吃折箩（初四：羊日，"三羊开泰"）

传说灶神每年腊月二十三晚上天汇报，正月初四日返回人间。民间有"送神早，接神迟"说法，即送神要在一大清早，而接神放在下午也不迟。是日还要接财神。传说初五日是财神诞辰，为争利市，故先于初四接之。还有"接五路"之说，本指接五路行神，后来演变成接五路财神。旧时商家春节休假后，一般都在初四晚上接请五路财神，初五开市，以图吉利。

从初一到初四，商店闭门歇业，妇女不用针线。大年初四全家还要在一起吃"折箩"，即把几天剩下的饭菜大杂烩。还要清扫室内，把垃圾收集起来，称为"扔穷"。

5. 烧香敬茶吃饺子（初五：牛日、破五，"艮牛耕春"）

正月初五，俗称破五节，传统上认为之前诸多禁忌过此日皆可破。由于这一天承担了太多人们的希望与憧憬，所以禁忌就特别多。清代富察敦崇在《燕京岁时记》中说，"初五日谓之'破五'，'破五'之内，不得以生米为炊，妇女不得出门。至初六日，则王妃贵主以及宦室等，冠帔往来，互相道贺。新婚女子，亦于是时归宁……诸商，亦渐次开张贸易矣。"

俗以正月初五为财神生日，此日要送穷、迎财神、开市贸易。清代有竹枝词，描绘了苏州人初五迎财神的情形："五日财源五日求，一年心愿一时酬；提防别处迎神早，隔夜匆匆抱路头。""抱路头"亦即"迎财神"。旧俗春

节期间大小店铺从大年初一起关门,而在正月初五开市。

6. 马日下田备春耕(初六:马日,"马到成功")

下田备春耕,穷气送出门。过去人们在这一天开始准备春耕。过去初一至初五皆不能大肆打扫,因此厕所中的粪便累积,于是这一天清扫厕所,称为"挹肥"。现今人家多使用新式的卫浴设备,故已无此俗。

大年初六还有"送穷"习俗,宋代吕原明《岁时杂记》:"人日前一日,扫聚粪帚,人未行时,以煎饼七枚覆其上,弃之通衢以送穷。"把污秽杂物、破衣烂衫均打扫出门外,在巷口火烧祭祀,供煎饼、芭蕉船,点明烛,送穷鬼上路。唐代韩愈著有《送穷文》,以送"五穷",即"智穷、学穷、文穷、命穷、交穷"五种穷鬼。

古人有"三六九,往外走;二五八,好回家"之说,即以夏历的三、六、九日为出门吉日;以二、五、八日为归返吉日。如今春节七天假期从除夕放到初六,这一天同样是出行高峰。

7. 人日登高七宝羹(初七:人日,"人寿年丰")

传说女娲在造出"六畜"后,第七天造出了人,所以正月初七是人类的生日,古人有"戴人胜"的习俗。"胜"是一种头部饰物,可以用金、银、帛、纸等很多种材料做成。从晋朝开始剪彩为花、剪彩为人,或镂金箔为人来贴屏风,故称人胜,又叫彩胜。人们还制作各种花胜(又叫华胜,类似于人胜,样式为花朵)相互馈赠。人日节也是仕女出游与文人墨客登高赋诗的日子。唐代之后,对人日更为重视。每至人日,皇帝赐群臣彩缕人胜,又登高大宴群臣。

> 人日题诗寄草堂,遥怜故人思故乡。柳条弄色不忍见,梅花满枝空断肠。
> 身在远藩无所预,心怀百忧复千虑。今年人日空相忆,明年人日知何处。
> 一卧东山三十春,岂知书剑老风尘。龙钟还忝二千石,愧尔东西南北人。
> ——(唐)高适《人日寄杜二拾遗》

是日人们要吃面。民间说法为:"初一饺子初二面,初三合子往家转,初四烙饼炒鸡蛋,初五捏上小人嘴,初七人日吃寿面"。这一天,人们还会吃七宝羹,即七种菜做成的羹,以安顿身心、休养生息。

8. 谷日顺星散灯花(初八:谷日)

正月初八为"谷日",习俗主要有占谷和顺星。这天天气晴朗,则预示着这一年稻谷丰收,天阴则年歉。这一天要对写有谷物名称的牌位进行膜拜,不食煮熟的谷物。这蕴涵着重视农业、珍惜粮食的意思。这一天也被称为"顺星节"。传说这一天为众星下界之日。制小灯燃而祭之,称为顺星,也称祭星、接星。在这一天祈求神明保佑新年风调雨顺,五谷丰登,岁岁平安。

此外,民间取八字的读音,将正月初八日演变成了敬八仙节。八仙即中国民间传说中的铁拐李、汉钟离、张果老、何仙姑、蓝采和、吕洞宾、韩湘子、曹国舅八位神仙。有的地方这一天要出远门,俗称"游八仙"。

9. 天日举祭拜天公(初九:天日)

正月初九传说为玉皇大帝生辰。主要习俗有祭玉皇、道观斋天等。玉皇全称"昊天金阙无上至尊自然妙有弥罗至真玉皇上帝",是世俗心目中道教的

至高神祇。在这一日，有些地方的妇女会备清香花烛、斋碗，摆在天井巷口露天地方膜拜苍天，求天公赐福。

道教《上清灵宝大法》："昊天上帝，诸天之帝，仙真之王，圣尊之主，掌万天升降之权，司群品生成之机，三洞四辅禁经之标格，至妙无为之神威，乃三界万神三洞仙真之上帝君也。……故以形象言之谓之天，以主宰言之谓之帝，故曰玉真天帝玄穹至圣玉皇大帝。"

10. 祭石感恩十不动（初十：地日）

正月初十是地日，也称"石不动""十不动"。传说这是石头的生日，民间主要风俗有石不动、贺老鼠嫁女等。"石不动"是指这一天凡磨、碾等石制工具都不能动的习俗，有的地方甚至家家都要向石头焚香致敬。人们会有抬石头神之举。初九夜，将一瓦罐冻结在一块平滑的大石头上，初十日早晨，以绳系罐鼻，再由十个小伙子轮流抬着瓦罐走。石头不落地则预示当年丰收。

11. 正月十一请子婿

正月十一"子婿日"，即岳父宴请子婿的日子，初九拜天公所剩食物除了在初十吃了一天外，还会剩下很多，所以娘家不必再破费，就利用这些剩下的美食招待女婿及女儿。

这一天还要敬拜"紫姑"。南朝宋人刘敬叔《异苑》记载，紫姑是大户人家的小妾，遭原配的嫉妒，并在正月十五这天被害死在厕所里，天帝怜悯，封她为厕神。古代深受压迫的女性，把紫姑奉为保护神。也有说法是正月十五祭拜紫姑。

12. 正月十二搭灯棚

元宵节将近，这一天开始搭建灯棚，做元宵赏灯的准备工作。有童谣云："十一嚷喳喳，十二搭灯棚，十三人开灯，十四灯正明，十五行月半，十六人完灯。"这一天还有藏剪刀、收旧鞋、捏老鼠嘴、烤百龄火（柏树俗称百龄）等民俗。黄昏时分人们在自家门前，点燃柏枝，烟雾中弥漫着一股清香，一家老幼围坐火边，谐音"烤百火""烤百龄火"。人们还会将废弃的旧家什烧掉，寓意"败祸"，可以避瘟驱邪。剩余的柏枝雕成"柏锁"，系绳挂在婴儿脖子上，以求长命百岁。

13. 正月十三上灯吃圆子

正月十三上灯，正月十八落灯，过去有"十三、十四神看灯，十五、十六人看灯，十七、十八鬼看灯"之说，不过如今人们并不忌讳，从此日开始看灯的人日渐增加。民间还有"上灯圆子落灯面"之说，即正月十三上灯之日吃汤圆，正月十八落灯之日吃面条。

14. 正月十四试花灯

为了筹备正月十五的元宵节，这天会搭建灯棚、悬灯结彩，并进行游艺节目的排练，即"试灯"，以便迎接元宵佳节。小贩们也早就准备了各式各样的花灯，准备贩卖，这便有了红红火火的灯市。

15. 正月十五元宵夜

正月十五是新春期间节日活动的又一高潮。元宵节主要的活动有舞龙、舞狮、跑旱船、踩高跷、扭秧歌等。元宵之夜，大街小巷张灯结彩，人们携亲伴友出门赏灯、逛花市、放焰火，一片红红火火，尽情地表达着自己的生活愿望和对美好生活的向往。

如今，人们常会抱怨"年味儿越来越淡"，这些抱怨从另一方面说明了人们对年的需求和情感仍然存在，只是苦于没有载体，找不到可以把内心的情感表达出来的恰当方式。所以，我们应当从礼俗、歌舞、饮食、服饰等多方面入手，用一脉相承而又与时俱进的形式，去感悟、表达节日中岁月流转、迎新纳福的情怀与美好祝愿。

四、流金岁月年年度——春节诗味

元会（三国·魏·曹植）
初岁元祚，吉日惟良。乃为嘉会，宴此高堂。
尊卑列叙，典而有章。衣裳鲜洁，黼黻玄黄。
清酤盈爵，中坐腾光。真膳杂遝，充溢圆方。
笙磬既设，筝瑟俱张。悲歌厉响，咀嚼清商。
俯视文轩，仰瞻华梁。愿保兹善，千载为常。
欢笑尽娱，乐哉未央。皇家容贵，寿考无疆。

元日（唐·唐太宗李世民）
高轩暧春色，邃阁媚朝光。形庭飞彩旆，翠幌曜明珰。
恭己临四极，垂衣驭八荒。霜戟列丹陛，丝竹韵长廊。
穆矣熏风茂，康哉帝道昌。继文遵后轨，循古鉴前王。
草秀故春色，梅艳昔年妆。巨川思欲济，终以寄舟航。

元日述怀（唐·卢照邻）
筮仕无中秩，归耕有外臣。人歌小岁酒，花舞大唐春。
草色迷三径，风光动四邻。愿得长如此，年年物候新。

田家元日（唐·孟浩然）
昨夜斗回北，今朝岁起东。我年已强仕，无禄尚忧农。
桑野就耕父，荷锄随牧童。田家占气候，共说此年丰。

玉楼春·己卯岁元日（宋·毛滂）
一年滴尽莲花漏。碧井酴酥沉冻酒。晓寒料峭尚欺人，春态苗条先到柳。
佳人重劝千长寿。柏叶椒花芬翠袖。醉乡深处少相知，祇与东君偏故旧。

新年（宋·文天祥）
梅花枕上听司晨，起绾金章候拜亲。喜对慈颜看铺鬓，发虽疏脱未如银。

元旦试笔（选一）（明·陈献章）
天上风云庆会时，庙谟争遗草茅知。邻墙旋打娱宾酒，稚子齐歌乐岁诗。
老去又逢新岁月，春来更有好花枝。晚风何处江楼笛，吹到东溟月上时。

甲午元旦（清·孔尚任）
萧疏白发不盈颠，守岁围炉竟废眠。剪烛催干消夜酒，倾囊分遍买春钱。
听烧爆竹童心在，看换桃符老兴偏。鼓角梅花添一部，五更欢笑拜新年。

立春日

　　春山暖日和风，阑杆楼阁帘栊，杨柳秋千院中。啼莺舞燕，小桥流水飞红。
　　　　　　　　　　　　——（元）白朴《天净沙·春》

　　立春，是二十四节气中的第一个节气，也是汉族民间重要的传统节日之一。明清官方历书中被归入正月节气。"立"即"开始"，自秦代以来，中国就一直以立春作为春季的开始。春是风和日暖，鸟语花香；春是万物生长，耕耘播种。从立春交节当日一直到立夏前这段时间，都被称为春天。

一、万物苏萌山水醒——立春意

　　立春是一个时间点，也可以是一个时间段。中国传统将立春的十五天分为三候："一候东风解冻，二候蜇虫始振，三候鱼陟负冰"，说的是东风送暖，大地开始解冻。立春五日后，蛰居的虫类慢慢在洞中苏醒；再过五日，河里的冰开始融化，鱼开始到水面上游动，此时水面上还有没完全融消的碎冰片，如同被鱼负着一般浮在水面。立春这天"阳和起蛰，品物皆春"，过了立春，万物复苏，生机勃勃，春季从此开始了。

　　汉代《孝经援神契》："斗指艮（东北维），为立春，正月节。立，始建也，春气始至，故为之立也。"立春是古"四时八节"之一。《左传·僖公五年》中说"凡分、至、启、闭，必书云物，为备故也"，其中，分即春分、秋分，至即夏至、冬至，启即立春、立夏，闭即立秋、立冬。

二、祭神打春行冠礼——立春礼

1. 天子祭芒神

　　很久以前的人们在"立春"这一天都会举行"迎春"活动，以祈求丰收，行布德施惠之令。汉代的迎春服饰是青色，按照阴阳五行学说，颜色中的青和方位中的东、季节中的春同属一类。

　　《礼记·月令》："先立春三日，大史谒之天子曰：某日立春，盛德在木。天子乃齐。立春之日，天子亲帅三公、九卿、诸侯、大夫以迎春于东郊。"

　　《后汉书·祭祀志》："立春之日，迎春于东郊，祭青帝、句芒。车旗服饰皆青。歌《青阳》，八佾舞《云翘》之舞。"

　　之所以到东郊去迎春，是因为迎春活动所祭拜的芒神，位主东方，是东方青帝太昊伏羲氏的辅佐。芒神，又名句（gōu）芒、木神、春神，是主宰草木和各种生命生长之神，也是主宰农业生产之神。

　　古人认为五帝掌管五行，每一帝又有其辅助。《孔子家语·五帝》："昔少皞氏之子有四叔：曰重、曰该、曰修、曰熙，实能金木及水，使重为勾芒，该为蓐收，修及熙为玄冥。颛顼氏之子曰黎为祝融，共工氏之子曰勾龙为后土。此五者，各以其所能业为官职，生为上公，死为贵神。"太皞即太昊伏羲

氏。少皞又称少昊金天氏，黄帝之子玄嚣。颛顼高阳氏，黄帝之孙，昌意之子。共工，水神，传说曾与颛顼或祝融争为帝，失败后怒触不周山。《山海经》认为共工氏是炎帝神农氏的后代。

我国古代用五行来解释天地万物，包括时间、空间等，《礼记·月令》等文献有详细的记载：

五行	五色	五季	五方	五帝	五佐	五神兽
木	青	春	东	太皞	句芒	苍龙
火	赤	夏	南	炎帝	祝融	朱雀
土	黄	季夏	中	黄帝	后土	黄龙
金	白	秋	西	少昊	蓐收	白虎
水	黑	冬	北	颛顼	玄冥	玄武

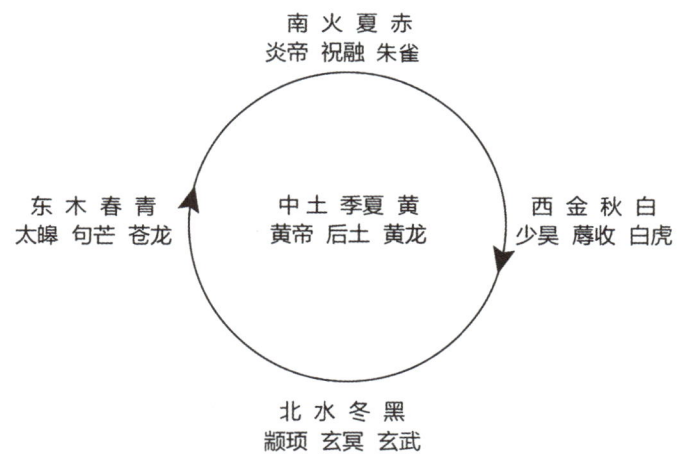

五行对应图

2. 打春礼

"打春"也叫"鞭春"，就是鞭打春牛之意，是宣布一年农事生产正式开始的开耕典礼。旧时立春前一日，有两名艺人顶冠饰带，一称春官，一称春吏。沿街高喊"春来了"，俗称"报春"。府、县官则在立春前一天迎接用泥土做的春牛，放在衙门前。立春日，地方长官举行迎春仪程，初献爵、亚献爵、终献爵。然后执彩鞭击打春牛三匝，礼毕回署，众农民将春牛打烂。民间艺人则是制作小泥牛，称为"春牛"，送往各家，谓之"送春"。也有的地方是在墙上贴一幅画有春牛的黄纸。黄色代表土地，春牛代表农事，俗称"春牛图"。

作为立春的庆祝活动，打春有着悠久的历史。鞭打春牛的活动不但给民众带来了春天的喜悦，而且对新的一年组织农业生产，夺取农业丰收都有着

积极的促进作用。

三、春日春盘细生菜——立春俗

1. 春台戏

各地民间举行种种娱乐活动，用以迎接春气，预兆丰歉。人们在开旷之处搭台，聚资请戏班表演，祈福农祥。

2. 卖春困

立春过后，天气渐渐和暖，人往往容易怠懒。儿童在立春当日早起，高呼"卖春困！"，以振作精神。宋代陆游为《岁首书事》一诗自注"卖困"二字："立春未明，相呼'卖春困'，亦旧俗也。"他在《岁暮六首（其六）》一诗中也有"从今春困不须卖，睡到日高三丈时"之句。

3. 春帖子

是一种在"立春"日剪帖在宫中门帐上的书有诗句的帖子。诗体近于宫词，多为绝句，文字工丽，内容大都是歌功颂德的，或者寓规谏之意。

4. 戴春幡

"美人头上，袅袅春幡"。立春日，女子剪彩纸为春幡，饰于发上。春幡又叫春幡胜，属于"胜"的一种。彩胜可以作为头饰，也可以缀于花枝等处以作节日装饰。男子也可以配带。据宋代孟元老在《东京梦华录》中记载："春日，宰执亲王百官，皆赐金银幡胜。入贺讫，戴归私第。"

5. 立春食俗

立春当日，民间习惯吃春天新鲜的蔬菜，如萝卜、姜、葱、面饼等，称为"咬春"，既为防病，又有迎接新春的意味。

春饼。又叫荷叶饼，是一种烫面薄饼，用两小块水面，中间抹油，擀成薄饼，烙熟后可揭成两张，用来卷菜吃。北京有"什锦苏盘"之说，把许多荤菜熟食放在一个捧盒里，又名"盒子菜"。过去吃春饼讲究到盒子铺（即酱肉铺）去叫"苏盘"。

春盘。唐代《四时宝镜》："立春日，食春饼、生菜，号'春盘'。"春饼与生菜以盘装之，即称为春盘。春盘与六朝元旦之五辛盘也有一定联系，故又称辛盘。唐人诗人杜甫《立春》："春日春盘细生菜"。《宋史·礼志》："立春赐春盘。"

春卷。这也是立春日人们经常食用的一种节庆美食，以薄面皮包馅、用油炸制而成。春卷皮一般用麦面，也有用鸡蛋皮、豆腐皮者。馅料分南北两派，北方多用韭菜、豆芽、肉丝等，而江南则多用白菜、肉丝、虾丝、海米、芹菜、豆沙、水果等。

四、诗词歌赋以咏春——立春韵

立春（唐·韦庄）

青帝东来日驭迟，暖烟轻逐晓风吹。罽袍公子樽前觉，锦帐佳人梦里知。雪圃乍开红菜甲，彩幡新翦绿杨丝。殷勤为作宜春曲，题向花笺帖绣楣。

汉宫春·立春（宋·辛弃疾）

春已归来，看美人头上，袅袅春幡。无端风雨，未肯收尽余寒。年时燕子，料今宵、梦到西园。浑未办、黄柑荐酒，更传青韭堆盘？

却笑东风从此，便薰梅染柳，更没些闲。闲时又来镜里，转变朱颜。清愁不断，问何人、会解连环？生怕见、花开花落，朝来塞雁先还。

立春日感怀（明·于谦）

年去年来白发新，匆匆马上又逢春。关河底事空留客？岁月无情不贷人。一寸丹心图报国，两行清泪为思亲。孤怀激烈难消遣，漫把金盘簇五辛。

迎春歌（明·袁宏道）

东风吹暖娄江树，三衢九陌凝烟雾。白马如龙破雪飞，犊车辗水穿香度。
绕吹拍拍走烟尘，炫服靓装十万人。额罗鲜明扮彩胜，社歌缭绕簇芒神。
绯衣金带衣如斗，前列长宫后太守。乌纱新缕汉宫花，青奴跪进屠苏酒。
采莲盘上玉作幢，歌童毛女白双双。梨园旧乐三千部，苏州新谱十三腔。
假面胡头跳如虎，窄衫绣裤槌大鼓。金蟒纻身神鬼妆，白衣合掌观音舞。
观者如山锦相属，杂沓谁分丝与肉。一路香风吹笑声，千里红纱遮醉玉。
青莲衫子藕荷裳，透额裳髻淡淡妆。拾得青条夸姊妹，袖来瓜子掷儿郎。
急管繁弦又一时，千门杨柳破青枝。

拓展资料

春社

《礼记·祭法》："厉山氏之有天下也，其子曰农，能殖百谷；夏之衰也，周弃继之，故祀以为稷。共工氏之霸九州也，其子曰后土，能平九州，故祀以为社。"不过，汉代《孝经援神契》认为："社为土神，稷为谷神。句龙、柱、弃，是配食者也。"无论怎样，社稷都是以农为本的中华民族最重要的原始崇拜物。社字从示从土，"土"是土地，"示"表祭祀，祭祀土地神"社"的日子叫"社日"。社日一般在立春、立秋后第五个戊日，间或有四时致祭者。正所谓"春祈秋报"，春社是为了向社神祈求五谷丰登，秋社是为了向社神报告收成。

社日主题除了祭祀，还有聚社会饮。人们带着米酒、社饭等去祭祀社神。祭社神先立社，在土坛上用石砌屋，无顶，上贴"社稷之神"红纸，祭祀后，撒肉四周以饷乌鸦。祭毕，人们在一起饮酒、分肉、奏乐，同时进行各种游戏。直到夕阳西下，人们才尽兴而归。南朝《荆楚岁时记》："社日，四邻并结综（即共立之社）会社，牲醪，为屋于树下，先祭神，然后享其胙。"唐朝王驾《社日》："鹅湖山下稻粱肥，豚栅鸡栖半掩扉。桑柘影斜春社散，家家扶得醉人归。"鲁迅先生的《社戏》给我们生动地展现了近代江南水乡举办社日活动的场景。

元宵节

去年元夜时，花市灯如昼。月上柳梢头，人约黄昏后。
今年元夜时，月与灯依旧。不见去年人，泪湿春衫袖。
——（宋）欧阳修（一说朱淑真）《生查子·元夕》

除夕夜意在回家团聚，元宵夜则意在举家外出欢会。在这灯市如昼、鱼龙飞舞、皓月当空的夜里，有繁华狂欢，亦有皎洁清新。让我们一起来看看春节最后的高潮——元宵节。

一、故园今夕是元宵——元宵历史

据说汉文帝将平定内乱的正月十五定为节日。汉武帝时，在这一天祭祀太一神，这被视为元宵节的先声。《史记·乐书》："汉家常以正月上辛祠太一甘泉，以昏时夜祠，到明而终。""太一"是汉代朝廷崇拜的主神、天帝。《易纬·乾凿度》郑玄注云："太一者，北辰之神名也。居其所，曰太一。"汉魏之后，正月十五真正成为民俗节日。

元宵节的起源有一个民间传说。据说汉武帝时，宫女元宵正月过后想念家中父母，但是宫深禁严，无法外出。足智多谋的东方朔得知后很是同情，便设计成全。他告知民众说火神君将派员火烧长安城，城里宫内一片恐慌。后又向武帝献计，十五晚上宫廷内人员一律外出避灾，满城大街小巷，庭

燃灯斋僧（敦煌莫高窟壁画）

院屋门，都挂上红灯，好像满城大火，以骗过天上观望监视的火神。武帝允诺，宫女们元宵遂趁机与家人相会。从此，每逢正月十五都要放灯。

正月是夏历的元月，古人称夜为"宵"；正月十五是一年中第一个月圆之夜，故为元宵节，又称为"上元节"、上元佳节、小正月、元夕或灯节。中国古俗中，上元节（元宵）、中元节（盂兰盆节）、下元节（水官节）合称"三元"。

佛教、道教文化对于元宵节俗的形成有着重要的推动意义。道家认为有天、地、水三官，上元天官正月十五日生，中元地官七月十五日生，下元水官十月十五日生。其中正月十五日元夕，是上元天官赐福之辰。佛家则说佛祖释迦牟尼示现神变、降伏神魔是在东土正月十五日。传说东汉明帝就敕令正月十五佛祖神变之日燃灯，并亲自到寺院张灯，以示礼佛。

二、阑珊火树鱼龙舞——元宵节俗

元宵节的节期与节俗活动也随历史的发展而延长扩展。白昼为市,热闹非凡;夜间燃灯,蔚为壮观。特别是那精巧、多彩的灯火,更使其成为春节期间娱乐活动的高潮。后还增加了舞龙、舞狮、跑旱船、踩高跷、扭秧歌等"百戏"内容。2008年,元宵节民俗列入第二批国家级非物质文化遗产名录。

(明)宪宗元宵行乐图(局部)

1. 祈福祭祖

最初汉武帝元宵祭祀的太一神,后随着道教的发展、太一神崇拜的式微,民间盛行在清晨备牲礼祭拜天官大帝的祈福习俗。在我们的传统习俗中,节日也是祭祖的日子。正月十五煮好的元宵先盛一碗敬奉祖先,然后合家团聚,品尝香甜。

2. 吃元宵

元宵,古称"圆子""元子""团子"。因在元宵节煮食,称"元宵",又称"汤圆"。以糯米粉包以甜或咸的馅心,放沸水中煮熟而成。也有不包馅的,比如今天的酒酿圆子。宋代女诗人朱淑真作《圆子》一诗:"轻圆绝胜鸡头肉,滑腻偏宜蟹眼汤。纵有风流无处说,已输汤饼试何郎。"今天的元宵,以白糖、玫瑰、芝麻、豆沙、黄桂、核桃仁、果仁、枣泥等为馅,或汤煮,或油炸,烹法很多。不管是叫"圆子""汤圆",还是"元宵",这些名称都蕴含团圆之意,象征全家人团团圆圆,和睦幸福。

很多人认为元宵和汤圆是一回事,都是由糯米粉制作而成。其实仔细观察是有区别的。一般说南方吃汤圆,北方食元宵。汤圆是"包"出来的,元宵是"滚"出来的。汤圆是将糯米粉用水和成面团,包入馅料。而元宵是把馅切成小块,蘸水后在糯米粉中反复滚圆至大小合适。北方元宵多为甜馅,有豆沙、黑芝麻、山楂、巧克力等,南方的汤圆则甜、咸、荤、素都有。

3. 闹花灯

元宵张灯习俗始于东汉,盛于唐代,至宋代臻于极盛。在古代,元宵节是皇家与民同庆的节日。盛唐时期，长安的灯市规模很大，燃灯五万盏，花样繁多。古书上提到的就让人目不暇接：人物类有老子、仕女、钟馗捉鬼、刘海戏蟾、月明和尚度柳翠等；花草一类则有栀子、葡萄、杨梅、柿橘等；禽虫类则有鹿、鹤、鱼、虾、走马等等。

此外，"猜灯谜"也是元宵节闹花灯衍生出来的一项活动，出现在宋朝。最初大概是好事者把谜语写在纸条，贴于五光十色的彩灯上，供人猜玩。南宋时，行在临安每逢元宵节时制谜、猜谜的人众多，这个习俗就逐渐流传下来。

元宵观灯（汉服北京 供图）

猜灯谜（汉服北京 供图）

4. 走百病

一些地方的元宵节还有"走百病"的习俗，又称"烤百病""散百病""走桥""摸灯"。参与者多为女性，她们身着白绫衣裳，结伴而行，或走墙边，或过桥，走郊外，目的是祛病除灾。走在最前面的举香开道，其他妇女紧随其后，相率过桥，谓之"度厄"。过桥后，妇女们还要到各城门洞去摸城门上的铜钉，称此举为"宜男"，意为可生男孩。

清代顾禄《清嘉录》："元夕，妇女相率宵行，以却疾病。必历三桥而止，谓之走三桥。"明代陆伸《走三桥词》："细娘分付后庭鸡，不到天明莫浪啼。走徧三桥灯已落，却嫌罗袜污春泥。"

5. 祭蚕神

正月十五民间有祭蚕神的风俗。据南朝《荆楚岁时记》记载，人们在正月十五煮粥祈祷蚕神，把肉盖在粥上面，爬上屋口念祭词将粥供于蚕神。有些研究者认为，元宵即起源于煮蚕茧祭蚕神。

6. 迎紫姑

民间在元夕迎接紫姑神，来占卜即将到来的蚕事好坏，同时还占问其他事的吉凶。紫姑代表了封建社会中深受压迫的女性，因此被奉为弱女子的保护神，受到女性的崇拜。敬奉紫姑的活动反映了民间善良忠厚、同情弱者的朴素情感。

紫姑是民间传说中一个善良、贫穷的姑娘。正月十五，紫姑因穷困而死，天帝怜悯，封她为厕神。百姓们也同情她、怀念她。每到这一天夜晚，人们用稻草、布头等扎成真人大小的紫姑肖像。妇女们纷纷站到紫姑常做活计的厕所、猪圈和厨房旁边迎接她，像对待亲姐妹一样，拉着她的手，跟她说贴心话，流着眼泪安慰她，情景十分生动。

三、那人却在灯火阑珊处——元宵节中的女性情愫

元宵节作为春节的最后一天，延续了热闹喜庆，却又多了一种别样的情怀。如果说除夕爆竹的喜庆是带有几分阳刚味，那么元宵灯烛的喜庆则可以认为携着阴柔的女性情愫了。

旧习元宵之夜，不论皇室贵戚、平民百姓、深闺淑女，均可破常规，顺习俗，闺秀们可以结伴出来游玩。元宵灯会带给不谙情事的姑娘们的，也许是一段深藏心底的美好记忆，也许是刻骨一生的难解情缘，甚至更有衣带渐宽、斯人憔悴的故事……那灯火阑珊的街头市角，不知演绎了多少赚人眼泪的人生剧目。

明代传奇《荔镜记》里陈三和五娘在元宵节赏花灯相遇，遂一见钟情；南朝陈朝的乐昌公主与夫君徐德言在元宵夜破镜重圆；明代传奇《春灯谜》中宇文彦和影娘在元宵两心相许；还有辛弃疾"蓦然回首，那人却在灯火阑珊处"的意境……元夕的缤纷灯火、嘈杂喧嚷突然消弭，天地间似唯有那一人在回眸浅笑，脉脉含情。

（宋）李嵩《观灯图》

同时，古人并非我们所臆想的那样，凡是喜庆节日一概大红到底。不同于春节喜庆的红色，宋代的元宵节其实是雪白色的。玉梅、雪柳、灯球、闹蛾等是宋代以来元宵节女子所戴的应景首饰，多以白绫或白绢做成，届时街头巷陌，皆有售卖，此风俗延续到宋以后。

宋代流传下来关于元宵节景象的记载很多，比如孟元老《东京梦华录·正月十六》中的"市人卖玉梅、夜蛾、蜂儿、雪柳、菩提叶"；再如周密《武林旧事·元夕》中的"元夕节物，妇人皆戴珠翠、闹蛾、玉梅、雪柳……而衣多尚白，盖月下所宜也"。

玉梅和雪柳都以白绫或白绢做成，玉梅被作为梅花之状；雪柳则呈柳树之形，插在髻中为装饰；"夜蛾"即是"闹蛾"，亦作"闹鹅"，形制稍微复杂一些：通常用竹篾、绫绢等制成花朵；另用硬纸剪制成蝴蝶、飞蛾之形，将其粘于细竹篾上，并附缀在花朵周围，使用时按插在发髻之上，微风袭来，举足行步时震动着花朵，牵动了竹篾，花旁的蝶蛾微微颤动，就像围着花朵

飞舞。和玉梅、雪柳等相比,这种饰物具有动感。

东来西往谁家女,买玉梅争戴,缓步香风度。

——(宋)李邴《女冠子·上元》

留取缕金幡,夜蛾相并看。

——(宋)范成大《菩萨蛮(其二)元夕立春》

四、花市如海灯如昼——元宵复兴

不同于除夕"阖家团圆"的主题,上元夜人们选择举家外出、满城欢会。这就是元夕夜与除夕夜最大的不同——民间对公共节日欢会的参与性。

有趣的是,"闹"与"静"在元夕发生了奇妙的碰撞与融合。举家逛游灯市的团圆温馨感在家庭之间相互感染着,元夕的喧闹往往更能带给人们心灵的宁静感与和谐感。这种氛围的营造离不开灯笼。作为华夏民族一种绝世的创造,没有比元夕和中秋的灯笼更能准确表达华夏人民微妙美丽的文化心境了。如前所说,宋时元夕女子衣色尚白,灯市如海、淡雅佳人,也难怪诗人"众里寻她千百度"。

上元的传承,核心问题在于两个方面:一是公共文化安排,二是民间过节的心境。对于前者,需要公共机关极力营造节日的繁荣气氛,将绚烂的灯会铺满都市和乡村。而后者更关键,它需要民间真正理解上元欢会的意义,去发现、营造、感受上元节欢乐、温馨、闹中有静的美妙节日氛围。

衣冠是节庆气氛的重要营造者。参照古代的元宵尚白风尚,建议这天一改春节期间大红的特色,换上清新淡雅的浅色系衣饰,精心装扮,就可以开始元宵佳节的活动了。

1. 祈福祭祖

宜备香案、鲜花、果品、元宵,于上元之夜月上树梢之时举行简单而庄重的祭礼,纪念祖先及逝去的亲人。

2. 全家享用上元夜宴

依据各地不同的食俗,全家一起准备上元夜宴,合家团圆享用。

3. 赏灯登高

举家着传统服饰,宴后提灯笼外出观赏灯会。女孩子可以特别佩上应景饰品装饰。还可人人手提灯笼,结伴登高至山顶,迎月出,赏明月。

4. 年轻的姐妹们举行"走桥"仪式

除去传统"走百病"中的迷信成分,其实"走桥"还表现了人们渴望拥有健康身体和幸福生活的美好愿望。建议元夕夜,女孩子们穿上美丽的传统服饰,各持灯笼一盏,牵手在街道、小桥上走过,为自己、亲人和爱人祈福。

五、元夕灯夜著词声——元宵诗韵

十五夜观灯(唐·卢照邻)

锦里开芳宴,兰红艳早年。缛彩遥分地,繁光远缀天。
接汉疑星落,依楼似月悬。别有千金笑,来映九枝前。

正月十五夜(唐·苏味道)

火树银花合,星桥铁锁开。暗尘随马去,明月逐人来。
游伎皆秾李,行歌尽落梅。金吾不禁夜,玉漏莫相催。

上元夜六首(其一)(唐·崔液)

玉漏银壶且莫催,铁关金锁彻明开。谁家见月能闲坐?何处闻灯不看来?

正月十五夜灯(唐·张祜)

千门开锁万灯明,正月中旬动帝京。三百内人连袖舞,一进天上著词声。

观灯乐行(唐·李商隐)

月色灯山满帝都,香车宝盖隘通衢。身闲不睹中兴盛,羞逐乡人赛紫姑。

元夜(宋·朱淑真)

压尘小雨润生寒,云影澄鲜月正圆。十里绮罗春富贵,千门灯火夜婵娟。
香街宝马嘶琼辔,辇路轻舆响翠軿。高挂危帘凝望处,分明星斗下晴天。

青玉案·元夕(宋·辛弃疾)

东风夜放花千树,更吹落,星如雨。
宝马雕车香满路。凤箫声动,玉壶光转,一夜鱼龙舞。
蛾儿雪柳黄金缕,笑语盈盈暗香去。
众里寻他千百度,蓦然回首,那人却在,灯火阑珊处。

元宵(明·唐寅)

有灯无月不娱人,有月无灯不算春。春到人间人似玉,灯烧月下月如银。
满街珠翠游村女,沸地笙歌赛社神。不展芳尊开口笑,如何消得此良辰。

天穿节·填仓节·正月晦

正月里那些隆重的节日家喻户晓。此外,这段时间还包含一些小节日,比如天穿节、填仓节和正月晦,虽然它们没有盛大的庆祝仪式,但其中同样蕴含着中华民族深厚的文化传统。

一、感念女娲补天时——天穿节

天街小雨润如酥,草色遥看近却无。最是一年春好处,绝胜烟柳满皇都。

——(唐)韩愈《早春呈水部张十八员外(其一)》

天穿日与二十四节气中的"雨水"日期一致,是先民用神话思维,以"天穿"的想象来解释雨水降落的结果。

1. 天穿节起源

天穿节在每年的正月二十日或正月二十三日,

(唐)伏羲女娲图

与女娲补天的神话有关，故又称"补天节"。明代杨慎《词品》："'宋以前，以正月二十三日为天穿节。相传云：女娲氏以是日补天，俗以煎饼置屋上，名曰补天穿。'今其俗废久矣。"

《淮南子》等古籍记载了女娲补天的故事：水神共工和火神祝融相争，祝融战胜了共工。共工怒而撞倒了西方天柱"不周山"。于是天崩地裂，山林着火，洪水喷涌，猛兽横行，人类面临着灭顶之灾。女娲目睹人类如此痛苦，炼五色石补天，擒杀猛兽，并斩下一只大龟的四脚，当作四根柱子把倒塌的半边天支起，终止了这场灾难，人类得以重新生活。但从此，天向西北倾斜，于是太阳、月亮和星辰很自然地归向西方；地向东南倾斜，一切江河都往东南汇流。

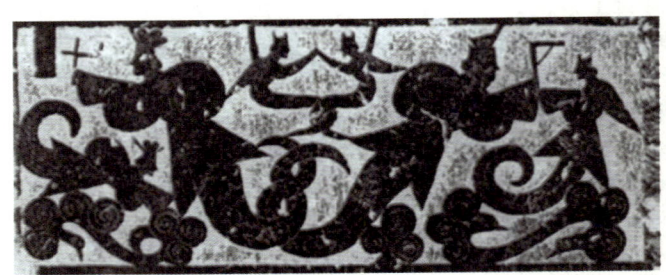

汉代画像石·伏羲女娲图

2. 天穿节风俗

为了感念女娲对人类的帮助，宋代以前，人们会用红丝线系住煎饼（或炸年糕或炸甜饭）投到屋顶上，称为"补天"。

娲皇没后几多年，夏伏冬愆任自然。只有人间闲妇女，一枚煎饼补天穿。
——（宋）李觏《正月二十日俗号天穿日以煎饼置屋上谓之补天感而为诗》

在近代的渝东地区，百姓还会蒸糍粑过年。在天穿节，把糍粑揉成小圆球状，油炸成"油堆"，插上穿着红丝线的针线，拜神补天，称为"补天穿"。老一辈认为，煎炸过的糍粑因为黏黏的，可以帮女娲把天空补起来，借此祈求"雨水之日，屋无穿漏"。广东增城县志记载当地挂蒜以辟恶，做"馎饦"（即面片汤）以祷神；江西瑞金市则会在当天做米糕糖食。有说法是二十日天穿，二十一日地穿，有些地方在这两日还将煎饼撕成小块，抛向天空，意为补天，再撒些于地，意为补地。有的地方天穿日还有不食米的风俗。

此外，天穿节还会到郊外举行射箭的活动，即"天穿射"，其中包含了以武功继承女娲杀黑龙、断鳌足、拯生民于水火之伟绩的意思。

春风野外，卵色天如水。鱼戏舞绡纹，似出听、新声北里。
追风骏足，千骑卷高门。一箭过，万人呼，雁落寒空里。
天穿过了，此日名穿地。横石俯清波，竞追随、新年乐事。
谁怜老子，使得纵遨游，争捧手，共凭肩，夹道游人醉。
——（宋）葛胜仲《蓦山溪》

这个节日是先民对女娲这一华夏人文先祖的纪念，表明了对女娲这个生命之神的敬畏意识。天崩地裂、洪水泛滥，女娲补之，这幅上古时代天人相搏的壮丽图景也告诉了我们，灾难、求生、抗争，是一个人与自然之间永恒的命题。天穿节蕴涵了先民朴素的灾害意识和防灾减灾观念。"补天漏"隐含了人们祈祷安居乐业的朴素心愿，"天穿射"则展示出民族昂扬向上的生命意识。

3. 今日过天穿

（1）做煎饼"补天穿"。摊制煎饼，用红丝线穿上掷于屋顶或放到屋内高处，以"补天穿"。建议带小孩子一起，并借此为他们讲述上古神话传说，进行中国传统文化的教育。煎饼还可以配上各种辅料，做成各种食品全家食用。为了不浪费粮食，在天穿节过后，可以把煎饼取下来，喂食小鸟、小狗等宠物。

（2）穿上传统服饰，前往女娲、伏羲、炎帝、黄帝等人文初祖文化遗迹参观，感恩祖先的遗泽。

（3）在郊野举行"天穿射"的户外体育活动。

二、恣飨竟日填仓时——填仓节

白酒初开腊瓮香，皇都景物重填仓。丰年饼大儿童喜，春社鸡肥父老尝。富贵更须知稼穑，古今原不异风光。待看好雨催春早，挑菜城南新草长。
——（清）顾太清《填仓二首（其一）》

正月的节日繁华，随着填仓节的结束最终落下了帷幕。在填仓节里，寄托着农人对粮食最朴素的感念之情。

1. 填仓节来源

填仓节有两个，正月二十（一说二十三），称为小填仓。正月二十五，称为大填仓。民间认为正月二十五日是天上的仓神生日。因天与添、填音同，故天仓也叫"添仓""填仓"。仓神的原型是天仓星官，相当于西方星座划分的鲸鱼座。后来仓星被人格化，韩信曾被附会为仓神。

民间有"天仓、天仓，小米干饭杂面汤"的谚语，过去，人们对这一节日非常重视，每至填仓节，亲朋往来，佳肴盛宴；现代某些地方还会在当天吃干饭、喝面汤。

民间有关于填仓节来源的感人传说：古代有一年，北方连年大旱，农民颗粒无收，而皇家照旧催租逼税。看粮的仓官于心不忍，径自开仓赈济灾民。由于自知难逃杀头之刑，在正月二十五日放火烧仓，连同自己一起烧死。所以，每年的这一天，后人都要举行填仓仪式，以纪念这名仓官。

2. 填仓节活动

在市镇，填仓节主要是粮商等与粮食有关的行业过节。此日，祭祀仓神，大放鞭炮，企求吉祥与生意兴隆。老百姓虽不致祭，但都要买些米面、煤炭来充实自家的生活储备。此外，全家人还要吃诸如薄饼卷、盒子菜等"犒劳"，并喝鱼汤，取年年有余之意，亦谓之"填仓"。

农村的填仓节活动更丰富，主要有填仓、打囤之俗。民间以簸箕盛锅底草木灰，以木棒敲打使其洒落，在院内、屋内地上画出仓囤和梯子形，讲究的人家还要撒画出扫帚甚至扇车等图案。图案里面摆放一些五谷杂粮、铜钱之类，用砖石将粮食盖住，称为压仓。将鞭炮点燃，在图案内爆响，取意粮

食爆满粮仓，祈祷仓神保佑一年财粮丰饶，生活富裕美满。

此日妇女忌做针线活，怕扎了仓官的眼睛，以致无神灵保护粮仓。民俗讲究喜进厌出，囤里添粮、缸里添水，门口置炭以镇宅。晚间凡是与饮食有关的地方均要置灯，俗称"点遍灯、烧遍香，家家粮食填满仓"。填仓节晚上，有些地方打着灯笼，在院内各处找"填仓虫"（即各种复苏的小虫蚁），发现越多，兆头越好。还有的地方剪彩色纸片贴于门上，剪彩色纸葫芦贴于帽上，可以除百病，四季平安。

3. 填仓节复兴

填仓节源自农业生产，以祈祷风调雨顺、五谷丰登为主题。虽然是个小节日，但体现着重视农业生产、祈福五谷丰登、生活美满的积极意义。

（1）填仓打囤以祈福。按照传统风俗，在农村地区利用谷场等地，男女老少填仓、打囤，也可以借此对孩子进行教育，以避免"五谷不分"。

（2）薄饼鱼汤为犒赏。在这一日，家人团聚，吃薄饼卷、"盒子菜"、喝鱼汤等，犒劳自己的肠胃。但要注意饮食节制，勿暴饮暴食。

（3）灯笼贴纸找仓虫。让孩子剪彩色纸葫芦贴于帽上，打着灯笼寻找立春时节复苏的小虫，感受春日的气息。

三、送穷度厄年更佳——正月晦

御辇出明光，乘流泛羽觞。珠胎随月减，玉漏与年长。
寒尽梅犹白，风迟柳未黄。日斜旌骑转，休气满林塘。
——（唐）宗楚客《正月晦日侍宴浐水应制赋得长字》

在夏历每月的最后一天，因没有月亮而被称为"晦"。正月的晦日作为初晦，受到先民格外的重视，将之设为节日，即"晦节"或"正月晦"。

1. 正月晦游乐

唐代曾将正月晦、三月三、九月九并称"三令节"。三令节时，皇帝与百官赋诗同乐，仕女水滨饮宴。直到后来唐德宗李适在贞元五年废正月晦而设中和节，正月晦才逐渐退出人们的视野。

2. 正月晦送穷

正月晦与"送穷"风俗密切相关。送穷习俗源于"穷神"（穷子）的传说，五帝之一的高阳氏（颛顼）有一个儿子，一穿上新衣就哭，后来在正月晦日死去。唐代《四时宝鉴》记载："高阳氏子好衣敝食糜，正月晦日巷死。世作糜，弃破衣，是日祝于巷，曰除贫也。"

有学者认为，送穷之俗与上古驱傩有着密切联系：送穷又称除贫，而穷有穷尽之意，晦日值月末，正好与此对应。此日，人们做粥祭穷神，在巷中弃破衣，还要为穷鬼上路准备"交通工具"，即用柳条、青草编缚车船，而"糗（qiǔ）与粻（zhāng）"（干粮和米）便是给穷神路上食用的"干粮点心"了。经过一番拜祭后，烧掉车船，表示送去了"穷神"，希望借此送走穷困，带来幸福。

年年到此日，沥酒拜街中。万户千门看，无人不送穷。
——（唐）姚合《晦日送穷三首（其一）》

3. 正月晦度厄

古人认为在特定的时日到水边盥濯清洗可以驱逐邪气厄运，源于古代"除恶之祭"。因此，正月晦这一天士女会到水边洗衣裙和祭酒。隋代杜台卿《玉烛宝典》记载："元日至于月晦，民并为酺食、渡水，士女悉湔裳、酹酒于水湄，以为度厄。"

素浐接宸居，青门盛祓除。摘兰喧凤野，浮藻溢龙渠。
苑蝶飞殊懒，宫莺啭不疏。星移天上入，歌舞向储胥。

——（唐）沈佺期《晦日浐水应制》

4. 今日正月晦

（1）送穷。正月晦的来源和节俗已逐渐被人们遗忘，但是这一节日中送穷度厄的风俗却寄托了人们摆脱贫困的愿望，对丰足生活的向往。今日我国虽已进入总体小康，但离真正的富裕仍有距离。消除贫困、促进富裕，仍然是社会长期的任务。我们可以尝试恢复传统晦日中送穷的风俗，既祝福身边亲友，又可扶贫济困，帮助他人。

（2）游乐。亲朋好友穿传统服饰，泛舟出游。取水滨之景设宴，举行华夏风格的传统宴会。不设宴也可以设乐，如若举行水滨礼乐雅集更佳。

（3）度厄。亲友晦日着传统服饰，于水边观赏初春景色。水湄献花、祭酒，为自己和亲友祈福。此活动也可以与泛舟、饮宴等节日活动结合进行。

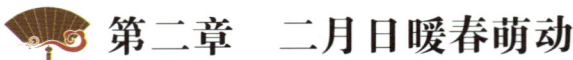

第二章　二月日暖春萌动

不知细叶谁裁出，二月春风似剪刀。

——（唐）贺知章《咏柳》

仲春之月，日在奎，昏弧中，旦建星中。其日甲乙，其帝大皞，其神句芒。其虫鳞。其音角，律中夹钟。其数八。其味酸，其臭膻，其祀户，祭先脾。

始雨水，桃始华，仓庚鸣，鹰化为鸠。

——《礼记·月令》

二月仲春，阳气上升，大地复苏，草木萌动。二月的味道，是中和祭日献生的风流自然，是"二月二日新雨晴"的清新脱俗，亦是百花良辰的百媚嫣红……二月浅春的风，裁出了熙熙阳春，剪成了晓色葱茏，带回了满袖浓香。

中和节

皇心不向晦，改节号中和。淑气同风景，嘉名别咏歌。
湔裙移旧俗，赐尺下新科。历象千年正，酺醵四海多。
花随春令发，鸿度岁阳过。天地齐休庆，欢声欲荡波。

——（唐）王季友《皇帝移晦日为中和节》

按照来源划分，节日有两种类型：一种是在人们的实践当中而自然形成的，如清明、中秋、除夕；另一类则是通过顶层精心设计、以政策的方式进入人们的生活当中的，如中和节。

一、帝移晦日为中和——中和节由来

中国的节日体系在汉魏时期框架初定，唐代在此基础上进一步完善和发展，中和节便是唐代新创的节日之一。

中和节的诞生与晦日有关。此前，晦日、上巳和重阳并称为"三令节"。唐德宗贞元年间社会趋于稳定，加上德宗本人喜爱文学，每逢佳节便君臣诗酒相乐。后来德宗认为寒食与上巳太相近，而导致无形中少了一个庆祝的节日，便提出在二月份也设立一个节日。近臣李泌认为二月的节日应定在花期，而二月中下旬虽百花盛开，但与寒食太近；二月一恰逢桃李盛开，前一日却是传统节日晦日。不过"晦日"名字不够吉祥，建议取消，设二月一日为"中和节"。因该节与时节同风，同时还建议德宗将与时令息息相关的农事作为节日的重心。

关于这段史实，宋代的曾慥在《类说》中引用了唐代李繁《邺侯家传》的记述："德宗曰：'前代三九皆有公会，而上巳与寒食往往同时，来年合是三

月二日寒食,乃春无公会矣。欲于二月创置一节,何日而可?'泌曰:'二月十五日以后虽是花时,与寒食相值,又近晦日,以晦为节,非佳名色。二月一日,正是桃李开时,请以二月一日为中和节。其日赐大臣方镇勋戚尺,谓之裁度。令人家以青囊盛百谷果实相问遗,谓之献生子。酝酒,谓之宜春酒。村间祭勾芒神,祈谷,百僚进农书,以示务本。'"

二月仲春,位于孟春与季春之间,以"中和"命名,颇符合时令之序。同时,"中和"命名还具有协调人与自然之间的关系之意味。中和节的创立基于追慕盛世与胜时游赏的情怀,这与中唐社会心理趋于安定、风习偏向娱乐有关。

《礼记·中庸》:"喜怒哀乐之未发谓之中,发而皆中节谓之和。中也者,天下之大本也;和也者,天下之达道也。致中和,天地位焉,万物育焉。"

中和节又称为太阳生日,以祭太阳之神、倡导农耕为主题。

上古时代,人们在春分日祭太阳之神,秋分日祭太阴之神。古代关于太阳神,有羲和说,《山海经》:"东海之外,甘泉之间,有羲和之国。有女子名羲和,为帝俊之妻,是生十日,常浴日于甘渊。"此外还有"炎帝神农氏"、"东皇太一"等说法。民间信仰和道教尊奉的太阳神是"太阳星君",又称太阳公,道教尊称为"日宫炎光太阳星君",又称"大明之神"。

二、天地齐休祭日神——中和节活动

君臣宴饮赋诗,劝农稼穑,是中和节的主要内蕴。2011年,山西省永济市、乡宁县申报的"中和节(永济背冰、云丘山中和节)",被列入第三批国家级非物质文化遗产名录。

1. 祭日劝农

唐德宗时设中和节,要东郊祭祀勾芒。明清时期,祭勾芒演化为祭日。二月初一这天,太阳出来后,家家在院内面向东方设香案或挂太阳星君神马,供太阳糕三、五碗,由男家长率领男性家眷焚香祭拜。太阳糕又称为"太阳鸡糕",因为俗传太阳中有雄鸡(也有说乌鸦)。

过去祭日,不许女性参加,即所谓"男不拜月,女不祭日"。日转西时,撤下太阳糕等供品,分与孩童食用。还会把春节挂在门首的五彩挂钱取下,与神马儿一起烧掉,称为"太阳钱粮"。

清代潘荣陛《帝京岁时纪胜》:"京师于是日以江米为糕,上印金乌圆光,用以祀日,绕街遍巷,叫而卖之,曰太阳鸡糕。其祭神云马,题曰太阳星君。焚帛时,将新正各门户张贴之五色挂钱,摘而焚之,曰太阳钱粮。左安门内有太阳宫,都人结侣携觞往游竟日。"

敬拜日神的风俗古已有之,直至明清仍然流传,到了近代才逐渐消失。北京左安门内的太阳宫,始建于明嘉靖年间,曾经是"结侣携觞往游竟日"热闹非常的地方,可惜几十年前已被拆毁。

除了拜日,百官还要进献农书,这也是鼓励农桑、祈祷丰收之举。明清时期,每到这一天,皇帝都要举行隆重的"御耕"仪式,亲自扶一下犁以示重视农业,并象征性地赐给农夫百谷。民间也会以青色布囊装满百谷瓜果之

籽实，相互赠送，称为"献生子"。此外，还要酿造"中和酒"，又叫"宜春酒"，在中和节当日饮用。

2. 中和求憩

中和节的由来与节日求憩的心情有莫大关系，因此中和节休假、禁屠一日，任文武百官选胜地追赏为乐，并赐予数量不等的金钱，为举办宴会提供资金来源。京师雍熙宴集，地方州县欢娱，至晚方散。

> 火旗在门，雷鼓在庭。合乐既成，大庖既盈。左右无声，旨酒斯行。乃陈献酬之事，乃酣无算之饮。于是群戏坌入，丝竹杂遝，球蹈、盘舞、橦悬、索走之捷，飞丸、拔距、扛鼎、逾刃之奇，迭作于庭内。急管参差、长袖褭娜之美，阳春白雪、流徵清角之妙，更奏于堂上。风和景迟，既乐且仪。
> ——（唐）梁肃《中和节奉陪杜尚书宴集序》

除了宴饮赋诗，杂技群舞之外，中和节还有赐"中和尺"的习俗。赐尺用意在于告诉文武百官，无论"短长之事"，皆有法度，当取统一标准，守法奉公，为政廉明。

三、祭日献生珍民俗——今日中和节

草长莺飞二月天，中和节"年未老，绿袍新"，给人春日芬芳之感；对日神的崇拜，则表现了朴素的天人和谐思想；对农耕的鼓励，则是我们这个农业立国的文明古国永恒的节令主题。今日，我们应理性地看待传统节日与风俗。中和节的风俗诸如祭日、献生，无关迷信，应加以继承和保存，让新鲜动人的春日节俗为迎春增添一抹清新。

1. 祭日神、吃太阳鸡糕

可以自制太阳鸡糕：以江米蒸糕，上绘太阳金乌图案，捏制小鸡同蒸则成。庭院置香案，以春花、酒水、太阳糕为供。全家着传统服饰，中和节日出时面向东方祭拜，表达对天地自然的敬意。拜后全家食太阳糕，其乐融融。

2. 献生子

亲手缝制青色布囊，着传统服饰出游，采撷郊野百谷野果，装入囊中相互馈赠，共同感受春天万物复苏的气息。

3. 饮宜春酒

中和酒酿法虽以无考，但春日还在，百谷仍存，可自酿或购买以春日谷果酿造的春酒，皆可为"宜春酒"。此酒更宜为祭日之供，祭后全家食糕，畅饮美酒，共享春日清新的气息。

四、一段风流出自然——中和节诗词

中和节赐群臣宴赋七韵（唐·唐德宗李适）

东风变梅柳，万汇生春光。中和纪月令，方与天地长。
耽乐岂予尚，懿兹时景良。庶遂亭育恩，同致寰海康。
君臣永终始，交泰符阴阳。曲沼水新碧，华林桃稍芳。
胜赏信多欢，戒之在无荒。

中和节诏赐公卿尺（唐·裴度）
阳和行庆赐，尺度及群公。荷宠承佳节，倾心立大中。
短长思合制，远近贵攸同。共仰财成德，将酬分寸功。
作程施有政，垂范播无穷。愿续南山寿，千春奉圣躬。
中和节（宋·周弼）
时节匆忙过隙驹，可堪岑寂就船居。不禁衰病慵耽酒，无益闲交懒报书。
风暖暮田归海燕，雨甜春水上潮鱼。客中自是光阴速，才见新正又月初。
古怀二首（其二）（元末明初·王逢）
槿篱莎径入林堂，春作无牵午漏长。音歇野莺新绿浅，影浮潭鲫小红香。
谁家数应中和节，十亩寒轻二月霜。忍贳缊袍偿酒债，时人将谓独醒狂。

春龙节

二月二日新雨晴，草芽菜甲一时生。轻衫细马春年少，十字津头一字行。
——（唐）白居易《二月二日》

"二月二，龙抬头；大仓满，小仓流"，转眼春回大地。还记得这天理发店门前排起的长队吗？还记得妈妈给你煮的龙须面吗？春龙这一日，万物复苏，蛰伏了漫长冬日的动物们恢复了活力，蠢蠢欲动；先民们祈求龙王降雨，盼望着一年的风调雨顺。

春龙节壁纸（天汉民族文化网 供图）

一、新雨晴时龙抬头——春龙源起

夏历每年二月初二是春龙节，又称为青龙节、龙抬头日、挑菜节等。
古人认为地球不动，是太阳在运动。古代人们就把太阳在恒星之间的周年运动轨迹视为一个圆，称为黄道。再将这个圆分为28个等分，形成28个区间，称为二十八宿。观察月亮的运行，它基本上是每天入住一宿，待28宿

轮流住完，大约一个月，所以称"宿"。把这28宿按照东南西北四个方位平分，每个方位便有7个宿。这28宿，都有自己的名字。在东方的7个宿分别叫作：角、亢、氐、房、心、尾、箕，它们构成一组，称之为东方苍龙。在冬季，这苍龙七宿都隐没在地平线下，黄昏以后也看不见它们的。至二月初，黄昏来临时，角宿就从东方地平线上出现了。这时整个苍龙的身子还隐没在地平线以下，只是角宿初露，故称龙抬头。

《说文解字》："龙，鳞虫之长。能幽能明，能细能巨，能短能长。春分而登天，秋分而潜渊。"都是指这苍龙七宿在天空的隐现变化，并非是真有一条动物之龙在变换。"春分而登天"是指春分时期，角宿开始出现在天空，东方苍龙初露头角，即是龙抬头。

孟子有言："不违农时，谷不可胜食也"。作为农耕民族，华夏先民们顺应天时，春耕秋收。因此，我们民族的很多传统节日的起源与天文有着紧密的联系，春龙节也不例外。春耕即将开始，特别需要雨水，使土壤湿润，保有水分，故有"春雨贵如油"之说。同时，二月初处于"雨水""惊蛰""春分"节气之间，极有可能降水，这是一段既需要雨水又可能有雨水的时节。可见，人们多么希望通过对龙的祈求来实现降雨的目的。

二月初正处于惊蛰前后，蛰伏一冬的各种动物们恢复了活力，开始有所活动。龙抬头了，意味着龙也行动起来，要履行它降雨的职责了。

二、祭龙祈雨盼丰收——春龙节俗

春龙节俗自然也离不开龙王，人们熏虫害、祈雨水以盼丰收。

1. 引龙回、祭龙神、耍龙灯

春龙黎明前，人们提着灯笼，到井边或河边挑水；把草木灰、谷糠等自河边、井边一路撒来，直到家中的水缸边，以求风调雨顺。回家后点灯焚香设供，祭拜龙神。人们在这一天耍龙灯，也是祈雨之意。

2. 嫁女住春、停针线

此日，将出嫁的女儿接回家居住，称为"住春"。此外，女性还要停针线。清代《清稗类钞》："二月二日……妇女亦停止针线，意恐伤龙目也"。

3. 春龙节食俗

春龙节的食品，大多以龙的身体命名：此日吃面，称龙须面；蒸饼称吃龙鳞；蒸菜团子，叫蒸龙蛋。还有熏虫、炒豆，炒豆又叫炒蝎豆，多为黄豆，以糖炒之，香甜可口。二月二民间还有爆玉米花的习俗。民谚云，"金豆开花，龙王升天，兴云布雨，五谷丰登。"

民间传说龙王被玉帝打下凡间，玉帝还传谕天下，"金豆开花，龙王方可重返天廷"。人们便到处寻找开花金豆。二月初二这天有人翻晒玉米种子时猛然想到，把玉米豆炒开花不就是金豆开花吗？于是家家都爆起玉米花，并在院中设案焚香，供人间兴云布雨。从此形成了夏历二月初二爆玉米花的习俗。

二月初二百草生发，人们便纷纷到郊外挖来野菜，或到园中摘取新菜，既为尝到鲜菜的美味，又能讨到发财的吉利（"菜""财"同音），故称"挑菜节"。宋代"挑菜"习俗由民间传入宫廷，宫中举行"挑菜"御宴活动。在

一些小斛（口小底大的量器）中种植生菜等新鲜菜蔬，并把它们的名称写在丝帛上，压放在斛下，让大家去猜。根据猜的结果有赏有罚。这一活动既是"尝鲜儿"，又为娱乐，所以当时"王宫贵邸亦多效之"。

4. 龙抬头时人剃头

龙抬头这一天，不管男女老少都去理发店理发，因为人们普遍认为今日天剃头可以红运当头、福星高照，民间就有"二月二剃龙头，一年都有精神头"、"二月二龙抬头，家家小孩剃毛头"的谚语。

二月剃头与"正月不理发"的习俗有关，而这又不得不提及清代"剃发令"。《孝经》："身体发肤，受之父母，不敢毁伤，孝之始也。"因此古代汉人成年后便不会剃发。明弘光元年（1645年，清顺治二年），清军攻占南京后，全面要求汉人剃发易服，这引发民众的强烈反抗*。"八十日带发效忠，表太祖十七朝人物；十万人同心死义，留大明三百里江山"。以"江阴八十一日"为代表的民众抗清事迹，体现了坚贞不屈的民族气节。人民每年正月坚持不剃头以"思旧"，这是亡国子民心怀故国的无奈之举。后逐渐讹传为"死舅"。

北京景山·明思宗殉国处（汉服北京供图）

三、东风日暖与尔亲——今朝春龙

1. 亲近自然

现代的人们与大自然颇为疏远。春龙这一日，不妨让我们亲近自然，感受春天的到来。大家可在二月二这日清晨，身穿传统服饰，打灯笼引水，举行引龙回仪式。焚香设供，祭拜龙神。还可邀民间表演团体为人们表演耍龙灯等节目。

2. 制作美食

大家可以动手尝试制作春龙这日的各色美食，如爆米花、龙须面、吃龙鳞、蒸龙蛋等。也可直接买来食用。

---

* 明崇祯十七年（1644年）三月十九日，顺军攻克北京，崇祯帝殉国。四月，顺军败于满清。五月，清军入关，进入北京城后发布剃发令，遭遇激烈反抗，遂撤销。同月明安宗即位，以明年为弘光元年。弘光元年（1645年，七月后为隆武元年）四月底、五月初，清军进军江南，发生"扬州十日"惨案。五月弘光政权倾覆。六月清廷令江南剃发，闰六月开始，江南各地爆发激烈抵抗，有"嘉定三屠"等惨案发生。1644年前后这一系列事件称为"甲申国难"。隆武元年（1645年）闰六月明绍宗即位，隆武政权建立。隆武二年（1646年）八月隆武政权倾覆，十一月明昭宗即位，永历政权建立，以明年为永历元年。永历十六年（1662年），永历君臣遇害，抗清将领李定国、郑成功也相继病逝。永历三十七年（1683年）明郑降清，明祚亡。

3. 宴饮挑菜

在家宴或聚会时作为宴饮娱乐节目。购买、采摘各种新鲜节令菜蔬，宴饮时猜之，并由猜错者为大家亲手烹制爽口的菜蔬而后一起食用。

四、二月二日春正饶——春龙诗意

和梦得洛中早春见赠七韵（唐·白居易）
众皆赏春色，君独怜春意。春意竟如何，老夫知此味。
烛余减夜漏，衾暖添朝睡。恬和台上风，虚润池边地。
开迟花养艳，语懒莺含思。似讶隔年斋，如劝迎春醉。
何日同宴游，心期二月二。

二月二日（唐·李商隐）
二月二日江上行，东风日暖闻吹笙。花须柳眼各无赖，紫蝶黄蜂俱有情。
万里忆归元亮井，三年从事亚夫营。新滩莫悟游人意，更作风檐夜雨声。

二月二日席上赋（宋·贺铸）
仲宣何遽向荆州，谢惠连须更少留。二日旧传挑菜节，一樽聊解负薪忧。
向人草树有佳色，带郭江山皆胜游。载酒赋诗从此始，它年耆老话风流。

二月二日挑菜节大雨不能出（宋·张耒）
久将菘芥芼南羹，佳节泥深人未行。想见故园蔬甲好，一畦春水辘轳声。

二月二日（宋·晁说之）
柳花多情不肯新，可怜失尽汉家春。二年不识挑生菜，万国谁知有杀身。
群盗犹多南渡客，征鸿难问北归人。始知前日一樽酒，上帝升平与尔亲。

二月二日遂宁北郭迎富（宋·魏了翁）
才过结柳送贫日，又见簪花迎富时。谁为贫躯竟难逐，素为富逼岂容辞。
贫如易去人所欲，富若可求我亦为。里俗相传今已久，漫随人意看儿嬉。

花朝节

百花生日是良辰，未到花朝一半春；红紫万千披锦绣，尚劳点缀贺花神。
——（清）蔡云《咏花朝》

如今我们常常陶醉于浪漫的西洋节日里，其实浪漫美好的性格，也曾经属于我们的民族。当大家徜徉在西历二月十四的玫瑰花丛间的时候，别忘记很快将要到来的花朝节，它也是一个浪漫而又少女心十足的节日。

一、百花生日是良辰——花朝起源

花朝节是百花的生辰，也叫花神节，是一个溢满浪漫气息的节日。依傍土地的农耕民族，对于大地上所生长的万物，本就有着深厚的感情，而这个节日更是寄托了人们对于万物生命之美的向往。

花朝节与我国的气候时令有着密切的关系，因此具体日期也因时因地而不同，大致处在"惊蛰"到"春分"之间。此时，万物复生，草木萌青，一派春回大地的活泼景致。

唐代的花朝定为夏历二月十五，且与正月十五"元宵节"、八月十五"中秋节"并列的三个"月半"佳节。宋代某些地方花朝节被提前到二月十二或二月初二。清代，一般北方以二月十五为花朝，南方则在二月十二，这应该是气候差异的缘故所致。

花朝·花艺（汉服北京 供图）

花朝节壁纸（天汉民族文化网 供图）

唐代传奇《博异志》中，记载了崔元徽悬彩护花的故事：天宝年间的一个二月之夜，崔元徽庭院赏花时一群容貌艳丽的女子来访，称要借此地与封姨相见，其中有个姑娘叫醋醋。封姨来时，众人毕恭毕敬。崔氏命上酒菜果肴，众女把盏畅饮，封姨不意碰翻酒盅将醋醋的红罗裙弄脏，醋醋粉面含怒，拂袖便走。众女子相顾惊慌，封姨恨恨地说："小奴婢竟敢无礼！"夜宴不欢而散。次日晚醋醋前来，原来昨晚那些美女皆是花精，醋醋本人是石榴。她们本欲迎春怒放，却遭叫"封姨"的风神阻挠。花精们想借机向封姨求情，不料被醋醋坏事。醋醋只好求助于崔元徽，在二月二十一日五更时在花枝上悬挂一些画了日月星辰的红色锦帛。崔元徽依言行事，果然，届时狂风大作，但枝上的花却因彩帛而未被吹落。当夜，众花精又变成一群丽人来花园里向崔元徽致谢，还各用衣袖兜了些花瓣劝他当场和水吞服，崔元徽因此延年益寿至百岁，且年年此日悬彩护花，最终登仙。后来此事流成习俗。由于悬彩的时间安排在五更，故名"花朝"。

二、红紫万千披锦绣——节物风俗

花朝这样一个浪漫的日子里，必定有着多彩多样的节日活动。比如：祝神庙会、游春扑蝶、种花挑菜、晒种祈丰、制作花糕、饮百花酒等等。

1. 祝神庙会

旧时江南一带以夏历二月十二日为百花生日。这一天家家都会祭花神，闺中女人剪了五色彩笺，取了红绳，把彩笺结在花树上，谓之赏红，还要到花神庙去烧香，以祈求花神降福，保佑花木茂盛。有的地方还要演戏娱神：通常是由十二伶优演绎一年十二个月的各月花神故事。人们纷至沓来，就此形成庙会。这天夜里，要提举各种形状的"花神灯"，在花神庙附近巡游，以

延伸娱神活动。

  长江三角洲一带多有花神庙，旧时吴越花农的家里还常供奉着花神的塑像。二月初二花神生辰，许多地方，不少农人都要聚集于花神庙内设供，以祝神禧。东北一带还讲究用素馔来供奉。

祭祀花神（浙江子言 供图）

花朝节·许愿（北师珠*南嘉汉服社 供图）

2. 游春扑蝶

  游春扑蝶是一项颇有趣味的民间活动。宋代，开封一代曾流行"花朝扑蝶会"。撰有名剧《桃花扇》的孔尚任，也曾写有竹枝词形容花朝踏青归来的盛况："千里仙乡变醉乡，参差城阙掩斜阳。雕鞍绣辔争门入，带得红尘扑鼻香。"

  唐宋时期好雅集，每逢花朝，文人雅士、贵族士人郊游雅宴，于花下设行幛坐席；女子游春野步，遇名花则设席藉草，以红裙递相插挂，以为宴幄；于亭边流水边烹茶对吟，传花令、抽花签、占花名、斗草赏花、饮酒赋诗、观看歌舞。欢声笑语，看落花满天，醉倒于花下，甚是风雅。

占花名（汉服北京 供图）

占花名（汉服北京 供图）

3. 种花挑菜

  种花，就是栽花，后演变为插花；挑菜，即挖野菜，如白蒿、荠菜等时令蔬菜。

---

* 北师珠：北京师范大学珠海分校，本书中不再另注。

4. 晒种祈丰

在花朝吉日，家家摊晒各类种子，凑齐"百样种子"，以求丰收。

5. 制作百花糕

百花糕，是以鲜花入馔的糕点。据传武则天嗜花，每到夏历二月十五花朝节这一天，她总要令宫女采集百花，和米一起捣碎，蒸制成糕，用花糕来赏赐群臣。这种糕有着花瓣的馥郁和谷物的芬芳，很快就上行下效，一时在宫廷及坊间分外流行。

三、百花齐放看今朝——花朝新尚

曾有人感慨，"谁说花朝节已被今人遗忘？出门尽是看花人"。确实，只要惜春、爱花的心情尚存，在花朝这一天，我们仍有许多的事情可以做。

1. 若得山花插满头——簪花之俗

在古代，无论贫富，鲜花都是女子最常用的发饰，花朝节又怎能错过簪花习俗。时令鲜花栖于云鬓，该是怎样一种意态？没有比簪花更能烘托汉服之美的了，也没有比汉服更适合簪花的服饰了。

可作簪花之用的鲜花品种有很多，花朝节最合适的花卉自然是牡丹与芍药。除了鲜花，还可剪彩为花，插之鬓髻，以为应节。

2. 起约良游醉好春——踏青赏春

今人可以穿上汉服偕同亲友来到野外，扑蝶咏花、踏青赏春，甚是应景。城市里举办的各种迎春花会，也是花朝赏红的好去处。于明媚春光下身着靓丽汉服，定是花朝绝美的景致。

3. 尚劳点缀贺花神——祭祀花神

人们可以在花朝节日期间，穿上汉服，参加各地汉服社团举办的祭祀花神的活动，共庆百花生辰。有的地区的花神庙会举办各种庆贺仙诞活动，亦可穿上汉服去参加庙会活动，体验华夏特色的花神文化。

4. 百花糕香傲百花——鲜花佳肴

百花糕是花朝佳节中非常有特色的应景食品。摘采新鲜的花瓣，和着糯米粉，全家人一起亲自动手制作。不仅有浓浓的节日气氛，也是一项十分有益的亲子活动。做好后，邻里友朋之间可互相赠送，以增进友谊。

5. 折春寄情赠友人——以花赠友

自古鲜花就是馈赠佳品，寄托了馈赠者的深意。花朝当日，带上各种鲜花，赠予恋人、家人、友人，让大自然美的使者传递单纯真切的心意，该是一件多么风雅而浪漫的事情。南北朝时，陆凯曾自江南遥寄长安范晔一枝梅花，并题诗曰："折梅逢驿使，寄与陇头人。江南无所有，聊赠一枝春。"

6. 人与花心各自香——插花艺术

点茶、挂画、燃香和插花合称"四艺"。花朝节时适合举行各类插花会活

花朝节雅集·插花（汉服北京 供图）

第一篇 春风十里

二月日暖春萌动

动。中国花艺强调插花时保持花木的自然生态，保有自然之真；重视花卉展现人们和谐敦睦的社会效益，存着人文之善；又因花有助于悟道，常以花供佛、以花修道，实现宗教之圣；从选材到搭配还要讲究和谐、清雅，体现艺术之美。

明代袁宏道《瓶史》中写道："插花不可太繁，亦不可太瘦。多不过二种三种，高低疏密，如画苑布置方妙。置瓶忌两对，忌一律，忌成行列，忌绳束缚。夫花之所谓整齐者，正以参差不伦、意态天然；如子瞻之文、随意断续，青莲之诗、不拘对偶，此真整齐也。若夫枝叶相当，红白相配，此省曹墀下树，墓门华表也。恶得为整齐哉？"

7.一树新栽益四邻——植树栽花

花朝节距离每年3月12日的植树节常常会很近，因此在花朝节时组织植树栽花活动，不仅符合节日氛围，亦迎合了今人保护自然、亲近绿色的希望。

四、十分拟共醉花枝——花朝诗情

早春（唐·司空图）

伤怀同客处，病眼却花朝。草嫩侵沙短，冰轻著雨消。
风光知可爱，容发不相饶。早晚丹丘去，飞书肯见招。

四月六日同江朝宗花下饮（宋·吴芾）

十分拟共醉花枝，底事君来苦后期。芍药阶前犹烂熳，酴醿回上已离披。
春归又是辜杯酒，老去还应惜岁时。今日要须拼酩酊，从教人笑赏花迟。

摘红英·赋花朝月晴（宋·刘辰翁）

花朝月。朦胧别。朦胧也胜檐声咽。亲曾说。令人悦。落花情绪，上坟时节。

花阴雪。花阴灭。柳风一似秋千掣。晴未决。晴远缺。一番寒食，满村啼鴂。

谢池春·花朝（元末明初·梁寅）

薄寒山阁，当亭午、潇潇雨。鸟静桃花林，水坐兰苕渚。
玉勒骢稀出，油壁车何处。欲簪花、簪不住。花红发白，应笑人憔悴。
春过一半，东去水、难西驻。前半伤多病，后半休虚负。
白醴匏尊满，紫笋山殽具。心无累，皆佳趣。自辞觞酌，劝客须当醉。

花朝（明·汤显祖）

百花风雨泪难销，偶逐晴光扑蝶遥。一半春随残夜醉，却言明日是花朝。

仲雪见示花朝二诗依韵奉和（其一）（明·钱谦贞）

花下挥杯对月邀，千金何处买春宵。桃开旧面还如笑，柳长新眉不用描。
病后三分应重惜，愁中一片忍轻飘。阳春绝调人间少，莫怪花朝变雪朝。

拓展资料

日日有花开，月月有花神

在中国，夏历十二个月各有其代表花卉及月令花神。十二花神说法诸多，并有男花神、女花神之分。如今每到花朝，各地的汉服组织都会举行花朝节活动。庆祝时可以选出十二名少女扮作花神，既增添了节庆风景，亦能吸引人们去关注了解华夏传统习俗和动人的传说故事。

一月梅花花神江采苹（唐玄宗之梅妃）

江采苹，闽地莆田人，唐玄宗宠妃之一。在今莆田亦称江东妃。开元中，唐玄宗遣高力士出使闽越，江采萍被选入宫，受到宠幸。梅妃喜梅，气节若梅，号"梅妃"。后失宠。安史之乱中，梅妃白绫裹身，投井自尽。

二月杏花花神杨玉环（唐玄宗之杨贵妃）

杨玉环，号太真。姿质丰艳，善歌舞，通音律，中国古代四大美女之一，有"羞花"之誉。天宝四载，被唐玄宗册立为贵妃。安史之乱中唐玄宗带杨贵妃西逃，但马嵬坡兵谏，杨贵妃被逼赐死。李白《清平调》说她"云想衣裳花想容，春风拂槛露华浓"。白居易《长恨歌》形容她"回眸一笑百媚生，六宫粉黛无颜色"。

三月桃花花神戈小娥（元顺帝之淑姬）

戈小娥，元顺帝之淑姬，酡颜如醉，而肤白似玉，著水仿佛桃花含露，愈增娇美，帝语云："此夭桃女也"。因呼为"赛桃夫人"。

四月牡丹花神丽娟（汉武帝时宫人）

丽娟，西汉武帝所幸宫人，玉肤柔软，吹气如兰，尝于芝兰殿旁歌《回风》之曲，庭中树花为之翻落，是谓"曲庭飞花"。

五月石榴花神公孙氏（唐朝舞蹈家）

公孙大娘，开元时唐宫第一舞人，善舞剑器。杜甫有诗云："昔有佳人公孙氏，一舞剑器动四方。观者如山色沮丧，天地为之久低昂。㸌如羿射九日落，矫如群帝骖龙翔。来如雷霆收震怒，罢如江海凝清光。"

六月莲花花神西施（春秋末期越国浣纱女）

西施，越国人，后人称其为"西子"。宋代苏轼有诗云："欲把西湖比西子，淡妆浓抹总相宜"。西施与王昭君、貂蝉、杨玉环并称为"中国古代四大美女"，其中西施居首。四大美女享有"闭月羞花之貌，沉鱼落雁之容"之美誉。其中"沉鱼"，讲的就是"西施浣纱"的典故。

七月玉簪花花神李夫人（汉武帝之妃）

李夫人，中山（今河北定州）人，汉武帝的宠妃。其兄为乐师李延年，一日作歌于武帝前："北方有佳人。绝世而独立。一顾倾人城，再顾倾人国。宁不知倾城与倾国，佳人难再得。"平阳公主借此推荐李延年的妹妹给汉武帝。死后被追封为皇后，其孙为汉废帝海昏侯刘贺。

八月桂花花神绿珠（西晋时人）

绿珠，传说原姓梁，生在白州境内的双角山下（今广西博白县双凤镇）。

西晋石崇为交趾采访使,以珍珠十斛得到了绿珠。八王之乱时,石崇为赵王伦所杀,绿珠也坠楼而死。唐代杜牧有诗云:"繁华事散逐香尘,流水无情草自春。日暮东风怨啼鸟,落花尤似坠楼人。"

九月菊花花神梁红玉(宋抗金名将韩世忠之妻)

梁红玉,原籍安徽池州,生于江苏淮安,著名抗金女英雄,南宋爱国将领韩世忠之妻。史书中不见其名,只称梁氏。"红玉"是其战死后各类野史和话本中所取的名字。多次随夫出征,在建炎四年黄天荡之战中亲执桴鼓,和韩世忠共同指挥作战,将入侵的金军阻击在长江南岸达48天之久,从此名震天下,世人有"梁红玉击鼓退金兵"的美称。绍兴五年随夫出镇楚州,逝于抗金前线。绍兴二十一年,韩世忠病逝,夫妇合葬于苏州灵岩山下。后来宋孝宗令竖碑建祠以纪念他们,今苏州市沧浪区枣市街小学即原蕲王祠。淮安梁红玉祠有联云:"也是红妆翠袖,然而青史丹心"。

十月芙蓉花神貂蝉(传说东汉末年人)

貂蝉,民间传说人物,有"闭月"之誉。出现于《三国演义》及其前身《三国志平话》中。传说为东汉末年司徒王允府的歌女。时董卓祸乱京城,王允设下连环计:先把貂蝉暗地里许给吕布,再明献于董卓,从而挑动董、吕不和,最终铲除董卓。《后汉书》中并未提及貂蝉之名,但记载吕布与董卓的贴身婢女暗中相恋,从而诱发董、吕关系破裂。这里出现的婢女,应该就是貂蝉原型。

十一月山茶花花神王昭君(汉元帝时和亲宫女)

王昭君,中国古代四大美女之一,有"落雁"之誉。西汉南郡秭归人,今湖北省宜昌市兴山县人。晋朝时为避讳,又称"明妃",王明君。汉元帝时匈奴单于呼韩邪来朝,请求娶汉人为妻。元帝遂将昭君赐给了呼韩邪单于,并改元为竟宁。昭君抵达匈奴后,被称为宁胡阏氏(yān zhī)。唐代杜甫有诗云:"群山万壑赴荆门,生长明妃尚有村。一去紫台连朔漠,独留青冢向黄昏。画图省识春风面,环珮空归夜月魂。千载琵琶作胡语,分明怨恨曲中论。"

十二月水仙花神甄宓(三国曹魏皇后)

甄氏,汉末中山无极(今河北省无极县)人,魏文帝曹丕妻子,魏明帝曹叡生母。建安中期,袁绍为次子袁熙纳之为妻。建安九年,曹操率军攻下邺城,甄氏因为姿貌绝伦,被曹丕所纳。黄初二年年六月,曹丕遣使赐死甄氏,曹叡即位后,追谥为文昭皇后。传说曹植《洛神赋》就是为她所写。后人取《洛神赋》中宓妃之名号,称其为"甄宓"。

第三章　三月青春弹指过

故人西辞黄鹤楼，烟花三月下扬州。
——（唐）李白《黄鹤楼送孟浩然之广陵》

季春之月，日在胃，昏七星中，旦牵牛中。其日甲乙。其帝大皞，其神句芒。其虫鳞。其音角，律中姑洗。其数八。其味酸，其臭膻。其祀户，祭先脾。

桐始华，田鼠化为鴽，虹始见，萍始生。
——《礼记·月令》

烟花如海的阳春三月，有杨柳遮不尽的春色，有围墙拦不住的红杏，亦有上巳"维士与女，伊其相谑，赠之以勺药"的心动，还有寒食禁火的节制，到了雨水纷纷的清明时节，少不了断肠的思念。在这越来越浓的春意里，人们的情感也越来越丰富。

 上巳节

晴风丽日满芳洲，柳色春筵被锦流。皆言侍跸横汾宴，暂似乘槎天汉游。
——（唐）徐彦伯《上巳日祓禊渭滨应制》

上巳节对于我们现今的人们，大多是很陌生的。人们较熟悉的日本女儿节其实就源于我国上巳节。日本女儿节起源于室町时代，大约相当于我国的明朝时期。旧历三月初三是桃花盛开的时节，因此还有"桃花节"的叫法。由于女儿节源于上巳节，因此节俗受中国古代岁时文化的多方面影响。但不同的是，日本幼年的小女孩也过节，中国则侧重未出阁的妙龄少女。

上巳佩兰祓禊图（天汉民族文化网　兼葭从风　绘）

一、三月三，上巳春——上巳起源

上巳节因在夏历三月上旬的第一个巳日，故称上巳。上巳节亦名元巳、三巳、除巳、上除等。在汉代以前，上巳便已成为正式的节日，但时间不固定；到了魏晋，上巳被正式确定为夏历的三月初三。

南朝吴均《续齐谐记》记载了一个有趣的故事：晋代的两位尚书郎挚虞、束皙在晋武帝面前争论上巳的起源。挚虞以为，上巳节源于汉章帝时平原徐肇亡女之事。据说平原徐肇，三月初生三女，至三日全部亡故。一村人觉得很奇怪，于是纷纷相携至水滨盥洗以驱除不祥。束皙却认为：周公城洛邑，因流水以泛酒和秦昭王三日置酒河曲，见有金人出奉水心剑，这两事才是本源。争论的结果，挚虞得赐"金五十斤"，而束皙却左迁为阳城令。

上巳之名自宋代末就逐渐衰微，但是三月三这一日子仍然是重要的节日。中原有"三月三拜祖先、三月三拜轩辕"说法。这天也被认为是王母娘娘诞辰，当天西王母大开盛会，以蟠桃为主食，宴请众仙，众仙赶来为她祝寿，称为蟠桃会。近年来这失落了六百多年的节日在国内又绽开一波涟漪，民间开始自发地将目光投向上巳节。许多文化论坛都对上巳节展开了热烈的讨论，一些社会团体和学校还身体力行地去追寻这失落的传统。2018年4月8日晚，共青团中央置顶微博宣布：将每年的农历三月初三定为"中国华服日"，2018年的4月18日为第一届。选择这一天，就是基于三月三是黄帝诞辰之说，旨在不忘根本，以期继续前进。

三月三是一个流淌着歌声的节日。民间有刘三姐的传说，认为她聪慧机敏，歌如泉涌，优美动人，有"歌仙"之誉。每年三月三这天人们赛歌，就是纪念刘三姐。我国南方地区汉族、壮族、侗族、瑶族、苗族、布依族、畲族、黎族、土家族等多个民族，都把"三月三"当成盛大的传统节日。其中黎族、畲族、布依族的"三月三"，都被列入了国家级非物质文化遗产名录。

二、上巳娱，兴浮杯——风物节俗

1. 上巳祓禊

古代中国的上巳节，是离不开修禊驱邪活动的。祓禊活动起源于上古，是古代巫术仪式。祓，是祓除病气；禊，是修洁净身；祓禊，即把自己洗干净，除去凶疾的祭祀仪式，后引申为春游。水滨祓禊是周代就开始流行的节日活动。由天子指定专职的女性神职人员掌管此事。如《周礼·春官·宗伯》中曰："女巫掌岁时祓除、衅浴"，其中"岁时祓除"就如同后来三月上巳水上之类，"衅浴"，即以香熏草药之汤沐浴。三月时令于水边祭祀、沐浴，称为"春禊"（也有"秋禊"对应）。

《论语》记载：孔子与弟子各言其志，其中曾晳（曾点，字晳）说："莫春

上巳祓禊（汉服北京 供图）

者,春服既成,冠者五六人,童子六七人,浴乎沂,风乎舞雩,咏而归。"夫子喟然叹曰:"吾与点也。"这里体现的一种洒落的人生境界,宋儒称为"曾点气象"。

周代是富于理想和浪漫色彩的,它承接着中古弥漫的神秘浪漫的巫风,又逐步开启质朴坦荡、钟鸣鼎食的人文教化。祓禊之俗一面体现了上古神秘的宗教遗风,一面也展现了后世消灾祈福的民族心理。招魂续魂、解神还愿是祓禊仪式的附属。"解神"指的是人们在河边还愿谢神。人们在野外或水边召唤亲人亡魂,也召唤自己的魂魄苏醒。

2. 恋爱欢聚

上巳节还是古时少男少女自由恋爱的日子。少男少女们在这一天结伴对歌,互赠信物。那一天,青翠的大地上四处飘扬着欢歌笑声,青年男女们踏春而行,有些还会交换信物、私订终身。《诗经》中《郑风·溱洧》就记载了古时青年男女淳朴的爱情民俗:

溱与洧,方涣涣兮。士与女,方秉蕳(jiān)兮。女曰"观乎?"士曰"既且。""且往观乎!"洧之外,洵訏且乐。维士与女,伊其相谑,赠之以勺药。

溱与洧,浏其清矣。士与女,殷其盈兮。女曰"观乎?"士曰"既且。""且往观乎!"洧之外,洵訏且乐。维士与女,伊其将谑,赠之以勺药。*

3. 曲水流觞

曲水流觞是上巳的重要节俗之一,自魏晋后逐渐取代祓禊驱灾而成了上巳节的主角儿。此风唐时犹盛,至宋渐稀。觞即酒杯,古人将酒杯投于水的上游,任其流下。酒杯止于何处,坐在这个地方的人就要取而饮酒,同时赋诗一首。

"觞"一般是角质或木质等轻材料制成,因此可以悬浮于水,另有一种陶制的杯,两边有耳,称为"羽觞",羽觞比木杯重,玩时则放在荷叶或木托盘上。南朝《荆楚岁时记》记载:"三月三日,士民并出江渚池沼间,为流杯曲水之饮。"

上巳活动主要在城郊风景秀美之地。唐代皇帝举行过上巳宴的地方很多,但最主要的还是曲江(今西安东南的大雁塔附近)。曲江古称曲水,取流水屈曲之意。这里"绿丝垂柳遮风暗,红药低丛拂砌繁。归绕曲江烟景晚,未央明月锁千门"(唐·李绅《忆春日曲江宴后许至芙蓉园》),皇帝常在此宴赐群臣,既可彰近民之心,又可取"曲水流觞"之意。

流觞之俗,还以流杯亭、流杯渠等形式得以半自然化的保存。皇家禁苑、府邸园林的主人常修建亭渠以行曲水流觞之俗。这种流杯渠多是凿石而成,曲曲如蛇蚓,灌水而成"曲水"之势。渠上多覆亭榭,这样,上巳山林郊野

---

* 译文:溱水洧水向东方,三月春水正上涨。小伙姑娘来春游,手握兰草求吉祥。姑娘说道看看去,小伙回说已经逛。再去看看又何妨?瞧那洧水河滩外,实在宽大又舒畅。小伙姑娘来春游,尽情嬉笑喜洋洋,互赠勺药情意长。 溱水洧水向东方,三月春水多清凉。小伙姑娘来春游,熙熙攘攘满河傍。姑娘说道看看去,小伙回说已经逛。再去看看又何妨?瞧那洧水河滩外,实在宽大又舒畅。小伙姑娘来春游,尽情嬉笑喜洋洋,互赠勺药情意长。

的流觞雅趣，达官贵人们就可以不拘时节、不畏风雨随时"亲近"。

《兰亭集序》："永和九年，岁在癸丑，暮春之初，会于会稽山阴之兰亭，修禊事也。"东晋永和九年（353年）三月初三，时任会稽内史、右军将军的王羲之，召集一批名士和家族子弟，于会稽山阴之兰亭举办了首次兰亭雅集。饮酒吟诗。《兰亭集序》是王羲之为这些诗所写的序。这次上巳修禊，不仅诞生了"天下第一行书"，还为后世留下了一道独特的文化景观。这是历史上最出名的一次曲水流觞。

（明）文徵明《兰亭修禊图》

三、浴乎沂，咏而归——如何过"上巳"

1. 祓禊驱灾

祓禊驱灾是上巳节最传统的活动，今人倒是可以尝试举行一个"简化版"祓禊或是"室内版"祓禊：

"简化版"祓禊：到山谷溪流的郊外游春。将事先采摘好的兰草香芷洒入水中，濯洗脸及手。手持香蕙，在河里蘸水，互相洒在头上、身上，同时心中许愿以消灾祈福。

"室内版"祓禊：如果那天无法出游，也可以和朋友们一起在举行一个室内"祓禊"仪式。首先在花店买一两枝香草，准备一些药草熏香，一只盛有清水的木盆或陶（瓷）罐，蘸水互洒，并表达祝福。

2. 曲水流觞

曲水流觞也是上巳节的重要节俗，不妨模拟古人，也举行一次"兰亭集会"。

室外版：找一条蜿蜒曲折、不宽阔的溪水。大家在两岸席地而坐，选出一人担任"司仪"，负责斟酒捞杯。先在一只轻质、特制的觞里倒上半杯酒，用捞兜轻轻放入溪水中，让其顺流而下。根据规则，觞在谁的面前滞留徘徊，就由司仪将觞捞起，送到谁的手中，此人将此酒一饮而尽，然后赋诗一首，或者表演其他的绝技；若才思不敏，不能立即赋诗或表演的话，那他就要被罚酒三大杯，或者罚他换当司仪，进行下一轮流觞……（可将酒换成别

的饮品）

室内版：可以采取击鼓传花的方式，其他同室外版。历史上，上巳式微，"曲水流觞"的活动就逐渐移进了室内，即让酒杯在宴桌上"漂流"，传到谁面前谁就要饮酒吟诗。比如这诗如规定必须带"月"字的，便称之为"'月'字流觞"。

四、上巳风光好放怀——上巳诗词

奉和三日祓禊渭滨应制（唐·张说）

青郊上巳艳阳年，紫禁皇游祓渭川。辛得欢娱承湛露，心同草树乐春天。

丽人行（节选）（唐·杜甫）

三月三日天气新，长安水边多丽人。态浓意远淑且真，肌理细腻骨肉匀。

奉和圣制三日书怀因以示百寮（唐·崔元翰）

佳节上元巳，芳时属暮春。流觞想兰亭，捧剑得金人。
风轻水初绿，日晴花更新。天文信昭回，皇道颇敷陈。
恭己每从俭，清心常保真。戒兹游衍乐，书以示群臣。

三月五日陪裴大夫泛长沙东湖（唐·崔护）

上巳馀风景，芳辰集远坰。彩舟浮泛荡，绣縠下娉婷。
林树回葱蒨，笙歌入杳冥。湖光迷翡翠，草色醉蜻蜓。
鸟弄桐花日，鱼翻谷雨萍。从今留胜会，谁看画兰亭。

鹧鸪天·上巳风光好放怀（宋·辛弃疾）

上巳风光好放怀。忆君犹未看花回。茂林映带谁家竹，曲水流传第几杯。
摘锦绣，写玫瑰。长年富贵属多才。要知此日生男好，曾有周公祓禊来。

三月三日作（明·许宗鲁）

上巳今朝是，风光异往时。海云成雪易，塞柳得春迟。
目极关山道，情悬曲水诗。谁能修禊饮，一涴望乡思。

寒食节

鸡毬饧粥屡开筵，谈笑讴吟间管弦。一月三回寒食会，春光应不负今年。
——（唐）白居易《会昌元年春五绝句·赠举之仆射》

寒食节于夏历冬至后一百零五日，晚于上巳节，早于清明节。在需要热食及温暖之时，人们却选择了禁火这样的生活方式，这不仅是对仲春时节新火的期盼，更是对先人的缅怀之情。

一、四海同寒食——寒食节的起源

"寒食"，是我国民间自古沿传的一个节日，冬至之后的一百零五日不许生火煮食，只能吃备好的熟食、冷食。故寒食节亦称"禁烟节""冷

节""百五节",也有人"一百五"作为寒食的代称。但依照历法推算,清明前二日不一定是一百五日,有时是一百六日。寒食节前后绵延两千余年,曾被称为民间第一大祭日。

唐代温庭筠《寒食节日寄楚望》诗:"时当一百五。"而元稹《连昌宫词》中说:"初过寒食一百六,店舍无烟宫树绿。"唐宋时减为清明前一日。

关于寒食节的来历主要有两种说法,一说是早在远古时期,当人们懂得以太阳和月亮来指示季节以前,曾有过很长一段时期,是以恒星大火(心宿二)作为示时星象,安排生产和生活的。那时候,天上的大火和人间的火,被想象为有着某种神秘关系。每当仲春时节大火昏见东方之时,被认为是新年的开始,有一套隆重的"改火"祭祀仪式。

《周礼·夏官》:"司爟掌行火之政令,四时变火以救时疾"。汉儒郑玄注引鄹子曰:"春取榆柳之火,夏取枣杏之火,季夏取桑柘之火,秋取柞楢之火,冬取槐檀之火"。古人认为四时之火所用木材,各有所宜,若不按季节使用,人容易生病,故须改火以去毒,这就是"救疾"。《论语·阳货》云:"旧谷既没,新谷既升,钻燧改火。"

寒食节的起源还有一个说法,相传是为了纪念春秋时晋国人介子推而设。介子推,又名介之推,后人尊为介子,春秋时期晋国人。当时介之推与晋文公重耳流亡列国,割大腿肉供文公充饥。文公复国后,子推不求利禄,与母归隐绵山。文公焚山以求之,子推坚决不出山,和他的母亲一起抱树而死。文公葬其尸于绵山,修祠立庙,并下令于之推焚死之日禁火寒食,以寄哀思,后相沿成俗。

二、禁火系盼怀——寒食习俗

寒食节的风俗包括祭俗、娱俗、食俗。它们有着多种多样的表现形式。"斗鸡,镂鸡子,斗鸡子""蹴鞠、施钩之戏"……禁火三日、饧糖大麦粥、雕画鸡蛋、斗鸡卵、蹴鞠、拔河、秋千……从中我们可以感受到早已逝去的寒食节,竟然拥有如此丰富的节日内容。

1. 禁烟、改火——上古时代孑遗的仪式

寒食节古代也叫"禁烟节",家家禁止生火,都吃冷食。从东汉到南北朝屡禁屡兴,因国人追悯先贤之情执着,唐代皇家认可并参与。

改火仪式自上古时代产生,唐朝还有皇帝赐百官新火的仪式,直到宋代宫中仍有流传。

春城无处不飞花,寒食东风御柳斜。日暮汉宫传蜡烛,轻烟散入五侯家。
——(唐)韩翃《寒食》

2. 青团、桃花粥——绿意盎然的寒食节食

旧火与新火交替之时,人们只吃冷食,势必要准备出足够的熟食来,照《东京梦华录》的说法,"寻常京师以冬至后一百五日为大寒食,前一日谓之炊熟"。这些熟食是在禁火之后改火之前(一月、七日或三日)冷吃的,所以叫"寒食"。

在节日之前,民间就要准备各种各样的可供冷食的寒食食品:饧大麦粥

（今寒食粥）、枣糕（即子推饼）、炒面（干粥，炒熟的谷物，又称"糗"）、馓子（又名环饼）、枣锢飞燕（一种燕子形的面食）、青精饭（即乌米饭）、青团（艾草的汁拌进糯米粉所制）、桃花粥（以新鲜之桃花瓣煮粥）等。此外，还有煮鸡蛋、寒食饼、寒食面、寒食浆、枣饼、春酒、红藕、香椿芽拌面䊆、嫩柳叶拌豆腐……寒食节虽然远去了，但留下的特色食俗却顽强地存在于各地民间。

南朝《荆楚岁时记》中记载："去冬节一百五日，即有疾风甚雨，谓之寒食。禁火三日，造饧大麦粥。据历合在清明前二日，亦有去冬至一百六日者。"老北京有"寒食十三绝"之说：驴打滚、艾窝窝、糖耳朵、糖火烧、姜丝排叉、焦圈、馓子麻花、豌豆黄、螺丝转儿、奶油炸糕、硬面饽饽、芝麻酱烧饼和萨其马。

3. 祭陵、展墓——庄重的寒食祭俗

西汉末年到魏晋时期的寒食节，流传区域集中在晋地，仅是禁火和寒食，并无扫墓风俗。南北朝时，增添了扫墓之俗，缅怀先人。隋唐五代时期称寒食展墓：寒食节这一天，一家人或一族人一同到先祖坟地，然后致祭、添土、挂纸钱。因这项活动与千家万户的生老死葬休戚相关，因而在民间尤为看重。

唐代开元年之前，民间这种拜墓活动还被视为"野祭"。唐开元二十年（732年），唐玄宗组织官方编修五礼时，为了给世人这种追贤思孝的"野祭"正名，特敕令将寒食节上墓编入五礼之中的第一项吉礼中。此后，寒食节展墓名正言顺地成为官方认同倡导的拜扫礼节。皇家从此也跻身于寒食祭陵展墓行列。

寒食祭祀最隆重的是皇家祭陵。唐贞观时规定，皇祖以上至太祖陵寒食日设祭。至明代，"上陵之祀，每岁清明、中元、冬至凡三。"（《明史·礼志》）除皇家祭陵外，寒食节较为隆重的祭仪为祭祀孔林。历代规定孔林祀期为一年两祀，即春用寒食节，冬用十月朔日，奠仪由孔子后裔衍圣公主祭。

4. 插柳、秋千——杨柳春风中的寒食活动

在扫墓缅怀先人的同时，人们面对明媚的春光、融融的暖意，肯定要尽情游乐一番。唐代寒食踏青已相当广泛普及，明清时期，寒食节踏青依旧是国人经久不衰的活动项目之一。寒食折柳、插柳历史悠久，也是非常重要的习俗。

南北朝时，江淮间寒食日家家折柳插门。不仅插柳，而且戴柳，寒食节

寒食折柳（汉服北京 供图）

蹴鞠（汉服北京 供图）

时，人们纷纷将柳条编成环，戴于头上。寒食插柳、戴柳风习之烈，民谚可证："寒食不戴柳，红颜成皓首""清明不戴柳，死后变黄狗"。

由于寒食节要禁火，在隆冬的时节，人们为了防止寒食冷食伤身，因此在寒食节中还出现了许多带有浓厚运动色彩的活动，如：荡秋千、放风筝、蹴鞠、拔河、斗鸡卵……其中荡秋千之于寒食节的重要，杜甫诗云："十年蹴鞠将雏远，万里秋千习俗同"，寒食节甚至又被称为"秋千节"。

三、传承以待续——寒食今日

许多人或许只知法定节日——清明节，但可以说是寒食滋养了清明。很多地区把寒食节与清明节放在同一天过，清明才逐渐由一个节气上升为最为人们所重视的传统节日之一。寒食节在表达对初春时节"新火"的美好期盼，也是在传递我们对先人的缅怀之情、与先人相感。我们应该把这种美德努力延续下去。

如今在山西的大部分地区，是在清明节前一天过寒食节；有的地方是在清明节前两天过寒食节；还有的地方讲究清明节前一天为寒食节，前二天为小寒食。

1. 寒食宴

寒食宴是寒食节一个重要组成部分，在当天要吃全部是寒食的一桌寒食宴。主要食品有寒食粥、寒食饼、寒食面、寒食浆、青精饭、饧、面燕、蛇盘兔、枣饼、细稞、神馂、母子相会、松仁饼、子推饼、谷垒、一品酥饼、护龙鳞、核桃酥、凉糕、锅盔、石头饼等。

2. 上坟祭祀

携带着细心做好的各种寒食来到墓地，为坟墓培上新土、修整坟墓，折几枝嫩绿的新枝插在坟上，并烧纸钱，表示此坟尚有后人，然后摆放好冷食贡品，最后叩头行礼。如今随着人们环保意识的增强，很多地方已变烧纸钱为鲜花祭扫。

四、寒食野望吟——寒食之叹

寒食城东即事（唐·王维）
清溪一道穿桃李，演漾绿蒲涵白芷。溪上人家凡几家，落花半落东流水。
蹴鞠屡过飞鸟上，秋千竞出垂杨里。少年分日作遨游，不用清明兼上巳。
寒食篇（唐·王泠然）
天运四时成一年，八节相迎尽可怜。秋贵重阳冬贵腊，不如寒食在春前。
寒食（唐·卢象）
子推言避世，山火遂焚身。四海同寒食，千古为一人。
深冤何用道，峻迹古无邻。魂魄山河气，风雷御宇神。
光烟榆柳灭，怨曲龙蛇新。可叹文公霸，平生负此臣。
小寒食舟中作（唐·杜甫）
佳辰强饭食犹寒，隐几萧条带鹖冠。春水船如天上坐，老年花似雾中看。

娟娟戏蝶过闲幔，片片轻鸥下急湍。云白山青万馀里，愁看直北是长安。

寒食野望吟（唐·白居易）

乌啼鹊噪昏乔木，清明寒食谁家哭。风吹旷野纸钱飞，古墓垒垒春草绿。
棠梨花映白杨树，尽是死生别离处。冥冥重泉哭不闻，萧萧暮雨人归去。

寒食（宋·张耒）

庭院轻寒新雨过，江城寒食野花飞。故园北望一千里，极目江枫客未归。

浣溪沙·淡荡春光寒食天（宋·李清照）

淡荡春光寒食天，玉炉沈水袅残烟，梦回山枕隐花钿。
海燕未来人斗草，江梅已过柳生绵，黄昏疏雨湿秋千。

江村寒食（明·杨基）

预折杨枝插绕檐，豆糜香软麦饧甜。春衣未染新丝织，午篆犹分旧火添。
小雨送花青见萼，轻雷催笋碧抽尖。不因人远伤离别，那得春愁上短髯。

清明时节雨纷纷，路上行人欲断魂。借问酒家何处有？牧童遥指杏花村。
——（唐）杜牧《清明》

唐代诗人杜牧的诗句，描述了清明特殊的天气。在行人欲断魂之时，清明不再仅是一个节气，而成了盛满我们对先人的悼念与缅怀的节日。

2016年清明·北京柳荫公园第六届"柳文化节"（汉服北京 供图）

一、梨花风起正清明——清明节来源

清明节，又叫踏青节，是传统"八节"（春节、元宵、清明、端午、中元、中秋、冬至、除夕）之一，一般于夏历三月、公历的4月5日。清明同时也是"二十四节气"之一。汉代《孝经援神契》:"春分后十五日,斗指乙,为清明,三月节。万物至此,皆洁齐而清明矣"。

2006年,第一批国家级非物质文化遗产名录公布,春节、清明节、端午节、七夕节、中秋节和重阳节这些传统节日被列入"非物质文化遗产"的保护名录。2007年12月,国务院公布了将春节、清明节、端午节、中秋节这四大传统节日定为"国家法定假日"并放假一日的决定。这一决定于2008年1月1日起施行。

"清明"这一称呼起源很早,根据文献记载,至迟在秦汉以前就已经出现并固定。至今流传有关清明的时令谚语,如"清明前后,种瓜种豆""清明前,好种棉;清明后,好种豆""清明前后一场雨,胜似秀才中了举""植树造林,莫过清明"等,都表明清明原本是农事节气。

清明时节春光明媚,万物复苏,气候宜人,到处生机勃勃,是春游和郊外娱乐的好时光,而清明节盛行春游的习俗主要是继承上巳节的踏青饮宴传统。清明节是我们重要的祭祀节日,而扫墓、缅怀先人的情感传递又与寒食节分不开。寒食与清明只差一天,三日禁火完毕,到清明这一天要换新火,以柳条或榆木乞取新火。这样清明与寒食就连在一起,清明的换新火活动成为寒食活动的一部分。据记载,从唐代开始清明节逐渐成为一个融合了寒食节与上巳节习俗的重要祭祀节日。

从起源和形成的角度看,清明节是"清明"节气、寒食节、上巳节三者融合而成的节日。王维在《寒食城东即事》一诗中说:"少年分日作遨游,不用清明兼上巳",是寒食、清明与上巳三者融合为一体的有力佐证。在唐朝前期,虽然这一段时间的习俗多被称为"寒食",但在实质上其主体部分已经是今天所说的清明节。到宋代以至明清,清明节发展到最盛行的时期,至今绵延不绝。

二、秋千摇摆系思情——清明节风俗

清明节的风俗基本继承自寒食节,祭俗、娱俗方面,两个节日大体一致。不过食俗方面稍有不同,寒食节食俗皆为冷食或事先准备好的食品。而清明节则要宽泛许多,大量春日时新菜蔬、美味,皆可入食,不问冷热。

1. 祭祖扫墓——虔拜、感恩。

在中国传统文化中,传统节日被区分为人、鬼、神三类,人节有春节、端午、中秋,鬼节有清明节、中元节、寒衣节,神节有三月三、六月六、九月九。人节重在人事活动,鬼节侧重追怀亡人,神节则以祭祀天神为主。

清明节是我国最重要的祭祀节日,是祭祖和扫墓的日子。扫墓俗称上坟,祭祀死者的一种活动。汉民族和一些少数民族大多都是在清明节扫墓。按照旧的习俗,扫墓时,人们要携带酒食果品、纸钱等物品到墓地,将食物供祭在亲人墓前,再将纸钱焚化,为坟墓培上新土,折几枝嫩绿的新枝插在坟上,然后叩头行礼祭拜,最后吃完酒食回家。至今清明节祭祖悼亡之俗仍很盛行。

明代刘侗、于奕正《帝京景物略》:"三月清明日,男女扫墓,担提尊榼,轿马后挂楮锭,粲粲然满道也。拜者、酹者、哭者、为墓除草添土者、焚楮

锭次，以纸钱置坟头。望中无纸钱，则孤坟矣。哭罢，不归也，趋芳树，择园圃，列坐尽醉。"

2. 踏青游玩——娱乐、期盼

相传为了防止先前的寒食冷餐伤身，所以在清明期间人们会进行一些体育活动以锻炼身体。因此，这个节日中既有祭扫新坟生别死离的悲酸泪，又有踏青游玩的欢笑声，是一个富有特色的节日。

荡秋千这是我国古代清明节习俗。秋千，意即揪着皮绳而迁移。它的历史很古老，最早叫千秋，后为了避忌讳，改为秋千。古时的秋千多用树桠枝为架，再拴上彩带做成。后来逐步发展为用两根绳索加上踏板的秋千。打秋千不仅可以增进健康，而且可以培养勇敢精神，至今仍为人们特别是儿童所喜爱。

清明插柳（汉服北京 供图）

踏青又叫春游，古时叫探春、寻春等。三月清明，春回大地，自然界到处呈现一派生机勃勃的景象，正是郊游的大好时光。我国民间长期保持着清明踏青的习惯。插柳戴花、斗鸡走狗、抛球拔河、放风筝、蹴鞠、投壶也是清明时节人们所喜爱的活动。

风筝（北师珠南嘉汉服社 供图）

投壶（汉服北京 供图）

3. 青团、螺蛳——动手、系情

清明时节，江南一带有吃青团子的风俗习惯，这也是用来祭祖的食品。青团子是用一种名叫"浆麦草（雀麦草）"的野生植物捣烂后挤压出汁，接着取用这种汁同晾干后的水磨纯糯米粉拌匀糅合，然后开始制作团子。青团子油绿如玉，糯韧绵软，清香扑鼻，吃起来甜而不腻。

清明时节，正是采食螺蛳的最佳时令，因这个时节螺蛳还未繁殖，最为丰满、肥美，故有"清明螺，抵只鹅"之说。螺蛳食法颇多，可与葱、姜、酱油、料酒、白糖同炒；也可煮熟挑出螺肉，可拌、可醉、可糟、可炝，无不适宜。若食法得当，真可称得上"一味螺蛳千般趣，美味佳酿均不及"了。

清明节还有吃馓子的食俗。"馓子"为一油炸食品，香脆精美，古时叫"寒具"。馓子有南北方的差异：北方馓子大方洒脱，以麦面为主料；南方馓子精巧细致，多以米面为主料。在少数民族地区，馓子风味各异，尤以维吾尔族、东乡族、纳西族以及宁夏回族的馓子最为有名。

此外，我国南北各地在清明佳节时还有食鸡蛋、蛋糕、夹心饼、清明粽、馍糍、清明粑、干粥等食品的习俗。这一天还要办社酒，同一宗祠的人家在一起聚餐。没有宗祠的人家，一般同一高祖下各房子孙们在一起聚餐。社酒的菜肴，荤以鱼肉为主，素以豆腐青菜为主，酒以家酿甜白酒为主。四川成都一带还有以炒米作欢喜团，浙江南部各地也会采摘田野里的棉菜制作的清明果等。

三、踏青步步印感恩——今日清明节

华夏文明向来推崇"敬天法祖"。清明时节祭祖扫墓，是生者对死者的祭拜仪式。这一活动表达了生者对死者的哀思和敬意。我们要成为传递这份恩情的桥梁，理性的去对待清明祭祀的行为，更好地传承中华传统节日文化。

1. 敦亲睦族

在清明节，人们为先祖扫墓。扫墓是追思亲人的活动。它是中国传统美德之一的孝道的具体表现。人们事先细心准备好祭品，相约一起到墓地，首先简略祭拜完土地神之后，利用工具清理墓碑附近的灰尘、杂草、不洁之物，用毛笔油彩临摹碑文，然后摆上贡品、点上香烛，烧纸钱，虔拜先人以表怀念与感恩，祭祀完后还可以适当饮食祭品，随后与亲人携手离开。如果条件不允许，人们就借以鲜花替代纸钱，表示对先人的哀思和感恩。借此扫墓活动，人们慎终追远，敦亲睦族。

随着时代的发展，清明节被不断赋予更加丰富的内涵和形式。纪念对象也从传统的家人和为国为民牺牲的英烈拓展到民间的道德楷模。因工作等原因无暇扫墓尽孝的人也会用鲜花、家书和网上留言来代替焚香、烧纸。这样的新型祭祀方式也越来越受到人们的欢迎。无论何种方式，我们都应该牢记祭祀行为原本的念想——祭拜、感恩。

2. 踏青植树

随着社会的发展，民众纷纷借着这个小长假旅游踏青。而一些年轻人也开始早早地为外出踏青做起了准备。邀约几许好友清明出游，野外露营、烧烤食品等。清明的活动慢慢演变为以踏青郊游、民俗游、登山祈福、祭扫为主。

清明前后春阳照临、春雨飞洒，种植树苗成活率高，成长快。因此，自古以来，我国就有清明前后植树的习惯。1915年，北洋政府就曾以每年清明节为植树节。后来为了纪念孙中山先生，人们把他逝世的那天，即3月12日改定为植树节。

四、清明人心自愁思——滴泪之句思凄然

清明即事（唐·孟浩然）

帝里重清明，人心自愁思。车声上路合，柳色东城翠。

花落草齐生，莺飞蝶双戏。空堂坐相忆，酌茗聊代醉。

清明日园林寄友人（唐·贾岛）
今日清明节，园林胜事偏。晴风吹柳絮，新火起厨烟。
杜草开三径，文章忆二贤。几时能命驾，对酒落花前。

长安清明（唐·韦庄）
蚤是伤春梦雨天，可堪芳草更芊芊。内官初赐清明火，上相闲分白打钱。
紫陌乱嘶红叱拨，绿杨高映画秋千。游人记得承平事，暗喜风光似昔年。

采桑子·清明上巳西湖好（宋·欧阳修）
清明上巳西湖好，满目繁华。争道谁家。绿柳朱轮走钿车。
游人日暮相将去，醒醉喧哗。路转堤斜。直到城头总是花。

清明日对酒（宋·高翥）
南北山头多墓田，清明祭扫各纷然。纸灰飞作白蝴蝶，血泪染成红杜鹃。
日落狐狸眠冢上，夜归儿女笑灯前。人生有酒须当醉，一滴何曾到九泉。

苏堤清明即事（宋·吴惟信）
梨花风起正清明，游子寻春半出城。日暮笙歌收拾去，万株杨柳属流莺。

清明呈馆中诸公（明·高启）
新烟著柳禁垣斜，杏酪分香俗共夸。白下有山皆绕郭，清明无客不思家。
卞侯墓上迷芳草，卢女门前映落花。喜得故人同待诏，拟沽春雨醉京华。

壬戌清明作（明末清初·屈大均）
朝作轻寒暮作阴，愁中不觉已春深。落花有泪因风雨，啼鸟无情自古今。
故国江山徒梦寐，中华人物又销沉。龙蛇四海归无所，寒食年年怆客心。

第二篇　夏意盈怀

四月薰风立夏至，开始了绿树荫浓的暑日。"五月榴花妖艳烘，绿杨带雨垂垂重"，仲夏端阳浴兰汤，缠上五色丝线长命缕，悬艾叶挂菖蒲，齐家过个传统的"卫生节"。转眼六月季夏晒书观莲，看无穷碧的接天莲叶，赏别样红的映日荷花。如火的夏季、多彩的节日，流转着绚丽的生命气息。这个夏天，让我们舞动起来！

第四章　四月薰风带暑至

人间四月芳菲尽，山寺桃花始盛开。

——（唐）白居易《大林寺桃花》

孟夏之月，日在毕，昏翼中，旦婺女中。其日丙丁。其帝炎帝，其神祝融。其虫羽。其音徵，律中中吕。其数七。其味苦，其臭焦。其祀灶，祭先肺。

蝼蝈鸣，蚯蚓出，王瓜生，苦菜秀。

——《礼记·月令》

"四月南风大麦黄，枣花未落桐叶长"，四月亦有"梨花淡白柳深青，柳絮飞时花满城"，在这可入诗亦可入画的四月里，尽管"弱柳千条杏一枝，半含春雨半垂丝"，而夏天正随薰风翩然而至。

立夏日

四时天气促相催，一夜薰风带暑来。陇亩日长蒸翠麦，园林雨过熟黄梅。

莺啼春去愁千缕，蝶恋花残恨几回。睡起南窗情思倦，闲看槐荫满亭台。

——（宋）赵友直《立夏》

人们习惯上都把立夏当作是温度明显升高、雷雨增多、农作物进入旺季生长的一个重要节气。立夏的薰风吹来，意味着即将告别春天、

立夏节壁纸（天汉民族文化网　供图）

迎来夏日。莫哀愁莺啼春去，尝着立夏三新、闲看槐荫下斗蛋的孩童，期待着夏天踏着欢快的步子向我们走来！

一、斗指东南物长大——立夏至

立是开始，夏是季节，立夏是一个反映季节变化的节令。汉代《孝经援神契》："斗指巽（辰东南维），为立夏，四月节。言物至此时，皆假大也"。立夏通常在夏历四月初一前后时（公历为5月5日或6日）太阳黄经45度，白昼时间渐长，气温也逐渐升高，因此被认为是夏季的开始。

《礼记·月令》所记载的"蝼蝈鸣，蚯蚓出，王瓜生，苦菜秀"即别春入夏之时的物候生长的景象。立夏也是一个重要的节气，民间以立夏日的阴晴测一年的丰歉，认为立夏时下场雨最好，民谚云"立夏不下，旱到麦罢""立夏不下雨，犁耙高挂起"。

二、祀炎南郊君迎夏——立夏礼

立夏是一个仪式感很强的节气，自周始便有天子立夏率文武百官到京城南郊迎夏，并举行祭祀炎帝和祝融的祭礼。

《礼记·月令》："先立夏三日，大史谒之天子曰：某日立夏，盛德在火。天子乃齐。立夏之日，天子亲帅三公、九卿、大夫以迎夏于南郊。"

立夏当日，天子亲自率领三公九卿大夫到南郊迎接夏的降临。回朝后，颁赏群臣，分封诸侯，该褒奖的褒奖，该赏赐的赏赐，无人不高兴满意。于是命令乐师将礼和乐合起来练习。命令太尉，举荐俊杰，推荐贤良，选拔身体魁伟的人。分封的爵位，给予的俸禄，一定要和他们的职位相当。

《后汉书·祭祀志》："立夏之日，迎夏于南郊，祭赤帝、祝融。车旗服饰皆赤。歌《朱明》，八佾舞《云翘》之舞。"

同时为了考虑阴阳对立，宫廷此时已经备好了冰白——去年冬天的藏冰，将于迎回夏神后，回到宫中开启冰窖。明代《帝京景物略》中便有"立夏日启冰，赐文武大臣"的记载。

这个月，天子开始穿细葛的衣服，并命令主管山林田野、教化民事的官吏的视察田地原野、天子领地内的各个县邑，鼓励百姓遵循农时，命令农夫努力耕作。这个月，要驱赶野兽使其不危害庄稼，不要举行大规模田猎。农民献上新麦，天子于是就着猪肉品尝新麦，在品尝之前先献给宗庙。

三、斗蛋秤人尝新物——立夏俗

立夏过后就是炎热的夏季，人们在此时吃一些食物，不仅为了防止炎夏中身体亏损消瘦，也寄托了祈福保安的愿望。

1. 尝新

传统节日多与农耕活动相系，因此立夏习俗活动也多与乡土产物有关。初夏的产出预示着秋季的丰硕，立夏尝新承载着农民秋收的期盼。今苏州仍有"立夏尝三新"的说法，"三新"即樱桃、青梅和麦子，上海郊县农民则把

青梅、酒酿和鲜蛋叫作三鲜，无锡流行"尝三鲜"的花样很多，可分为地三鲜、树三鲜、水三鲜。地三鲜即蚕豆、苋菜、黄瓜；树三鲜是樱桃、枇杷、杏子；水三鲜是海狮、鲥鱼、河豚。

立夏一过就开始了农忙时节。因此，人们常在立夏这天进补，希望整个夏天精神好，有力气劳作。江南每逢立夏前一天小孩们会向邻居讨一碗米，称为"兜夏夏米"，并挖笋与摘蚕豆，因为认为"吃蛋拄（意为"支撑"）心、吃笋拄腿、吃豌豆拄眼"。立夏当日将兜得的米与笋、蚕豆、蒜等食材露天而煮，佐以青梅、樱桃，分送日前赠米的人家，称"烧夏夏饭"。

杭州旧俗立夏日烹新茶馈亲戚邻居，称七家茶。也有农家将豆、米，佐以黄糖煮成一锅粥，互赠给左邻右舍，叫七家粥。互赠茶与粥，都表现出了人们希望邻里和睦朴素的情意。

明代田汝成《西湖游览志馀》记载："立夏之日，人家各烹新茶，配以诸色细果，馈送亲戚、比邻，谓之'七家茶'。富室竞侈，果皆雕刻，饰以金箔，而香汤名目，若茉莉、林禽、蔷薇、桂蕊、丁檀、苏杏，盛以哥汝瓷瓯，仅供一啜而已。"

2. 斗蛋

全国各地立夏传统食俗各有不同，最经典的要数"立夏蛋"了。立夏吃蛋的习俗由来已久，俗话说"立夏吃了蛋，热天不疰（zhù）夏"，就是说立夏吃蛋能预防暑天常见的食欲不振、身倦肢软、消瘦等苦夏症状。立夏前一天，很多家庭就开始煮"立夏蛋"，人们把鸡蛋放入吃剩的"七家茶"中煮烧，即"茶叶蛋"。后来人们改进方法，在"七家茶"中添入茴香、肉卤、桂皮、姜末，从此茶叶蛋不再是立夏的节候食品，而成为我国传统小吃之一。

立夏时一些大人会在小孩子胸前挂上煮熟的鸡鸭鹅蛋，小孩子们三五成群进行"斗蛋"，斗蛋时蛋头斗蛋头，蛋尾斗蛋尾，蛋破者为输。

3. 秤人

立夏有秤人的习俗，人们在村口或庙台挂上平日衡量农作物收成的大木秤，秤钩悬挂木凳，吃完立夏饭后，大家轮流称重，大人双手拉住秤钩、两足悬空称体重；孩童坐在箩筐内或四脚朝天的凳子上，若体重增，称"发福"，体重减，谓"消肉"。

管秤的人一边往外打秤花一边还会说吉祥话，如对老人的"秤花八十七，活到九十一"，对小孩的"秤花一打二十三，小官人长大会出山。七品县官勿犯难，三公九卿也好攀"，对姑娘则要说"一百零五斤，员外人家找上门。勿肯勿肯偏勿肯，状元公子有缘分"。

> 立夏称人轻重数，秤悬梁上笑喧闻。
> ——（清）秦荣光《上海县竹枝词》

四、一阵弦声解愠风——立夏雅意

立夏日忆京师诸弟（唐·韦应物）

改序念芳辰，烦襟倦日永。夏木已成阴，公门昼恒静。
长风始飘阁，叠云才吐岭。坐想离居人，还当惜徂景。

立夏前一日登马氏山亭（宋·朱翌）

百忧不到酒三行，万事尽休棋一枰。梅子未黄先着雨，樱桃欲熟正防莺。
忽惊夏向明朝立，便恐春从此地更。数蝶飞来花寂寞，乱蛙鸣处水纵横。

立夏（宋·陆游）

赤帜插城扉，东君整驾归。泥新巢燕闹，花尽蜜蜂稀。
槐柳阴初密，帘栊暑尚微。日斜汤沐罢，熟练试单衣。

初夏即事十二解（宋·杨万里）

从教节序暗相催，历日尘生懒看来。却是石榴知立夏，年年此日一花开。

第二篇 夏意盈怀

四月薰风带暑至

第五章　五月榴花照眼明

　　五月榴花妖艳烘。绿杨带雨垂垂重。五色新丝缠角粽。金盘送。生绡画扇盘双凤。
　　正是浴兰时节动。菖蒲酒美清尊共。叶里黄骊时一弄。犹薝松。等闲惊破纱窗梦。
　　　　　　　　　　——（宋）欧阳修《渔家傲·五月榴花妖艳烘》

　　仲夏之月，日在东井，昏亢中，旦危中。其日丙丁。其帝炎帝，其神祝融。其虫羽。其音征，律中蕤宾。其数七。其味苦，其臭焦。其祀灶，祭先肺。
　　小暑至，螳螂生。鵙始鸣，反舌无声。
　　　　　　　　　　——《礼记·月令》

　　已入初夏的五月天，是赛龙舟时"江上早闻齐和声""坡上人呼霹雳惊"的刺激；是兰汤被禊，佩戴香囊，饮菖蒲酒时的流香；是梅雨分龙时"枕上佳声欣溅瀑，田间乐事喻号钟"的谈笑……在这榴花妖艳、绿杨带雨的五月，人们的情感如榴花般热烈，如绿杨般明朗。

 端午节

　　轻汗微微透碧纨。明朝端午浴芳兰。流香涨腻满晴川。
　　彩线轻缠红玉臂，小符斜挂绿云鬟。佳人相见一千年。
　　　　　　　　　　——（宋）苏轼《浣溪沙·端午》

　　端午节是我国非常重要的传统节日，有着几千年的历史，也带着些许神秘的气息。我国的端午节很早就传入了日本、朝鲜、越南等东亚、东南亚诸多地区，至今这些国家也还在庆祝这个节日。

一、祭龙怀人重五时——端午之源

　　端午节在夏历五月初五。端，正也，始也，象征着新的开始。夏历五月五，月份和日期都是五，所以又称重五。后来，端五也叫作端午。这大概是因为，如果把一年比作一天，夏历中的五月恰是一日的正午，所以为"端午"。又因午时为"阳辰"，所以端午也叫"端阳"。端午还有许多别称，如：夏节、浴兰节、天中节、地腊、诗人节等等。
　　端午节的起源一般认为与屈原有关。屈原是战国时期楚国诗人、政治家。因遭排挤毁谤，被先后流放至汉北和沅湘流域。前278年，秦将白起攻破楚都郢。屈原悲愤难当，遂于五月五日写下绝笔《怀沙》，抱石投汨罗江，以身殉国。南朝《续齐谐记》载："屈原五月五日投汨罗水，楚人哀之。每至此日，以竹筒子贮米，投水以祭之。……今五月作粽，并带楝叶、五花丝，遗

风也"。唐代文秀《端午》:"节分端午自谁言,万古传闻为屈原。堪笑楚江空渺渺,不能洗得直臣冤。"

"长太息以掩涕兮,哀民生之多艰"。以屈原作品为主体的《楚辞》是中国浪漫主义文学的源头之一,它与《诗经》中的《国风》并称"风骚",对后世诗歌产生了深远影响。屈原强烈的爱国忧民情怀及正直高洁人品历来为人所称颂,李白有诗云:"屈平词赋悬日月,楚王台榭空山丘"。唐末五代封屈原为"昭灵侯"、"威显公"。宋代封"清烈公"、"忠洁侯"。元代封"忠节清烈公"。明太祖洪武二年(1369年)敕湖南汨罗屈原庙复号"楚三闾大夫屈平氏之神",岁五月五日致祭。

后世考证则认为端午节最早是古代南方崇拜龙的部族举行祭祀的节日。粽子投入江河水里祭祀龙神,而竞渡则用的是龙舟。把农历五月五日视为"恶月恶日"起于北方,注入夏季时令"祛病防疫"风尚,附会以纪念屈原跳江自尽而最后形成端午节传统风俗。也有人认为端午之源应该是上古的"夏至节"。上古在这一天以新麦、新黍祭祀祖神,端午食粽与此相关。

端午节的起源还有两个与投江的故事有关,即战国的伍子胥与东汉孝女曹娥的。春秋时期伍子胥因为父兄皆被楚王所杀,于是弃楚投吴,助吴伐楚,取胜后伍子胥掘楚王墓鞭尸以报杀父兄之仇。后来,吴王阖闾之子夫差继位,对伍子胥的忠言十分厌恶,最终听信谗言将其赐死。伍子胥死前,请邻人在其死后将其双目挖出悬于吴国京都的东门上,以看越国军队入城灭吴,随后自刎。夫差闻言大怒,令取其尸裹以革,于五月五日投入大江。传说伍子胥含冤死后化为涛神,世人哀而祭之。

曹娥,东汉时期会稽上虞人。其父曹盱在五月五日迎伍神(伍子胥)的祭祀活动中溺于舜江(今曹娥江)中,数日不见尸体,当时孝女曹娥年仅十四岁,昼夜沿江号哭。过了十七天,在五月二十二日也投江,五日后曹娥的尸体抱父尸浮出水面。就此传为神话。因此所住之村镇即更名为曹娥镇,殉父之江为曹娥江。

二、解灾食粽龙舟渡——端午之俗

夏历五月,正是古人所说的"恶月",蚊虫滋生、病邪流行,所以禳解灾邪是端午节第一大主题。因此便有了洒扫庭院、悬戴药草、兰汤祓禊、佩戴香囊、饮雄黄酒、吃五毒饼、游百病等祛避恶晦的节俗。端午的游乐之俗也非常有趣,比如龙舟竞渡、秋千、马球、斗百草等等。民谣有云:"五月五,是端阳。门插艾,香满堂。吃粽子,洒白糖。龙舟下水喜洋洋。"2006年,端午节民俗列入第一批国家级非物质文化遗产名录。2009年,端午节列入联合国教科文组织人类非物质文化遗产代表作名录。

1. 食粽子

说到端午节,不得不提粽子。粽子

端午插艾(汉服北京 供图)

几乎是我们今天关于端午这个节日最深刻的印象。传说三闾大夫屈原投江殉国之后，楚国百姓异常哀痛，纷纷涌到江边去吊唁。渔夫们划船在江上来回打捞他的遗体。人们将饭团、鸡蛋等丢进江里，让鱼龙虾蟹吃饱而不去啮咬屈大夫。后来人们怕饭团为蛟龙所食，便用楝树叶包裹，外缠彩丝，遂发展成粽子。

春秋时期用菰叶（茭白叶）或楝叶包黍米成牛角状，称"角黍"；用竹筒装米密封烤熟，称"筒粽"。《荆楚岁时记》："夏至节日食粽"。南北朝时出现杂粽，米中掺肉、栗、枣、豆等。唐代的粽子用米讲究"白莹如玉"，其形状出现锥形、菱形。到了宋代，粽子成了一种时尚，当时不仅有"果品粽"，还出现了用粽子堆成的楼台亭阁、木车牛马。元、明时期，粽子的包裹料从菰叶变为箬叶，后来又用了苇叶，附加料也更加丰富多彩。

端午粽子（北师珠南嘉汉服社 供图）

2. 赛龙舟

赛龙舟是端午节最重要的节日民俗活动之一，在南方地区普遍存在，在北方靠近河湖的城市也有赛龙舟习俗。此外有划旱龙舟舞龙船的形式。南朝《荆楚岁时记》说："五月五日竞渡，俗为屈原投汨罗日，伤其死，故并命舟楫以拯之。"此外，赛龙舟的起源还有祭曹娥、祭水神或龙神等多种说法。2011年，赛龙舟经国务院批准列入第三批国家级非物质文化遗产名录。

红旗高举，飞出深深杨柳渚。鼓击春雷，直破烟波远远回。

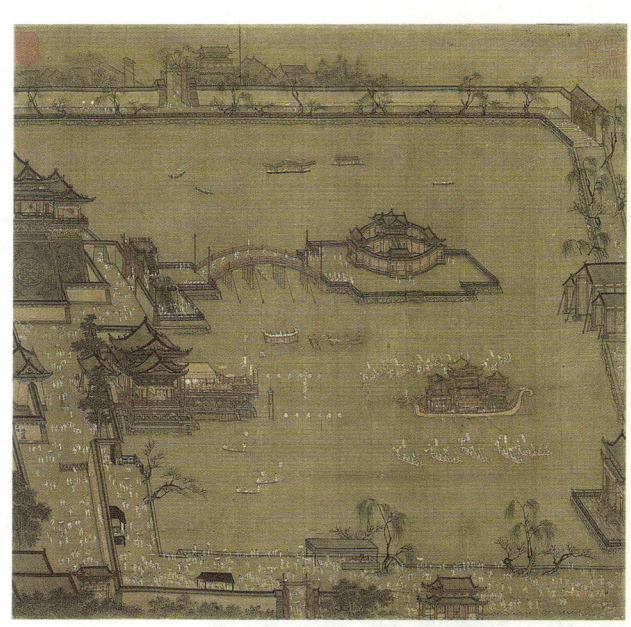

（宋）张择端《金明池争标图》

欢声震地，惊退万人争战气。金碧楼西，衔得锦标第一归。

——（宋）黄裳《减字木兰花·竞渡》

3. 插花草

正所谓"清明插柳，端午插艾"，插花草是端午节由来已久的习俗。艾草、菖蒲和石榴花是最常用的应景药草。旧时端午，家家户户都会采些艾草、菖蒲悬于门上，以驱虫邪。后来，采草药、采艾蒲等发展成了踢百草、斗百草的游戏，再后来就发展成了插花艺术。

4. 浴兰汤

洗浴兰汤是端午的古俗。当时的兰花是菊科的佩兰，有香气，可煎水沐浴，不同于今天我们所说的兰花。《九歌·云中君》有"浴兰汤兮沐芳"之句。南朝《荆楚岁时记》："五月五日，谓之浴兰节。"后来一般是用煎蒲、艾等香草沐浴。

5. 驱邪毒

端午节有饮雄黄酒的习俗。雄黄酒是用研磨成粉末的雄黄泡制的白酒或黄酒。未到喝酒年龄的小孩子，大人则给他们的额头、耳鼻、手足心等处涂抹上雄黄酒，意在消毒防病，虫豸不叮。典型的方法是用雄黄酒在小儿额头画"王"字，一借雄黄以驱毒，二借猛虎（"王"似虎的额纹，又虎为兽中之王，因以代虎）以镇邪。亦有点朱砂的，朱砂又称辰砂、丹砂、赤丹、汞沙，是硫化汞的天然矿石。

民间认为五月是五毒（蝎、蛇、蜈蚣、壁虎、蟾蜍）出没之时，要用各种方法预防五毒之害。一般会在屋中贴五毒图，以红纸印画五种毒物，再用五根针刺于五毒之上，即认为毒物已被刺死，再不能横行了。此外，民间在衣饰上绣制五毒、在饼上缀五毒图案，均含驱除之意。同时，因桃是民俗中驱鬼之物，端午也以桃印为门饰。

点朱砂（汉服北京 供图）

五毒图（汉服北京 供图）

6. 制香囊和五色丝

人们在端午时节用五色丝或碎布制作香囊，内填香料及中草药，佩于胸前，表达对长辈、晚辈的爱心。同时香囊也是少女赠予心上人的信物，如今也发展成了端午节特有的民间工艺品。

五色丝，又名长命缕、续命缕等，以丝线系结祈福。中国传统文化中，象征五方五行的五种颜色"青、赤、黄、白、黑"被视为吉祥色。在端午这

一天，孩子们要在手腕脚腕上系上五色丝线，以保安康。

制作香囊（汉服北京 供图）

制作五色丝（汉服北京 供图）

三、绣囊缠粽斗百草——今朝端午

1. 浴兰着汉服

制作兰汤所用的佩兰是一种中药店常见的中草药，买适量后用纱布包在水中煮，然后除去药包即可。沐浴时建议用木浴桶、木浴盆等。除了佩兰外，还可以使用其他适合做药浴的中草药，如艾草、菖蒲、野菊花等。但不同人对不同中草药有宜忌，选择前应向专业中医咨询。此处浴兰可不是简单的洗澡，请带上一定的仪式心理，在清洁身体的同时，内心也在内省，从而达到内外一致。

沐浴后换上汉服，面料宜轻薄，色彩宜明快。女生梳好发髻后，还可以采摘石榴花插戴在头上。此外还有其他端午节头饰如健人、豆娘、艾虎等饰物，但制作较难，感兴趣的可搜寻资料研习。

此外，还可以用朱砂菖蒲酒取代雄黄酒，为儿童在额头画写"王"字。

2. 手工过端午

不同于从超市直接买来节日食物的方便，亲手制作粽子、雄黄酒、朱砂菖蒲酒等，更能感受节日的乐趣和亲情的交融。全家一起动手，清洗粽叶、淘洗粽料、亲手包制。吃粽子时还可以做解粽比赛，比赛谁的粽叶更长，增加食饮乐趣。雄黄酒有一定危险故不建议饮用，可喷洒于屋角、床下、地毯等处驱虫。端午节前几天，买来菖蒲切碎，浸泡于酒坛中，加入朱砂，端午时即可饮用。

女孩子可尝试为恋人或家人亲手绣香囊辟邪驱瘟。香囊中填入朱砂、雄黄、香药、白芷、川芎、芩草等香料，再编以璎珞丝绦或加上玉饰。五色丝、长命缕系在手腕、脚腕等处可驱毒祈福。一家人相互系结，感受这份温馨和睦。

3. 悬艾刺五毒

从市场买来几束艾草、几根菖蒲，绑成一束，插在房前屋后、挂于窗畔门旁。除了艾叶、菖蒲，桃枝、石榴花、紫苏、榕枝也是很好的端午祛毒之物。亲自绘制五毒图案，若让小孩子画也会很有趣味，画完以针刺之，表示刺死五毒。还可以用彩纸剪成各样葫芦，倒贴于门阑上，以泄毒气。

这些端午节驱疫之物，我们现在重新找回来，并非迷信它真能辟邪，只是借以表达美好的心愿并做端午娱乐而已。

4. 邀朋斗百草

找小伙伴一起到郊外，进行一场有趣的"斗百草"游戏。斗百草的玩法很多，在山野见采百草，比赛谁的更多质量更好，称为"文斗"；以百草叶柄相勾，捏住相拽，断者为输，为"武斗"，也就是大家小时候的游戏"拔根儿"。

另外还可以以花草文字诗词互报花名、草名。

四、五月榴花五色诗——端午诗词

端午（唐·唐玄宗李隆基）

端午临中夏，时清日复长。盐梅已佐鼎，曲糵且传觞。
事古人留迹，年深缕积长。当轩知槿茂，向水觉芦香。
亿兆同归寿，群公共保昌。忠贞如不替，贻厥后昆芳。

竞渡歌（唐·张建封）

五月五日天晴明，杨花绕江啼晓莺。使君未出郡斋外，江上早闻齐和声。
使君出时皆有准，马前已被红旗引。两岸罗衣破晕香，银钗照日如霜刃。
鼓声三下红旗开，两龙跃出浮水来。棹影斡波飞万剑，鼓声劈浪鸣千雷。
鼓声渐急标将近，两龙望标目如瞬。坡上人呼霹雳惊，竿头彩挂虹蜺晕。
前船抢水已得标，后船失势空挥桡。疮眉血首争不定，输岸一朋心似烧。
只将输赢分罚赏，两岸十舟五来往。须臾戏罢各东西，竞脱文身请书上。
吾今细观竞渡儿，何殊当路权相持。不思得岸各休去，会到摧车折楫时。

六幺令·天中节（宋·苏轼）

虎符缠臂，佳节又端午。
门前艾蒲青翠，天淡纸鸢舞。
粽叶香飘十里，对酒携樽俎。
龙舟争渡，助威呐喊，凭吊祭江诵君赋。
感叹怀王昏聩，悲戚秦吞楚。
异客垂涕淫淫，鬓白知几许？
朝夕新亭对泣，泪竭陵阳处。
汨罗江渚，湘累已逝，惟有万千断肠句。

和端午（宋·张耒）

竞渡深悲千载冤，忠魂一去讵能还。国亡身殒今何有，只留离骚在世间。

乙卯重五（宋·陆游）

重五山村好，榴花忽已繁。粽包分两髻，艾束著危冠。
旧俗方储药，羸躯亦点丹。日斜吾事毕，一笑向杯盘。

如梦令·两两莺啼何许（宋·范成大）

两两莺啼何许。寻遍绿阴浓处。天气润罗衣，病起却忺微暑。
休雨。休雨。明日榴花端午。

端午感兴（宋·文天祥）

当年忠血堕谗波，千古荆人祭汨罗。风雨天涯芳草梦，江山如此故都何。

小重山·端午（元·舒頔）

碧艾香蒲处处忙。谁家儿共女，庆端阳。细缠五色臂丝长。空惆怅，谁复吊沅湘。

往事莫论量。千年忠义气，日星光。离骚读罢总堪伤。无人解，树转午阴凉。

分龙节

作畎捉檐卸，呼田欸乃侬。山塘莫车水，梅雨正分龙。

——（宋）张表臣《婺州山中》

"风调雨顺兆丰年"，农业依赖着气象，分龙节就是农耕时代的先民们在与自然进行交流、祷求风调雨顺、五谷丰登的节日。同时分龙节还是我国许多少数民族的节日，呈现出了中华文化中各民族文化的丰富多彩。

一、雩舞祈雨分龙时——分龙节来源

夏历五月二十是分龙节。现在通常认为这分龙节是毛南族和畲族的节日，其实历史上这也是汉民族的节日。一说四月二十日为"小分龙"，五月二十日为"大分龙"。据考证，分龙节最早来源于远古的祈雨方式——雩（yú）舞。

晋朝学者杜预给《左传》作注说："龙见，建巳之月。苍龙宿之体，昏见东方，万物始盛。待雨而大，故祭天。远为百谷祈膏雨也。"《周礼·司巫》记载："司巫掌群巫之政令。若国大旱，则帅巫而舞雩。"《论语·先进》也提到"风乎舞雩"。

古人认为，翡翠鸟能预知雨水。头戴翡翠鸟羽毛做成的羽冠，即是用一种巫术的方式，呼由东方七宿组成的龙唤雷雨的到来。古人认为"龙见而雨"，这里的"龙"，即东方七宿组成的"龙"。龙星从出现至消失，至少经历了三个多月的时间，这段时间正是播种前后地里急需雨水的季节，分龙节很可能就与古代"龙"星出现前后的"舞雩"习俗有关。

民间认为在分龙节这一天，原来生活在一起的五条龙都要分开，各主一方晴雨。如果分龙日这天不下雨，人们就会考虑是否需要祈雨。如果分龙日次日下雨，谓之"分龙雨"，则预兆雨水丰沛。民谚云："二十分龙廿一雨，石头缝里都是米"。

二、无术添驱变化筇——分龙节习俗

各地的分龙节习俗内容不同。从自然规律来说，人们由分龙节这一天的天气情况，可以预知当地夏季的气候规律。普遍来说，作为一个与龙有关的节日，是个适合请戏班子唱戏拜龙王的日子。还有些地方在这日同端午一样

也要赛龙舟。又因有"小龙离大龙"的传说，隐含独立门户的寓意，对想要独立、自创门户的年轻人来说名头不错。江南地区有以此日演习救火之俗，也带上了传统消防日的色彩。

历史上，分龙节也是毛南族、畲族的传统节日。

毛南族的分龙节，一年一度，庆祝活动盛大而隆重。其目的在于祈求五谷丰登。因毛南山乡易旱易涝，五谷收获常无保障。人们根据宗教意识，认为每年夏至后的头一个时辰（龙）日，是水龙分开之日，水龙分开就难得风调雨顺，所以要在分龙这一天祭神保禾苗，相沿而成为传统的农业祭祀节。20世纪初叶之前，每年过节都先聚众于庙堂内外活动，故又称为"庙节"。

畲族的分龙节流行于福建东部地区。每年夏至后逢辰日举行，各聚居地的畲族群众都要采取各种形式祷求风调雨顺、国泰民安、五谷丰登。历代畲民信仰龙王，为防止"龙过山"损坏庄稼，便在作物落土后进行分龙。认为龙怕铁，这天便禁止动用铁器，以祈求龙王不做水患，保佑丰收。过节时，各地普遍歇工，携带山货赶街，进行自由贸易。同时彼此交流生产技术。男女青年通过盘歌，寻找终身伴侣。

随着时代的变迁，毛南族和畲族人民的生活和思想观念发生了翻天覆地的变化，传统分龙节的很多陋习都被摒弃，丰富和充实了许多健康内容，但群众性的文化娱乐活动仍然保留，以"盘歌"为例，过去那种纯祭祀的盘歌内容也逐步延伸到歌唱生活、歌唱爱情，表达对新生活的向往。"五月份龙是端阳，哥妹同来祭龙王。今年哥妹同排坐，明年哥妹进洞房"，青年男女们趁分龙盘歌传情，充满了浓郁的民族色彩。

三、风乎舞雩咏而归——今天的分龙节

分龙节复兴，最有意义的是雩舞等巫仪民俗舞蹈的整理和保存。"冠者五六人，童子六七人，浴乎沂，风乎舞雩，咏而归。"《论语》中的这段记述展示了往日华夏巫仪民俗的兴盛和丰富多彩，建议政府积极为民众发掘、整理雩舞、商羊舞等经典的华夏傩舞，作为分龙节的民俗展示活动。

若有机会亲自参加毛南族和畲族的分龙节活动，不但能品尝到民族特色菜肴，还能体验到毛南族和畲族青年男女谈情说爱的种种奥秘，增加对民族风情的了解。

四、人不语龙谁语乎——分龙节诗词

次韵吴天机（宋·杨简）
洪范论时常，心官职雨旸。分龙何效竭，负扆久忧伤。
禾槁几于白，苗苏尚可苍。焦劳殊未已，诏旨欲盈箱。

抚州城外作（宋·赵蕃）
城中一雨仅飘洒，城外此雨乃霈滂。分龙古语信不妄，不尔惠施何偏方。
我行驱车一何忙，早起犹乘昨夜凉。旧闻既雨晴亦佳，岂但蕙叶蒙宠光。
早禾已秀半且实，晚禾已作早禾长。不惟稻陇有佳色，菜畦苗叶相与昌。

园丁采撷入城市，不用涤濯临沧浪。我虽无田岂无圃，归计不决空傍徨。
翻怜买菜籴占米，烟火薰人官道傍。

喜雨忽风作酬仲归（宋·苏洞）

触石兴云走列峰，天官日日课分龙。有怀竞喜神灵雨，无术添驱变化筇。
枕上佳声欣溅瀑，田间乐事喻号钟。连朝风伯何从恶，敢不凌兢为肃容。

分龙吟（宋·舒岳祥）

五月二十分龙雨，今日霏微如下土。前日何日何霖霪，正是分龙乃如许。
有馀不足相乘除，天道人事元非疏。何龙分得此乡雨，问龙先日何处居。
我昔游三江五湖，江湖处处皆龙潴。我老归农卧海曲，与龙为邻无猜虞。
一盂饱饭龙所与，一片闲云龙所嘘。百年地主属老夫，龙来龙去识我无。
神龙饮食与人异，布席欲荐寒泉蔬。我知雨从龙身落，有时雨过堕虾鱼。
昔年海上亲眼见，龙出沧溟腾碧虚。蜿蜒百丈露爪尾，黑水精灵光彻躯。
龙今只在人头上，人不语龙谁语乎。我有一寸愚，愿龙听区区。
一村南北异时雨，天公用意何偏枯。愿龙溥泽均八极，东海苍生诚可吁。

第六章　六月荷花香满湖

绿树阴浓夏日长，楼台倒影入池塘。水精帘动微风起，满架蔷薇一院香。
——（唐）高骈《山亭夏日》

季夏之月，日在柳，昏火中，旦奎中。其日丙丁。其帝炎帝，其神祝融。其虫羽。其音徵，律中林钟。其数七。其味苦，其臭焦。其祀灶，祭先肺。
温风始至，蟋蟀居壁，鹰乃学习，腐草为萤。
——《礼记·月令》

六月艳阳如火，或许有些许单调和燥热，但亦有"仰面荷花向日娇"的活力；充满着"绿柳迎风始扭腰"的妩媚；还有六月六翻晒书籍的精细，钲鼓声催洗象时"玉河桥下水初浑"的壮观。

 六月六

六街车响似雷奔，日午齐来宣武门。钲鼓一声催洗象，玉河桥下水初浑。
——（清）杨静亭《都门杂咏》

我国的传统节日有不少是"重日"，即月份与日期相同。比如：一月初一春节、二月二的青龙节、三月三上巳节、五月五端午节、六月六天贶节、七月七的七夕节、九月九的重阳节，这些都是"重日节日"。古代中国人普遍认为这类的"重日"是天地交感、天人相通的日子。

一、天书赐皇家——六月六的由来

六月六作为节日一般认为起源于北宋时期，称为天贶（kuàng）节，谓神人降天书之日。相传这一节日的名称，是由北宋真宗皇帝所定。但此节行之不远，就随着北宋灭亡逐渐泯灭了。

北宋与辽在经过四十余年的战争后缔结了屈辱的澶（chán）渊之盟。这引起了北宋内部主战派的强烈反对和广大民众的不满。为平息事态、巩固统治，宋真宗在夏历六月初六封禅泰山，并声称自己在封禅时获天降神书，天书中指明真宗是上天指派的真命天子。为感谢泰山神，真宗派人修建了岱庙，并定六月初六为"天贶节"。"贶"作赏赐、馈赠讲，"天贶"意为上天恩赐的日子。从此，"六月六"作为一个节日正式固定下来。

六月六的很多习俗如晒衣服、被褥、晒书籍、字画等早已存在。为什么还特别选择了这个日子呢？今天人们认为，六月六时值盛夏，在农村麦子已收，秋田方种，场里和地里的大事儿都忙罢了。且这一天的太阳最强烈、最耀眼，晒过的东西不生虫，所以妇女们会把贵重的衣料、书画翻腾出来进行晾晒。

还有学者研究认为，六月六这个节日是从七夕节逐渐分化而来的。最早

人们选择在夏秋之交的七月七这个光照充足的日子曝晒旧衣和制作新衣，有助于人们的身体健康。但这样一来，"晒衣"和"乞巧"就在同一天里，人们既要晾晒衣物、书籍，又要举行"七夕乞巧"等仪式活动，常被复杂繁多的节日仪式困扰。后来经宋真宗的推广和认定，将"洗晒"从七月七分离出来，并经过一系列改进，形成了目前"六月六"的主要面貌。

二、洗晒看谷秀——六月六的民俗

1. "六月六，晒龙衣"——洗晒日

六月六最有特点的习俗就是洗晒，因此这一天也常常被称为"洗晒日"。在元、明、清的皇室宫廷中，也一直保留着这个习俗。如果六月六恰逢晴天，皇宫内的全部銮驾、皇史、宫内的档案、实录、御制文集等会摆在庭院中通风晾晒。

各地寺庙、道观也会举行"晾经会"，把所存的经书统统摆出来晾晒，以防经书潮湿、虫蛀鼠咬。如旧京的白云观藏经楼里，藏有道教经书五千多卷，在每年的六月初一至初七，白云观道士们衣冠整洁、焚香秉烛，把藏经楼里的"道藏"统统拿出来通风翻晒。北京广安门内著名的善果寺每逢六月初六也要作斋，举办"晾经法会"，僧侣们要礼佛、诵经，届时开庙一天。

元、明、清时期，这一天还成了"洗象日"：象房的象奴和驯象师打着旗敲着鼓，引着大象出宣武门，到城南墙根的护城河中让象洗澡。这天在洗象处附近还要搭棚张彩，有监官负责监洗。当天也会临时设有很多茶棚、小吃摊，如同赶庙会一般，车轿人马如潮，观者如蚁。

明成祖迁都北京后，宣武门外今新华社大院所在地，为大和尚姚广孝相中。姚广孝命在此地建"象舍"。当年东南亚的一些藩属国都要向明朝进贡大象，最多时在这片象馆中曾饲养着39头大象。每逢喜庆之日，都要把大象打扮起来上街，增加欢乐气氛。现在新华社旁的长椿街，曾叫做"象来街"。

民间各类店铺如轿铺、估衣铺、皮货铺、旧书铺、字画店、药店等会在此时晾晒各自商铺的商品。清代的北京居民，也都在六月初六日那天翻箱倒柜，拿出衣物、鞋帽、被褥晾晒的习俗，家中所养的猫、狗、牛、马等牲畜也会在这一天得到洗浴。

2. "六月六，请姑姑"——回娘家

出嫁的女儿在六月六里回娘家，这一习俗至今还流行于晋南一带。每年的六月初六，黄河中下游地区小麦已经收获，经过了麦收大忙之后，正是相对农闲的阶段，趁此农闲之时，外嫁的女儿也能带上孩子回到娘家，重温在父母膝下的幸福时光。

传说，这个习俗起源于春秋战国时期的晋国。据传晋国宰相狐偃，曾经是追随晋文公流亡的功臣。他不仅功劳卓著，还勤于治国，深得晋国上下的敬重。每到六月初六他寿诞之日，总是门庭若市，有很多人给他拜寿送礼。久而久之，狐偃慢慢地居功自傲起来。狐偃的女儿嫁给了大臣赵衰的儿子，赵衰反感狐偃的这种行为，直言相劝，狐偃却恼羞成怒，当众责骂赵衰，赵衰气闷于心，郁积而死。赵衰儿子也就是狐偃女婿心怀怨恨，准备在六月初

六时大闹狐偃寿筵,大庭广众之下刺杀岳父,为父报仇。狐偃正好外出,他一路看到民间疾苦,深受触动,回到家中女儿又匆匆赶来,将丈夫的计划告诉父亲。狐偃受到很大触动,决心痛改前非,并亲自去女婿家,请女婿原谅自己对亲家的所作所为,并接女儿女婿回娘家一起过寿。后来传到民间,百姓们纷纷效仿,也都在六月初六接闺女回娘家,取阖家亲睦、消仇解怨的吉祥寓意。

3. "六月六,看谷秀"——禾苗节

我国是传统的农业大国,我们的节日自然也是和农业息息相关的。生活在湖南桂东的人们就会在六月六这一天,举办特殊的仪式来庆祝"禾苗节"。

南宋史上,湘南一带曾闹过多次大蝗灾,那时根本没有农药来灭治害虫,庄稼受虫灾害而颗粒不收,农民被逼得背井离乡。后来,为使农田避免虫害人们只能祈求神灵庇护。六月六为"六六大顺"之意,被认为是最吉利的日子。

因此每年此日,当地老百姓自发组成民俗队伍,以稻草扎制成"稻草龙",其后跟随着手持"丰收米"、"稻草船"、仔鸭和各种米酒香烛等祭祀品的人群。民俗队伍唱着欢乐的"丰收歌",跟在"稻草龙"后面走向各个村寨,每到一户农家,主人都热情地点燃鞭炮出门迎接,队伍中的"稻草龙"和手中的仔鸭都齐拜农家厅堂神龛,并向主人送上一包"丰收米",预祝主人家获得丰收。主人会将一包"虫王"放进队伍的"游船仔"里,寓意地里害虫全灭光,五谷丰登。

这样的民俗活动,流露出农业社会里人们对稻谷乃至植物和自然的一种崇拜,通过这些民间祭祀等活动也表达出了人们期盼农田无害无灾、获得丰收的美好而质朴的心愿。时至今日,湖南桂东地区仍保留着独特的民俗活动来庆祝"禾苗节"。

4. 少数民族的六月六

六月六不仅是汉族的节日,也是很多少数民族的传统节日。比如布依族、哈尼族、苗族、瑶族、土家族、畲族、壮族、侗族、满族、土族、藏族等,在六月六的时候也会举行极具民族特点的各种民俗活动。

布依族的六月六。有"过小年"之称。节日当天要举办祭盘古、扫寨赶"鬼"的活动。其他男女老少穿上民族服装,带着糯米饭、鸡鸭鱼肉和水酒,到寨外山坡上"躲山"(即赶六月场)。祭祀后,由主祭人带领大家到各家扫寨驱"鬼"、而"躲山"群众则在寨外说古唱今,并有各种娱乐活动。

哈尼族"六月节"。一般于农历六月二十四日前后举行,为期三至六天。节日里杀牛祭神,青年们聚集一起荡秋千、摔跤,唱歌跳舞,尽情欢乐。过节期间、家家都割来芭蕉叶铺在桌子上,堆满各种菜肴。大家围坐在一起喝水酒、吃美味、唱"哈巴"。这个节日还是青年人选择对象和定情的浪漫日子。

苗族"赶歌节"。这是湖南凤凰、贵州松桃等地苗族的传统节日。对歌是苗家人表达爱情、选择情侣的重要方式。节日当天,小伙子们吹奏芦笙、唢呐、笛子等乐器,姑娘们穿着盛装,佩戴银饰来到歌场,以村寨为单位的集体对歌、比赛,经过反复较量,最后产生"歌王"。

瑶族"晒衣节"。 节日当天，热闹非凡，清晨各家宰鸡杀鸭开庆祝会，宴饮后，全家动员，有秩序地把棉被、衣服、鞋子、箱笼、柜子等物拿到屋外晒坪上暴晒，晒上一两个小时翻转再晒，然后把衣物搬回厅堂凉一下，再放回原处。夕阳将落时，全寨人还要对着太阳招手，表示对它的感激。

土家族"六月六"。 这天被认为是太阳生日，要敬祭太阳神。这天若逢卯日，要"尝新谷"，打新谷，做新米饭，以示有余。有的地方六月六这天燃烧香烛，抬着披红挂彩的黑神游行，名曰"烧黑神"。此外有"晒龙袍"、"祭祀土王"等祭祖活动。

三、家家晒红绿——今天过六月六

"六月六"天贶节的民俗活动，已渐渐被人们遗忘，但借鉴古意，我们可以开展的节日活动包括：

1. 利用六月艳阳，洒扫庭除，洗浴晒衣。

2. 妇女回娘家或在这一天合家团聚。一家老少互道恭喜，并吃用面粉掺和糖油制成的糕点。

3. 六月六正值新谷收获之时，有条件的地方也可以专门煮新米饭，祈谢丰收。

四、吟咏天贶时——六月六的诗词

六月六日夜（宋·陈与义）
蕴隆岂不坏，凉气亦徐还。独立清夜半，疏星苍桧间。
晦明莽相代，天地本长闲。四顾何寥落，微风时动关。

天贶（宋·许月卿）
天贶逢佳节，地灵钟异人。今朝书上考，同日是生辰。
部使星留次，临川月半轮。明年当此日，五马列朝绅。

六月六日嘉会代柬（其一）（明·区越）
野屏东北老松多，又种西偏竹数坡。梦断八重天更远，坐消三伏暑如何。
幽栖岂有贤名在，荒径从劳长者过。莫惜新诗题满壁，茅柴呼取共君歌。

仿杜工部同谷七歌其三（明·虞淳熙）
六月六日夜飞电，坐草畏风不敢扇。我行呼妹炊兰汤，浴弟盆中看婉娈。
长大有才实倍我，学字磨穿青铁砚。口绝盐醢耻共牢，相随南北常相见。
怜我无依在我傍，寒原幽谷同贫贱。呜呼三歌兮歌乐饥，鹈鸰鸿雁霜洲飞。

观莲节

毕竟西湖六月中，风光不与四时同。接天莲叶无穷碧，映日荷花别样红。
——（宋）杨万里《晓出净慈寺送林子方》

夏季里满池芙蕖皎若太阳升朝霞，香远益清，亭亭净植。莲花以其独具的成长方式跃于万花之上，成为一种崇高的生命感悟：虽置身淤泥之地，却能妙洁自在。在观莲节里，观莲、放灯、品莲香，更重要的是感悟清者自清于酷烈之境，此番人生精勤诚恳的付出，未来终将"火焰化红莲"。

一、出淤泥而不染——观莲节的来源

夏历每年六月二十四是观莲节，民间以此日为荷诞，即荷花生日。水乡泽国的江南一带，此日是举家赏荷观莲的盛大民俗节日，泛舟赏荷，笙歌如沸，流传数代，遍染荷香，成为汉民族优美浪漫的节日之一——观莲节。

荷花在华夏文化中，是一种非常独特的花卉。荷集花、叶、香三美于一体，出泥不染，亭亭玉立，是历代诗人骚客吟咏的对象。李白赞之

观莲节壁纸（天汉民族文化网 供图）

"清水出芙蓉，天然去雕饰"，苏东坡咏之"荷背风翻白，莲腮雨褪红"。荷花独具风姿神韵，宋儒周敦颐赞美其君子品格，《爱莲说》云："出淤泥而不染，濯清涟而不妖"，"莲，花之君子者也"。莲之气质，通透、洁净、澄明如水，是华夏理想人格品质的象征。

江南夏日，荷花盛开，赏荷、采莲成为自然的民俗活动，经过传说的比附，逐渐演绎成荷之诞辰日。最多的一个传说是，在唐朝大历年间江南吴郡有个才女，名叫晁采，在二十四日这天，与她的丈夫，互以莲子相赠。有人问晁采，此举为何由？她引诗以答："闲说芙蕖初度日，不知降种在何年？"

在汉方医药和汉族饮食文化中，荷花也占有特殊地位。唐代已有"荷包饭"美食。荷叶可清热解暑，荷花活血化痰，莲须清心固肾，莲子心清心安神，莲子养心补肾，藕可生可熟可药，被李时珍称为"灵根"，诗人赞之："冷比雪霜甘比蜜，一片入口沉疴痊。"莲花也是佛教的象征物，喻佛法的清净无染。莲花也有爱情和繁衍后代之意。由于荷花所特有的外在美与内在美的和谐统一，以及荷花与人们的生活联系之紧密，才形成了情趣盎然、美轮美奂的华夏"荷文化"。

二、风飘香袂空中举——观莲节的习俗

在过去，人们是如何度过美丽的荷诞日的？
1. 观莲花
早在宋代，每逢六月廿四，民间便至荷塘泛舟赏荷、消夏纳凉。荡舟轻

波，采莲弄藕，享受皓月遮云的夏夜风情，好不惬意。

2. 放荷灯

是日夜，以天然长柄荷叶为盛器，燃烛于内，让小儿持以玩耍。或将莲蓬挖空，点烛作灯。或以百千盏荷灯沿河施放，随波逐流，闪闪烁烁，十分好看。

3. 品莲馔

莲的花、叶、藕、籽都是制作美味佳肴的上品。唐时就有于观莲节吃"绿荷包饭"的习俗。柳宗元《柳州峒氓》："郡城南下接通津，异服殊音不可亲。青箬裹盐归峒客，绿荷包饭趁墟人。"明末清初屈大均《广东新语》记曰："东莞以香粳杂鱼肉诸味，包荷叶蒸之，表里香透，名曰荷包饭。"荷叶有一种特殊的清香味，因而被广泛用于制作食品，莲花、莲籽自古就是制作食品的原料。宋人喜欢用莲花花瓣捣烂掺入米粉和白糖蒸成莲糕食用；宋朝的玉井饭和元朝的莲籽粥，则都是以莲籽为主要原料制作的美食；明时则制成荷花酒。

观莲节时青年男女有了面对面接触的机会，可以借此来表白心中的爱情，清代徐阆斋诗云："荷风前暑气收，荷花荡口碧波流。荷花今日是生日，郎与妾船开并头。"

三、汉家女儿可采莲——今天过观莲节

"青荷盖绿水，芙蓉披红鲜。下有并根藕，上有并头莲。"一只小舟，一身襦裙，姑娘们就可以向藕花深处出发了。戏水、采莲，于莲花深处。姑娘唱歌，小伙撑船，结伴泛舟赏莲。水中弄莲子，岸上品莲馔，可以共同吃莲糕、品莲馔，饮荷花酒，吃荷包饭。

入夜纳凉，放荷灯，星光闪闪，波光闪闪，烛光点点，情趣盎然。

四、闻歌始觉有人来——观莲节的诗词

江南（汉乐府·佚名）

江南可采莲，莲叶何田田。鱼戏莲叶间。
鱼戏莲叶东，鱼戏莲叶西，鱼戏莲叶南，鱼戏莲叶北。

子夜四时歌 夏歌二十首其一十四（南朝乐府·子夜）

青荷盖渌水，芙蓉葩红鲜。郎见欲采我，我心欲怀莲。

西洲曲（南朝乐府·佚名）

忆梅下西洲，折梅寄江北。单衫杏子红，双鬓鸦雏色。
西洲在何处，两桨桥头渡。日暮伯劳飞，风吹乌白树。
树下即门前，门中露翠钿。开门郎不至，出门采红莲。
采莲南塘秋，莲花过人头。低头弄莲子，莲子青如水。
置莲怀袖中，莲心彻底红。忆郎郎不至，仰首望飞鸿。
鸿飞满西洲，望郎上青楼。楼高望不见，尽日栏杆头。
栏杆十二曲，垂手明如玉。卷帘天自高，海水摇空绿。

海水梦悠悠，君愁我亦愁。南风知我意，吹梦到西洲。

越女（唐·王昌龄）

越女作桂舟，还将桂为楫。湖上水渺漫，清江不可涉。
摘取芙蓉花，莫摘芙蓉叶。将归问夫婿，颜色何如妾。

采莲曲二首其二（唐·王昌龄）

荷叶罗裙一色裁，芙蓉向脸两边开。乱入池中看不见，闻歌始觉有人来。

相和歌辞采莲曲（唐·李白）

若耶溪傍采莲女，笑隔荷花共人语。日照新妆水底明，风飘香袂空中举。
岸上谁家游冶郎，三三五五映垂杨。紫骝嘶入落花去，见此踟蹰空断肠。

拓展资料

季夏、长夏与五季

　　季夏指夏季最后一个月份。《礼记·明堂位》："季夏六月，以禘礼祀周公于大庙。"中医称之为"长夏"。《素问·藏气法时论》："脾主长夏。"唐代医学家王冰注云："所谓长夏者，六月也。"

　　古人以五行配四季：春属木、夏属火、季夏属土、秋属金、冬属水。汉代董仲舒《春秋繁露》："天有五行，木火土金水是也。木生火，火生土，土生金，金生水。水为冬，金为秋，土为季夏，火为夏，木为春。春主生，夏主长，季夏主养，秋主收，冬主藏。"

　　《礼记·月令》："中央土。其日戊己。其帝黄帝，其神后土。其虫倮，其音宫，律中黄钟之宫。其数五。其味甘，其臭香。其祀中霤，祭先心。"

　　《后汉书·祭祀志》："先立秋十八日，迎黄灵于中兆，祭黄帝、后土。车旗服饰皆黄。歌《朱明》，八佾舞《云翘》《育命》之舞。"

第三篇　秋色斑斓

"秋空自明迥，况复远人间"，天高气爽，秋风萧瑟。相思与团圆是秋日节日永恒的主题。七夕夜里，女孩们乞巧拜月，静听牛郎织女的悄悄话，希求着千年不渝的爱情；乘着中秋的明月，人们追寻的是奇幻绚丽、幸福团圆的生命理想；转眼九月九，又到重阳登高日，阖家登高祈福，敬老团圆，少插的那一根茱萸，虽身在远方，心却早已归家。

第七章　七月新秋风露早

星依云渚冷，露滴盘中圆。好花生木末，衰蕙愁空园。
夜天如玉砌，池叶极青钱。仅厌舞衫薄，稍知花簟寒。
晓风何拂拂，北斗光阑干。
　　　　　　　　　　　　——（唐）李贺《河南府试十二月乐词·七月》

孟秋之月，日在翼，昏建星中，旦毕中。其日庚辛。其帝少皞，其神蓐收。其虫毛。其音商，律中夷则。其数九。其味辛，其臭腥。其祀门，祭先肝。
凉风至，白露降，寒蝉鸣，鹰乃祭鸟，用始行戮。
　　　　　　　　　　　　　　　　　　　　——《礼记·月令》

当斗指西南时，是秋的身影来了，戴楸叶、饮秋水都是为了庆贺秋天的到来。秋日的夜空最是清澈、高远，除了夜观星象，还可飞扬思绪，去遥想那且清且浅的河汉边上，脉脉不得语的牛郎织女；那"万树凉生霜气清"的中元，终于明白人生永恒的生死命题。

　立秋日　

乳鸦啼散玉屏空，一枕新凉一扇风。睡起秋色无觅处，满阶梧桐月明中。
　　　　　　　　　　　　　　　　　　　——（宋）刘翰《立秋》

立秋是暑去凉来、夏秋更替之时，在这时节里梧桐树开始了落叶归根，也就有了"落叶知秋"的说法。"秋"由禾与火字组成，为禾谷成熟的意思。这落叶，便是在给人们捎来成熟的讯号呀！

一、斗指西南谷熟时——维为立秋

汉代《孝经援神契》："斗指坤（西南维），为立秋。秋者，揫（jiū）也，万物于此揫敛也。"立秋是二十四节气中的第13个节气，在夏历每年七月初一前后（公历8月7—9日之间），此时太阳到达黄经135度，北斗星指向西南方。"秋"字由禾与火组成，表示禾谷成熟的意思，农谚曰："立秋十八日，寸草皆结籽"。我国古代将立秋分为三候："一候凉风至；二候白露生；三候寒蝉鸣。"

立秋是农家重视的大节气，立秋之后收成将至。因此作为一个收获的标志，立秋牵引着农人的心思，也便有了许多关于立秋的农谚。鲁东地区有"立秋开头坐一坐，来年春天要挨饿"，提醒人们不可懈于农事。山东莱西的农谚"入伏下雨伏里旱，立秋下雨吃好饭""七月秋样样收，六月秋样样丢"则根据立秋的状况预测收成，无不体现出人们的忐忑与焦急。

秋季不仅作为作物收成的季节，也有总结之意。在中国一些农村地区，农民在一些小的经销店购买生活用品，到秋收后一起结算，即"秋后算账"。在古代，死刑多于秋季执行，因为农民在秋冬二季较为空闲，官员可以动员民众观看行刑，起到示警教育的作用。《周礼》中将掌管刑罚的司寇称为"秋官"。中国古代生产力水平较低下，春秋时代仍实行"春耕秋战"，战事不分胜败时也"来年秋天再战"，因此，秋天又被称为"多事之秋"。

二、迎秋西郊祈年丰——立秋祭礼

周代开始，每逢立秋，天子亲率三公九卿诸侯大夫到西郊迎秋，举行祭祀仪式。汉代以后仍在延续迎秋祭礼。宋朝立秋日，皇宫内要把栽于大花盆内的梧桐树移入殿内，等到立秋时辰一到，太史官便高喊："秋来了！"语毕，梧桐应声而落，满是秋意。

《礼记·月令》："先立秋三日，大史谒之天子曰：某日立秋，盛德在金。天子乃齐。立秋之日，天子亲帅三公、九卿、诸侯、大夫，以迎秋于西郊。"

《后汉书·祭祀志》："立秋之日，迎秋于西郊，祭白帝、蓐收。车旗服饰皆白。歌《西皓》，八佾舞《育命》之舞。"

民间各地多祭土地神。在浙江，若立秋时在夜间，叫作"梦秋"，农家则会当夜望空祈祷，并带酒肉到田边祭祀田祖。在上海，农家取竹竿数根，上面悬贴纸蟠，插于自家田中，名为"标秋"，江苏常州农家此日在田间插三角形小旗，叫作"猛将令箭"，用以驱虫。窑工会立秋祭火神以及聚餐，并演戏酬谢火神。

三、凉风至时好个秋——立秋食俗

1. 贴秋膘

立秋的饮食与天气逐渐转凉有关。旧时对于健康与否的判断常以肥瘦为尺度。于是立秋之时秤人，与立夏之时相比，若体重减轻则称为"苦夏""瘦夏"，需要在立秋进补，正好慰劳一整个夏季的辛勤，又称"贴秋膘"。贴秋膘的首选当然是肉，"以肉贴膘"。此外，民谚云"立夏栽茄子，立秋吃茄子"。民间会在立秋前一日将瓜、蒸茄脯、香糯汤等放在院子里晾一晚，立秋当日进食。

2. 咬秋

"咬秋",又称"啃秋",即立秋日吃西瓜尝鲜。古人认为立秋之时食瓜,可免腹泻。不同地区的"咬秋"也不尽相同,天津地区食瓜咬秋,杭州地区则流行食秋桃。立秋时大人孩子每人一个秋桃,食毕留桃核至除夕当天,丢进火炉中烧成灰烬,认为可以免除一年的瘟疫。

3. 戴楸叶

楸是一种落叶乔木,高可达30米,其树干通直,叶呈三角状的卵形或圆形,叶嫩时是红色,叶老后仅有叶柄是红色。古时,立秋日有戴楸叶的习俗。北宋孟元老《东京梦华录》:"立秋日,满街卖楸叶,妇女儿童辈,皆剪成花样戴之。"

4. 摸秋

立秋日晚上,人们可以在别人家的瓜园中摸回各种瓜果,俗称"摸秋"。丢了瓜果的人家(也称丢了"秋"的人家),也不追究。倘若孩子摸回来的是葱,父母就认为这孩子长大后很聪明;摸到瓜果,父母就认为孩子将来不愁吃喝。人们将立秋"摸秋"视为游戏,但是过了立秋时节,父母就要严格教育孩子,不可以再去偷拿他人的一针一线。

四、且对西风贺立秋——立秋思绪

立秋日曲江忆元九(唐·白居易)

下马柳阴下,独上堤上行。故人千万里,新蝉三两声。
城中曲江水,江上江陵城。两地新秋思,应同此日情。

立秋二绝其一(宋·范成大)

三伏熏蒸四大愁,暑中方信此生浮。岁华过半休惆怅,且对西风贺立秋。

暮热游荷池上五首其一(宋·杨万里)

也不多时便立秋,寄声残暑速拘收。瘦蝉有得许多气,吟落斜阳未肯休。

立秋有感(宋·白玉蟾)

流年急似箭,日月跳如丸。炎皇初解印,白帝又弹冠。
方旦喜无暑,教人又怕寒。人生中如许,不觉鼻头酸。

拓展资料

秋社

汉以前只有春社,汉以后开始有秋社。秋社是为了向社神报告收成。古代官府与民间农家在立秋后第五戊日收获已毕、新谷登场时举行酬祭土神的秋社。宋时有食糕、饮酒、妇女归宁之俗。后世,秋社渐微,其内容多与中元节(七月半)合并。但在一些地方,至今仍流传有"做社""敬社神""煮社粥"的说法。此外,每年夏历的七至八月我国有些少数民族(如佤族)会过新米节,通过品尝新米,庆祝稻谷成熟,作物丰收。

北宋《东京梦华录·秋社》："八月秋社，各以社糕、社酒相赍送。贵戚、宫院以猪羊肉、腰子、奶房、肚肺、鸭饼、瓜姜之属，切作棊子片样，滋味调和，铺于板上，谓之'社饭'。请客供养。人家妇女皆归外家，晚归，即外公姨舅皆以新葫芦儿、枣儿为遗，俗云宜良外甥。市学先生预敛诸生钱作社会……归时各携花篮、果实、食物、社糕而散。春社、重午、重九，亦是如此。"陆游有《秋社》诗："雨余残日照庭槐，社鼓咚咚赛庙回。又见神盘分肉至，不堪沙雁带寒来。书固忌作闲终日，酒为治聋醉一杯。记取镜湖无限景，苹花零落蓼花开"，写的就是秋社时吃社饭的热闹场景。

七夕节

烟霄微月澹长空，银汉秋期万古同。几许欢情与离恨，年年并在此宵中。

——（唐）白居易《七夕》

夏历七月也被称为"兰月"，夏历七月初七便是传统的七夕节，所以七夕那天晚上又称为"兰夜"。七夕本为女儿乞巧与男子拜魁星的日子，但是由于牛郎织女的神话，渐渐染上了爱情的气息。中国式爱情总是看似平平淡淡，没有轰轰烈烈的奋不顾

七夕节壁纸（天汉民族文化网 草色风烟 绘）

身，却有着永生的相望相守。

一、东飞乌鹊西飞燕——七夕起源

七夕这一节日与牛郎织女的传说有关。乐府诗《古诗十九首》："迢迢牵牛星，皎皎河汉女。纤纤擢素手，札札弄机杼。终日不成章，泣涕零如雨。河汉清且浅，相去复几许。盈盈一水间，脉脉不得语。"南朝任昉《述异记》记载："天河之东，有美丽女人，乃天帝之子，机杼女工，年年劳役，织成云雾绡缣之衣，辛苦殊无欢悦，容貌不暇整理。天帝怜其独处，嫁与河西牵牛之夫婿，自后竟废绩纴之功，贪欢不归。帝怒，责归河东，但使一年一度相会。"

在后世的传说中，牛郎是民间男子。织女回天庭时，牛郎挑着儿女乘船追赶。王母娘娘下头上的金钗，在天空划出了一条波涛滚滚的银河。牛郎无法过河，只能在河边与织女遥望对泣。此时无数喜鹊飞来，用身体搭成一道跨越天河的彩桥，让牛郎织女在天河上相会。天帝无奈，只好允许牛郎织女每年七月七日在鹊桥上会面一次。2008年，牛郎织女传说列入第二批国家级

非物质文化遗产名录。

七夕的起源来自上古的天文历法和宗教崇拜。牵牛星即河鼓二,西方称"天鹰座 α";与银河另一端的织女星("天琴座 α")遥遥相望。牵牛星被我们农耕的华夏民族祖先视为谷物神,织女则传说是天帝之女桑神,谷物神和桑蚕神都是我们这个农耕民族的先民极为看重的神祇。同时,七夕之"七"的记日法是夏历的习惯,上古人们祭祀常常选在一七和二七,祭牲仪品数量也常常为七的倍数。

到了西周时期,华夏先民逐渐结束了迷蒙的神祇时代,进入了鼎盛的人文历史中。牛郎织女开始出现人格色彩,也渐渐地跻身于文学作品之中。《诗经》里面就有关于牛郎织女人格化的简单记载。在西汉时,牛郎织女有了真正的人的形态。而后,于魏晋南北朝时期,他们的故事再融合人们的想象、文学的浪漫,经过民间口耳相传,便成了七夕文化的主体。神秘的上古神祇幻化成了美丽的传说。

二、家家乞巧望秋月——节物风俗

通过了解七夕的源起与传说故事,可以看到,七夕节最重要的两项节俗便是"婚育"与"乞巧"。"乞巧"是女孩子们希望自己心灵手巧,说到底也是来源于七夕的婚育爱情文化。2006年,七夕节民俗列入第一批国家级非物质文化遗产名录。

北宋《东京梦华录》:至初六日、七日晚,贵家多结彩楼于庭,谓之"乞巧楼"。铺陈磨喝乐、花、瓜、酒、炙、笔、砚、针、线,或儿童裁诗,女郎呈巧,焚香列拜,谓之"乞巧"。妇女望月穿针,或以小蜘蛛安合子内,次日看之,若网圆正,谓之"得巧"。

1. 祭拜织女

七夕是女孩子们的聚会。少女、少妇们约上各自的闺蜜好友,五六人、十来人一起玩耍。她们还会一起拜织女。在月光下摆一张桌子,置上茶、酒、水果、五子(桂圆、红枣、榛子、花生、瓜子)等祭品;鲜花几朵,束上红

祭拜织女(汉服北京 供图)

纸，插入瓶中，花前置一个小香炉。这些约好参加拜织女的女性，会斋戒一天，沐浴停当，准时到达主办的家里。于案前焚香礼拜后，大家一起围坐在桌前，一面吃花生、瓜子，一面朝着织女星座，默念自己的心事。如少女们希望长得漂亮或嫁个如意郎君，少妇们希望早生贵子等，都可以向织女星默祷。聚会到半夜始散。

2. 乞巧斗巧

七夕风俗中，另一个比较重要的便是乞巧了。乞巧风俗兴盛，方法多样，主要有：穿针乞巧、喜蛛应巧、投针验巧、兰夜斗巧等。

穿针乞巧。这是最早的乞巧方式，始于汉，流于后世。五代王仁裕《开元天宝遗事》描述唐代乞巧说："宫中以锦结成楼殿，高百尺，上可以胜数十人，陈以瓜果、酒炙，设坐具，以祀牛、女二星。妃嫔各以九孔针、五色线向月穿之，过者为得巧之侯。动清商之曲，宴乐达旦。士民之家皆效之。"

喜蛛应巧。其俗稍晚于穿针乞巧，大致起于南北朝之时。七月七日晚，女孩子们捉蜘蛛放在小盒子中。到了早上，打开小盒子，看蜘蛛所织的蛛网稀疏紧密程度，来看谁更巧一些。这小小蛛网，历代验巧之法也稍

（五代）《唐宫乞巧图》

穿针乞巧（汉服北京 供图）

有不同，南北朝视网之有无，唐视网之稀密，宋视网之圆正，后世多遵唐俗。可能只有胆子大的女孩子才能参与这样的活动吧，不然哪里敢去捉一只活蜘蛛呢？

投针验巧。投针验巧是七夕穿针乞巧风俗的变体，源于穿针，是明清两代的盛行的七夕节俗。明代《帝京景物略》："七月七日之午丢巧针。妇女曝盎水日中，顷之，水膜生面，绣针投之则浮，看水底针影。有成云物花头鸟兽影者，有成鞋及剪刀水茄影者，谓乞得巧；其影粗如锤、细如丝、直如轴蜡，此拙征矣。"

兰夜斗巧。起源于汉朝宫廷的游戏。传说汉高祖爱妃戚夫人的宫女贾佩兰在离开皇宫后，经常跟人们谈起在汉宫七夕的事。她说：汉宫在每年的七月七日，首先在百子池畔，奏于阗乐之后，就用五色彩缕，互相绊结起来，叫作"相怜爱"。随后，宫中的宫娥彩女们，一起到闭襟楼上，大家学习穿七巧针乞巧。有个叫徐婕妤的宫女，可以把生的菱藕雕刻成各种奇花异鸟呈献给皇上，晚上皇上便把这些小玩意随手放置在宫中的桌角上，让宫女们摸黑

寻找，这种游戏就叫作"斗巧"。

3. 天河夜话

天河夜话亦是七夕必不可少的活动。在七夕兰夜，许多女孩子们都会躲在生长茂盛的南瓜棚下，偷听牛郎织女的悄悄话。这是因为传说，这一日在夜深人静时能听到牛郎织女的夜半私语，而听到私语的少女能得到千年不渝的爱情。在社会风气开放的时代，也有情人们携手一起躲在瓜棚下偷听天河私语的。

4. 化生求子

化生求子自然是跟祈求子嗣相关了。七夕时，人们用蜡塑出各种形象，如牛郎、织女故事中的人物，或秃鹰、鸳鸯等动物之形，放在水上浮游，称之为"水上浮"。其中有一种蜡制的婴儿人偶，叫作"化生"。妇女们买回家浮于水土，为宜子之祥。

5. 祭拜魁星

俗传七月七日是魁星的生日。魁星爷就是魁斗星，廿八宿中的奎星，为北斗七星的第一颗星，也称魁星或魁首。魁星主文事，想求取功名的读书人特别崇敬魁星，所以一定在七夕这天祭拜，祈求他保佑自己考运亨通。古代士子中状元时称"大魁天下士"或"一举夺魁"，都是因为魁星主掌考运的缘故。

是日还有很多其他习俗，如女子染指甲、洗发，扎结巧姑，吃巧果，为牛庆生，以及晒衣晒书等。

泸州奎星阁（何志攀 拍摄）

三、庆人间七夕佳令——今日七夕

1. 遥拜织女星

旧时七夕，女子乞巧，男子乞文采。今日汉服活动，男女往往共同参与活动，故而今日可以变通安排。七夕兰夜祭拜活动前先沐浴。如今用树液洗发不太容易，可象征性地摘采几片树叶放入浴汤中。沐浴毕，换上轻盈的夏季汉服，轻盈的纱质裙衫比较符合祭拜的气氛。

邻水祭祀，摆好祭台、无字牌位、红毯、香炉，供时令果蔬。宣布祭祀开始，女祭祀官和男祭祀分别读祭文，后男女同袍分为两组：女同袍一排站立，由女祭祀官进香后，与所有女同袍共同三拜织女星，祈求智慧、手艺和美满姻缘；男同袍一排站立，由男祭祀官进香后，与所有男同袍共同三拜织女星。祭拜结束后，由男女祭祀官，将祭文送入水中。

2. 投针为试巧

将一盆清水放在阳光下，准备一枚涂有油脂的针。将针抛在水面，在张力的作用下，油针会浮在水面的油膜上，水底的针影会多种多样，观看针影可以判断手巧与否。按古时的说法，针影"粗如锤、细如丝、直如轴蜡"等简单形状说明手工比较笨拙，而出现"动如云，散如花"等复杂形态的，则是个手巧心细的姑娘。若正午太热，可放在阳光灿烂但不灼人的上午10点或下午3点左右进行。

3. 花草染丹蔻

这是七夕的杂俗之一。对于女孩子，可以动手用天然的方式染指甲，比如凤仙花染出的丹蔻不仅环保，也要比有机化合物的指甲油有趣味多了。方法：准备一些明矾，细细研磨成粉末，与捣碎成泥的凤仙花瓣和在一起，敷在指甲上，用布条固定裹好。两天左右就可以了，其间可换敷几次，也让指头透透气。

4. 天河语情诗

在文学史上，描写七夕故事的诗词和描写爱情的诗词灿若星河，读者还可以通过搜集它们，举行一场小型的赛诗会。

四、佳期如梦脉脉语——七夕诗情

诗经·小雅·大东（节选）
维天有汉，监亦有光。跂彼织女，终日七襄。
虽则七襄，不成报章。睆彼牵牛，不以服箱。

七夕（唐·崔颢）
长安城中月如练，家家此夜持针线。仙裙玉佩空自知，天上人间不相见。
长信深阴夜转幽，瑶阶金阁数萤流。班姬此夕愁无限，河汉三更看斗牛。

七夕（唐·权德舆）
今日云軿渡鹊桥，应非脉脉与迢迢。家人竞喜开妆镜，月下穿针拜九宵。

长恨歌（节选）（唐·白居易）
七月七日长生殿，夜半无人私语时。在天愿作比翼鸟，在地愿为连理枝。
天长地久有时尽，此恨绵绵无绝期。

秋夕（唐·杜牧）
银烛秋光冷画屏，轻罗小扇扑流萤。天阶夜色凉如水，坐看牵牛织女星。

辛未七夕（唐·李商隐）
恐是仙家好别离，故教迢递作佳期。由来碧落银河畔，可要金风玉露时。
清漏渐移相望久，微云未接过来迟。岂能无意酬乌鹊，惟与蜘蛛乞巧丝。

七夕（宋·杨璞）
未会牵牛意若何，须邀织女弄金梭。年年乞与人间巧，不道人间巧已多。

鹊桥仙（宋·秦观）
纤云弄巧，飞星传恨，银汉迢迢暗度。金风玉露一相逢，便胜却人间无数。
柔情似水，佳期如梦，忍顾鹊桥归路。两情若是久长时，又岂在朝朝暮暮。

中元节

万树凉生霜气清，中元月上九衢明。小儿竞把青荷叶，万点银花散火城。
——（清）庞垲《长安杂兴效竹枝体》

中国岁时节令中的"三元"，指正月十五"上元"，七月十五"中元"和十月十五"下元"。夏历七月十五日，道教称为"中元节"，佛教称为"盂兰盆节"，民间还称为"鬼节"，并与清明、十月朝合为"三鬼节"。僧、道、俗三流合一，构成了夏历七月十五丰富的节俗活动。

一、中元孝亲感祖恩——中元节来源

中元节，又称七月半，是中国民间祭祀先人的传统节日。时值小秋，有若干农作物成熟，民间按例要用新米等作物祭供，向祖先报告秋成。因此每到中元节，家家上坟扫墓、祭祀祖先，供奉时行礼如仪。

是日是民间的"鬼节"和道教的"中元节"。要进行祭祀鬼魂的活动。凡有新丧的人家，都要上新坟，而一般地方都要祭孤魂野鬼。古人认为死不过是灵魂离开了躯壳、以"鬼"的形式继续存在，所以对他们仍应保有一份虔敬感恩。道教称七月十五"中元"为地官大帝生日，每逢七月十五日，地官大帝即来人间，校戒罪福，为人赦罪。

据说每年农历七月初一，便会打开鬼门，放出饿鬼，一直到七月三十日才关上鬼门。为了让阴阳二界的人鬼都平安，我国自古以来，便有在七月设醮普渡的习俗。民间在七月鬼月的第一天、第二天、第十五天和最后一天都要进行拜祭。鬼月的禁忌也很多，不穿带自己名的衣服、不拍别人肩膀、不吹口哨、小孩老人体弱者夜晚不外出等。

七月十五，佛教称为盂兰盆节。据西晋时期翻译的《佛说盂兰盆经》记载，"盂兰盆"是梵语，"盂兰"意思是"倒悬"；"盆"的意思是"救器"，所以，"盂兰盆"就是用来救倒悬痛苦的器物，衍生出来的意思是：用盆子装满百味五果，供养佛陀和僧侣，以拯救入地狱的苦难众生。

传说释迦牟尼佛的弟子目连修持甚深，但他的母亲生前做了很多坏事，死后变成了饿鬼。目连以神通看到后，十分伤心，就运用法力将饭菜送给母亲食用，可是饭一到母亲口边就化为焰灰。目连无奈，只能向释迦牟尼佛哭救。佛陀告诉他，必须集合众僧的力量，于每年七月中以百味五果，置于盆中，供养十方僧人，以此般功德，其母方能济度。目连依佛意行事，使其母

中元节壁纸（天汉民族文化网 供图）

终得解脱。

这一天，佛教徒要举行"盂兰盆法会"，供奉佛祖和僧人，济度六道苦难众生，以及报谢父母长养慈爱之恩。这符合儒家的孝道，被国人大力提倡。南朝梁武帝即开始设坛举行盂兰盆法会。自此往后，历代都要举行盂兰盆会，大开斋筵，供养十方众僧，以报答父母、祖先恩德。

中元节的内涵是别的节日无法代替的，它集佛教盂兰盆会、道教七月十五中元（地官大帝生日）、民间的孝亲传统与祀鬼习俗于一身。慎终追远是"孝"，普度沉沦是"仁"，儒释道三教文化的融合，塑造了中元节独特的魅力。

20世纪20至40年代，中元节远比"七夕"和"清明"热闹。祭祖先、荐时食的古老习俗直至民国时期仍然是乡村中元节俗的首要内容。20世纪50年代后，传统中元节逐渐衰落，但在港台地区仍然非常盛行。2011年，香港特别行政区申报的"中元节（潮人盂兰胜会）"，被列入第三批国家级非物质文化遗产名录。

二、金莲万朵漾中流——中元节习俗

夏历七月十五这天，同是佛道两家极为重视的节日。再加上民间的"鬼节"，使这个时日更显得多彩多姿，有着祭祖荐新、盂兰盆会、放灯照冥等重要的节俗活动。

1. 祭祖荐新

在南方的一些地区，夏历七月十五日中元节是重要的祭祖日。中元节这一天，家家祭祀祖先，有些还要举行家宴，供奉时行礼如仪。酹酒三巡，表示祖先宴毕，合家再团坐，共进节日晚餐。天黑之后，携带爆竹、纸钱、香烛，找一块僻静的河畔或塘边平地，用石灰撒一圆圈，在圈内泼水饭、烧纸钱、放鞭炮，恭送祖先回转"地府"。

2. 中元普渡

不少人会在七月初一到七月卅日之间，择日以酒肉、糖饼、水果等祭品举办祭祀活动，以慰在人世间游玩的众家鬼魂，并祈求自己全年的平安顺利。较为隆重者，甚至请来僧、道诵经作法超度亡魂。也有人会在这段时间，请出地藏菩萨、目连尊者等佛像放置高台、或请艺师扮演驱魔大神钟馗（有的是请艺师操控钟馗之傀儡），以消弭死者亡魂的戾气。

3. 放灯照冥

河灯也叫"荷花灯""水旱灯"，一般是在底座上放灯盏或蜡烛，中元夜放在江河湖海之中，任其漂泛。按传统的说法，放河灯的目的是为了给冤死鬼引路，灯灭了，河灯也就完成了把冤魂引过奈何桥的任务，所以民间视放灯为善事。现代女作家萧红《呼兰河传》说："七月十五是个鬼节；死了的冤魂怨鬼，不得托生，缠绵在地狱里非常苦，想托生，又找不着路。这一天若是有个死鬼托着一盏河灯，就得托生。"

正月十五上元节，人们张灯结彩庆元宵。中元由上元而来，虽是鬼节，也要张灯，为鬼庆祝节日。不过人鬼有别，所以中元张灯和上元张灯不一样。

人为阳，鬼为阴；陆为阳，水为阴；水下神秘昏黑，使人想到传说中的幽冥地狱，鬼魂就在那里沉沦。所以，上元张灯是在陆地，中元张灯是在水里。

中元放河灯（稻香 拍摄）

此外，因适逢十五月圆之夜，后世文人中还多有中元赏月、泛舟的习俗，其中盛景常记于唐宋骚人墨客的诗篇之中。

三、敬善畏恶传后世——今天过中元

从有关中元节的传说和记载中，我们可以深切体认到中元节的祭祀具有双重意义，一是阐扬怀念祖先的孝道，二是发扬推己及人、乐善好施的义举。所以，我们在过中元节时，应该跳脱鬼神的角度，期勉人间的慈悲互爱，让它成为一个富有人情味的节日。

①道教文化机构举办中元斋醮活动为民众祈福，民众可穿汉服前往参加。

②参加佛教寺院举办的盂兰盆法会，并可按传统以各种供品（即盂兰盆供）供奉佛寺，为家人祈福。

③在家中举行家祭，祭祀祖先或故去的亲人。除了准备一般祭品外，建议用瓜为祭。

④放河灯祛灾祈福。学习河灯的制作方法。制作好之后，可在河边或者在船上放河灯，最好集体进行。穿上夏季汉服，入夜后在水边放灯，为水鬼"引路"，祛灾祈福。

四、先人遗泽当追思——中元节诗词

中元日赠张尊师（唐·令狐楚）
偶来人世值中元，不献玄都永日闲。寂寂焚香在仙观，知师遥礼玉京山。
中元日观法事（唐·卢拱）
四孟逢秋序，三元得气中。云迎碧落步，章奏玉皇宫。
坛滴槐花露，香飘柏子风。羽衣凌缥缈，瑶毂辗虚空。
久慕餐霞客，常悲习蓼虫。青囊如何授，从此访鸿蒙。
中元作（唐·李商隐）
绛节飘飖宫国来，中元朝拜上清回。羊权须得金条脱，温峤终虚玉镜台。

曾省惊眠闻雨过，不知迷路为花开。有娀未抵瀛洲远，青雀如何鸩鸟媒。

中元夜（唐·李郢）

江南水寺中元夜，金粟栏边见月娥。红烛影回仙态近，翠鬟光动看人多。
香飘彩殿凝兰麝，露绕轻衣杂绮罗。湘水夜空巫峡远，不知归路欲如何。

中元夜百花洲作（宋·范仲淹）

南阳太守清狂发，未到中秋先赏月。百花洲里夜忘归，绿梧无声露光滑。
天学碧海吐明珠，寒辉射宝星斗疏。西楼下看人间世，莹然都在青玉壶。
从来酷暑不可避，今夕凉生岂天意。一笛吹销万里云，主人高歌客大醉。
客醉起舞逐我歌，弗舞弗歌如老何。

中元日午（宋·杨万里）

雨余赤日尚如炊，亭午青阴不肯移。蜂过无花绝粮道，蚁行有水遏归师。
今朝道是中元节，天气过於初伏时。小圃追凉还得热，焚香清坐读唐诗。

第三篇 秋色斑斓

七月新秋风露早

第八章　八月人间桂花秋

八月微凉生枕簟，金盘露洗秋光淡。池上月华开宝鉴，波潋滟，故人千里应凭槛。

蝉树无情风苒苒，燕归碧海珠帘捲。沉臂冒霜潘鬓减，愁黯黯，年年此夕多悲感。

——（宋）欧阳修《渔家傲其八》

仲秋之月，日在角，昏牵牛中，旦觜觿中。其日庚辛，其帝少皞，其神蓐收。其虫毛。其音商。律中南吕。其数九。其味辛，其臭腥。其祀门，祭先肝。

盲风至，鸿雁来，玄鸟归，群鸟养羞。

——《礼记·月令》

八月暑退凉风生，天淡云闲，秋色斑斓，"柳添黄，苹减绿，红莲脱瓣。一抹雕栏，喷清香，桂花初绽。"朗月稀星里，庭前梨枣熟。微凉夜里可登楼望月，可举杯邀月，可童心玩月，可团圆赏月。桂花香里，心境可旷达潇洒，可彷徨遐想，可缠绵隽永，可亲意盈盈……

中秋节

明月几时有？把酒问青天。不知天上宫阙，今夕是何年？我欲乘风归去，又恐琼楼玉宇，高处不胜寒。起舞弄清影，何似在人间。

转朱阁，低绮户，照无眠。不应有恨，何事长向别时圆。人有悲欢离合，月有阴晴圆缺，此事古难全。但愿人长久，千里共婵娟。

——（宋）苏轼《水调歌头》

天高气爽，秋风萧瑟。秋季的节日有着永恒的相思团圆主题。"但愿人长久，千里共婵娟"，中秋将至，在外的游子，你何时归家？今年月又圆，而你又在何处望乡呢？

一、仲秋祭月祈团圆——中秋源与变

中秋，又可称为仲秋，起源于古代祭祀月神的活动。传统的历法中，每一季节被分为"孟、仲、季"三个月。中秋处于秋季中间的八月，同时又是跨越白露和秋分两个节气时段，因此又称仲秋。自周代起，我们的先民就在春分祭日，秋分祭月。而八月十五恰逢月圆之夜，所以秋分祭月，也渐渐地定在了中秋祭月。朝廷的祭月、拜月流传到民间，就有了赏月、思乡的意味。

古代有春分祭日、夏至祭地、秋分祭月、冬至祭天之说。其祭祀的场所称为日坛、地坛、月坛、天坛。帝王自命天子，以天为父，以地为母，以日为兄弟，以月为姊妹。因此，天子的祭拜不仅是一种敬畏之情，祈求神的护

佑，又可以看作家庭聚会，向天下子民示范"孝悌"之义，祭天地以呈对父母的孝，祭日月以现对手足的悌。

中秋节起源还与农业生产有关。"中秋"就是秋天中间的意思，夏历八月是秋季中间的一个月，十五日又是这个月中间的一天。八月中秋，农作物和各种果品陆续成熟，农民为了庆祝丰收，表达喜悦的心情，就以"中秋"这天作为节日。

中秋节壁纸（天汉民族文化网 供图）

中秋节有许多有意思的传说，比如嫦娥奔月、吴刚伐桂、玉兔捣药、唐明皇游月宫等。古人心中，月亮上有雄伟的月宫，美丽的嫦娥，可爱的白兔，高大的桂树，砍树的吴刚，为月驾车的女神望舒。月亮在人们的心目中已为神仙境界。这些都加深了中秋节的魅力。

《山海经》："有女子名曰羲和，方日浴于甘渊。羲和者，帝俊之妻，生十日。""有女子方浴月。帝俊妻常羲，生月十有二，此始浴之。"天帝帝俊之妻羲和生下了十个太阳，常羲生下了十二个月亮。帝尧时十日并出。后羿射九日，拯救苍生，却得罪了天帝，被贬在人间。后来，后羿得了西王母的长生不老药，然而其妻子嫦娥率先吃了仙药后升天而去，成了住在月亮广寒宫里的女神。唐代李商隐《嫦娥》："云母屏风烛影深，长河渐落晓星沉。嫦娥应悔偷灵药，碧海青天夜夜心。"唐代起又有吴刚伐桂之说。《酉阳杂俎》："月桂高五百丈，下有一人常斫之，树创随合。人姓吴名刚，西河人，学仙有过，谪令伐树。"后来道教吸收了这些传说，另创造出一位月神，称其为"月府素曜太阴皇君"，俗称"太阴星君"。

听月楼头接太清，依楼听月最分明。摩天咿哑冰轮转，捣药叮咚玉杵鸣。

乐奏广寒声细细，斧柯丹桂响叮叮。偶然一阵香风起，吹落嫦娥笑语声。

——（宋）辛弃疾《听月诗》

我失骄杨君失柳，杨柳轻飏直上重霄九。问讯吴刚何所有，吴刚捧出桂花酒。

寂寞嫦娥舒广袖，万里长空且为忠魂舞。忽报人间曾伏虎，泪飞顿作倾盆雨。

——毛泽东《蝶恋花·答李淑一》

在北京人心中，中秋节还有一位可爱的神不得不提，那便是兔儿爷。它渊源于古老的月亮崇拜。明清以来，月宫玉兔在祭月仪式中形成了独立的形象。人们把玉兔艺术化、人格化，用泥巴塑造成各种不同形式的兔儿爷。兔儿爷兼具神圣和世俗的品性，融祭祀和游乐的

兔儿爷（张纪元 供图）

第三篇 秋色斑斓

八月人间桂花秋

功能于一体,如今已成为最具代表性的北京非物质文化遗产之一。

明代纪坤的《花王阁剩稿》记载:"京中秋节多以泥抟兔形,衣冠踞坐如人状,儿女祀而拜之。"传说有一年,北京城里忽然起了瘟疫。嫦娥看到此情景,心里十分难过,就派身边的玉兔去为百姓们治病。消除了京城的瘟疫之后,玉兔就回到月宫中去了。于是,人们用泥塑造了玉兔的形象,每到八月十五那天,家家都要供奉它。

"团圆佳节庆家家,笑语中庭荐果瓜。药窃羿妻偏称寡,金涂狡兔竟呼爷。秋风月窟营天上,凉夜蟾光映水涯。惯与儿童为戏具,印泥糊纸又搏沙。"

——(清)枥翁《燕台新咏·兔儿爷》

二、举杯邀月共此时——中秋祭祀与节俗

中秋节的主题主要有三个:祭月、游赏、团圆。2006年,中秋节民俗列入第一批国家级非物质文化遗产名录。

1. 拜月赏月

自周代起,中秋便要祭月。为区别于统治者的月神之祭,民间的祭月常被称为"拜月",具体方式上大同小异。

在庭院中,置香案,摆上月饼、西瓜、苹果、葡萄等新鲜时令水果。其中月饼是最重要的祭品,西瓜则要切成莲花状,二者不可缺少。此时,红烛高燃,全家人依次拜祭。焚香拜月祈求月

中秋拜月(汉服北京 供图)

亮神的保佑,大家对着美丽的明月说出自己的心愿。然后由当家主妇切开团圆月饼。切的时候,要预先算好全家共有多少人,在家的,在外的,都要算在一起,大小要一样。如果家里有孕妇,就要多切一份。俗语云:"男不拜月、女不祭灶",男子一般不对月亮拜祭,但也不绝对。

汉民族的祭祀文化中,对自然神多用生的祭品,对祖先则多用熟食。祭祀月神,自然是用水果等生食。由于月饼在祭祀之后,人们要分而食之,因此经过了烤制。除了月饼、水果外,特色的祭月用品还有月光纸和兔儿爷。

祭月之外,还有赏月。南宋吴自牧《梦粱录》说:"此际金风荐爽,玉露生凉,丹桂香飘,银蟾光满,王孙公子,富家巨室,莫不登

女子拜月(汉服北京 供图)

危楼，临轩玩月，或开广榭，玳筵罗列，琴瑟铿锵，酌酒高歌，以卜竟夕之欢。至如铺席之家，亦登小小月台，安排家宴，团子女，以酬佳节。虽陋巷贫窭之人，解衣市酒，勉强迎欢，不肯虚度。此夜天街卖买，直到五鼓，玩月游人，婆娑于市，至晚不绝。盖金吾不禁故也。"民间至今仍热衷于赏月团圆，文人士大夫对赏月更是情有独钟，留下不少脍炙人口的千古诗篇。

2. 中秋食娱

月饼是中秋最有特色的食品。有儿歌："八月十五月儿明呀，爷爷为我打月饼呀。月饼圆圆甜又香呀，一块月饼一片情呀"。宋朝时出现月饼之名，明清时，月饼逐渐风靡南北，并被赋予了团圆美满的意蕴。明代田汝成《西湖游览志馀》："中秋民间以月饼相遗，取团圆之义。"清代《清嘉录》引用当时的一首打油诗："粉膏圆影月分光，不是红绫亦饱尝。只恐团圆空说饼，征人多少未还乡。"

其实，月饼首先是一种"祭品"，然后才是"食品"。从祭月到分食月饼，是中秋祭祀礼俗的完整环节。人们以月饼、各色水果等奉献给月神，在月神"享用"后，人们再分切月饼，按照长幼之序来分食。如此，地上的人以虔诚敬畏之心奉祀月神，而月神则慷慨地赐福人间。

中秋月饼（汉服北京 供图）

祭祀者以"馂"来结束整个祭祀礼仪。所谓"馂"，也叫"分胙"，是指参加祭祀的人在神主（自然神或祖先等）享用祭品后分食祭品的过程。华夏先民认为，神主享用祭品后，便把福祉寄寓在祭品之中了，参祭的人分食祭品，便可得到神主的赐福与护佑。

关于月饼的由来，有很多传说。据说早在殷、周时期就有纪念太师闻仲的"太师饼"，可谓月饼"始祖"。传说中秋节吃月饼的习俗始于唐朝。北宋之时在宫廷内流行，后流传到民间，当时俗称"小饼"和"月团"。苏东坡有诗云"小饼如嚼月，中有酥与饴"。月饼与各地饮食习俗相融合，又发展出广式、京式、苏式、潮式、滇式等月饼，被各地人民所喜爱。

关于月饼，有"八月十五杀鞑子"，又称"月圆杀鞑"的传说。元朝末年，中原百姓不堪奴隶主贵族的残酷统治，起义抗元。据说朱元璋欲联合反抗力量，却苦于无法传递消息。中秋之际，刘伯温通过月饼向百姓传递反抗信息，从而成功起义。这一传说并非史实，历史上元代皇室在中秋摆筵席过节，清代北京的蒙古王公也随着习俗过节送月饼。这一故事实际上是在清代中后期反清运动中逐渐形成，是以元朝影射清朝的传说。不过传说虽非史实，但却体现了中华民族不畏强暴的反抗精神。

中秋除拜月赏月之外，还有燃灯之俗，其盛况仅次于元宵节。中秋夜猜灯谜，也是一项传统的活动。此外还有赏桂花、饮桂花酒等。

中秋节习俗在不同的民族和国家有不同的特色。如蒙古族的追月、藏族的寻月、侗族的行月、德昂族的串月、彝族苗族的跳月等。韩国的中秋节是扫墓并用新收获的谷物和果实祭祀先祖的日子。日本的中秋节称为"十五夜",其赏月称为"月见",要吃"月见团子"(江米团子)。琉球人中秋节除了祭祖、拜月外,还会祭灶,除了吃月饼,他们会吃"吹上饼",一种表面铺上红豆的米饼。

中秋花灯(北师珠南嘉汉服社 供图)

三、十五月圆人尽望——今日过中秋

自 2008 年起,中秋节这个历史悠久的民间传统节日成了我国法定节假日之一,这为我们今天欢度中秋佳节提供了良好条件。

1. 制作月饼

月饼主要是一种祭品,心诚是关键。准备好面、月饼馅、模具、小烤箱等,加以制作。

 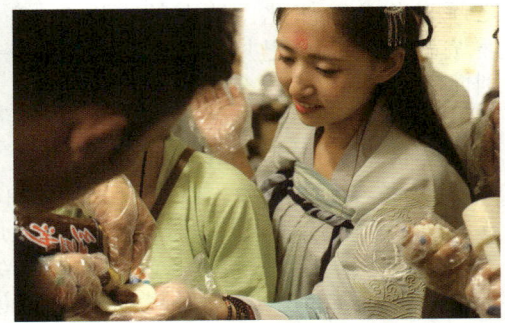

制作月饼(汉服北京 供图)

2. 祭祀月神

可以以家庭为单位,在家中庭院最佳,或阳台、草坪、花园、小区空地等地,中秋月出时面向月亮开始祭祀。祭月前,需沐浴后更换汉服,以示对月神的诚敬。

准备祭品应避免奢侈,可备中秋月饼一盘、切成莲花状的西瓜一盘、时令水果若干。参加祭月的人中选一名主祭,一名赞礼,若干执事,其他人均为从祭。家庭祭月时,以年长的女性长辈或家庭主妇担任主祭。集体祭月时,也从女性中选定主祭。按照传统,男不拜月。男子可以担任赞礼、执事协助祭月,或从事其他协助工作。祭后分胙,饮宴、赏月。

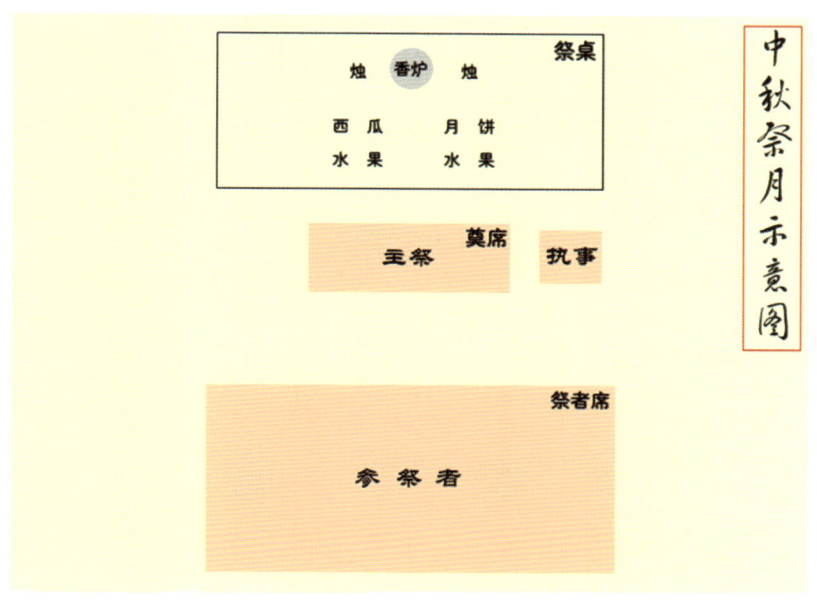

中秋祭月示意图（天汉民族文化网 溪山琴况 绘）*

四、今夜清光似往年——秋诗共吟赏

望月怀远（唐·张九龄）

海上生明月，天涯共此时。情人怨遥夜，竟夕起相思。
灭烛怜光满，披衣觉露滋。不堪盈手赠，还寝梦佳期。

月下独酌四首其一（唐·李白）

花间一壶酒，独酌无相亲。举杯邀明月，对影成三人。
月既不解饮，影徒随我身。暂伴月将影，行乐须及春。
我歌月徘徊，我舞影零乱。醒时同交欢，醉后各分散。
永结无情游，相期邈云汉。

古朗月行（唐·李白）

小时不识月，呼作白玉盘。又疑瑶台镜，飞在青云端。
仙人垂两足，桂树何团团。白兔捣药成，问言与谁餐。
蟾蜍蚀圆影，大明夜已残。羿昔落九乌，天人清且安。
阴精此沦惑，去去不足观。忧来其如何，凄怆摧心肝。

八月十五日夜玩月（唐·刘禹锡）

天将今夜月，一遍洗寰瀛。暑退九霄净，秋澄万景清。
星辰让光彩，风露发晶英。能变人间世，倏然是玉京。

---

* 用于现代祭月仪式的操作示意图。作者：溪山琴况。出处：天汉民族文化网"汉民族传统服饰—礼仪—节日复兴计划"。

十五夜望月寄杜郎中（唐·王建）
中庭地白树栖鸦，冷露无声湿桂花。
今夜月明人尽望，不知秋思落谁家？

西江月·世事一场大梦（宋·苏轼）
世事一场大梦，人生几度秋凉？夜来风叶已鸣廊，看取眉头鬓上。
酒贱常愁客少，月明多被云妨。中秋谁与共孤光，把盏凄然北望。

阳关曲·中秋月（宋·苏轼）
暮云收尽溢清寒，银汉无声转玉盘。此生此夜不长好，明月明年何处看。

一剪梅·中秋无月（宋·辛弃疾）
忆对中秋丹桂丛，花在杯中，月在杯中。
今宵楼上一尊同，云湿纱窗，雨湿纱窗。
浑欲乘风问化工，路也难通，信也难通。
满堂惟有烛花红，杯且从容，歌且从容。

第九章　九月霜秋秋已尽

一道残阳铺水中，半江瑟瑟半江红。可怜九月初三夜，露似真珠月似弓。
——（唐）白居易《暮江吟》

季秋之月，日在房，昏虚中，旦柳中。其日庚辛。其帝少皞，其神蓐收。其虫毛。其音商，律中无射。其数九。其味辛，其臭腥。其祀门，祭先肝。

鸿雁来宾，爵入大水为蛤。鞠有黄华，豺乃祭兽戮禽。
——《礼记·月令》

秋风日益高，霜露渐离披。秋风催熟了丰硕，但晓日阴阴、败叶纷纷，授衣时节察轻寒，易感的人总忍不住愁绪万千：过了这金色秋季便可以望见隆冬的寒意。老大总惜时节，却不知轻别离的少年重阳时节可否回家相聚？

 重阳节

独在异乡为异客，每逢佳节倍思亲。遥知兄弟登高处，遍插茱萸少一人。
——（唐）王维《九月九日忆山东兄弟》

中国的传统节日，有一个非常有趣的现象。那就是，每逢着季节转换之时，人们都要驱毒防病，锻炼健身。三月初三的上巳节，人们要祓禊祛灾、踏青健身，这是由冬季转入春季的节点；五月五的端午节，人们要恶月解毒、龙舟马球，这是由春入夏祛毒强身。因此，秋末的九月初九，这个由秋入冬的时节，也应该是一个祛灾防病、除疫健身的节日了。

重阳节壁纸（天汉民族文化网 供图）

这些以"卫生"为主题的节日，大致有三种方式：以节令食饮驱病解毒、以浸沐佩戴禳解避疫、以野游和运动亲近自然。比如：上巳节的佩兰、祓禊、踏青、游春；端午节的沐兰汤、佩香囊、缠五彩缕、食五毒饼、划龙舟、蹴鞠；九月重阳，则是登高、饮菊花酒、插茱萸等等。我们是一个注重洁净与卫生，崇尚健康与强健的民族。

一、重九开秋雁初飞——重阳之源

重阳节的得名原因与阴数阳数相关。古人认为，一三五七皆为阳数，二四六八皆为阴数。九为阳数之极，九月九日，是两个极阳之数在一起。因此叫"重"，所以九月初九便称重阳。九月初九，是阳气极盛之时，同时也意味着衰落的开始。这一天预示着，秋季即将结束，冬季就要到来。

三国时魏文帝曹丕《九日与钟繇书》中有"岁往月来，忽复九月九日。九为阳数，而日月并应，俗嘉其名，以为宜于长久，故以享宴高会。"晋代陶渊明在《九日闲居》诗序文中说："余闲居，爱重九之名。秋菊盈园，而持醪靡由。空服九华，寄怀于言。"

先秦之时已有在秋九月农作物丰收之时祭飨天帝、祭祖，以谢天帝、祖先恩德的活动。汉代，《西京杂记》中记西汉时的宫人贾佩兰称："九月九日，佩茱萸，食蓬饵，饮菊花酒，令人长寿。"相传自此时起，有了重阳节求寿之俗。这是受古代巫师（后为道士）追求长生，采集药物服用的影响。同时还有大型饮宴活动，是由先秦时庆丰收之宴饮发展而来的。

还有说法认为重阳节的原型是古代的祭祀大火的仪式。《诗经·豳风·七月》："七月流火"，"流"，指移动，落下。"火"，星名，指大火星，即心宿二。明末清初顾炎武《日知录》认为《豳风》"一篇之中，凡言月者皆夏正，凡言日者皆周正。"每年夏历五月间黄昏时心宿在中天，六月以后，就渐渐偏西。时暑热开始减退，故称"流火"。大火星逐渐向西方迁移，坠落的时节，天气就开始变凉。此时人们要举行相应的送行祭仪。

重阳节早在战国时就已形成。魏晋时期，人们就将登高的日子定在了九月初九这一天。到了唐朝，朝廷正式以中和、上巳、重阳为节令。南宋时期，宫廷中人在九月初八就会准备登高用品，为初九的畅游做准备；待到明朝，皇帝要亲自到万岁山登高；清朝时期，皇宫御花园内就为皇帝建造好了登高的假山；到了民国时期，九月九日还曾被定为"体育节"。

南朝《续齐谐记》记载的重阳来源传说：东汉时有个叫费长房的人，是一个半人半神的神奇人物。他的徒弟汝南人桓景，跟随老师游学多年，悉心求教，甚得器重。有一天，费长房突然对恒景说："九月九日你家中会有灾祸降临，你得马上赶回去。让家中每个人都亲手做一只绛色的囊袋，里面盛着茱萸，系在臂上。然后，带领他们到郊外登高，一起饮菊花酒，这场祸事就可以避免。"桓景听后，立即赶回家中，按照老师的嘱咐准备妥当。

到了九月初九这天的清晨，桓景带领全家外出登山，以避灾祸。整整一天，他们都是在惶恐不安的心绪中度过。到了晚间他们返回家中时，被家中的恐怖景象吓惨了。那些喂养的鸡、牛、羊等全都暴死。第二天，他把这件

事情告诉老师,费长房听后说道:"它们代你家受祸了。"

此事传扬开来,于是,每年夏历九月初九日,人们竞相仿效,全家登高,野游野宴,佩戴茱萸,饮菊花酒,用以免祸呈祥。

二、登高插萸敬耆年——重阳之俗

重阳节有如下风俗:登高健身、赏菊赋诗、饮菊花酒、插茱萸、驱邪避灾、孝敬老人等。2006年,重阳节民俗列入第一批国家级非物质文化遗产名录。

1. 重阳登高

重阳节是华夏先民除疫健身的节日。因此,登高也成了重阳节的习俗之首,体现了先人们强身健体和祛灾避祸的美好祝愿。山为阳水为阴,高为阳低为阴。山巅正是阳气重合之处,是极阳之地。且秋高万里,重阳登高再合适不过。

登高时要佩茱萸香袋,饮菊花酒。菊花和茱萸是重阳节最重要的节俗标志,其中菊花被称为"延寿客",茱萸被称为"避邪翁"。

秋菊有佳色,裛露掇其英。汎此忘忧物,远我遗世情。

一觞虽独进,杯尽壶自倾。日入群动息,归鸟趋林鸣。

啸傲东轩下,聊复得此生。

——(晋)陶渊明《饮酒·其七》

重阳登高(汉服北京 供图)

轻肌弱骨散幽葩,真是青裙两髻丫。便有佳名配黄菊,应缘霜后苦无花。

——(宋)苏轼《王晋叔所藏画跋尾五首·寒菊》

2. 重阳赏菊

菊是花中四君子之一,同样也是品种繁多分布广泛的药用植物,既有精神价值也有应用价值。民间重阳时节,常常围绕着菊花举行多种多样的活动,产生了各色的重阳节俗。赏菊、簪菊、酿菊花酒、饮菊花茶、做菊花馔等等都是先民们喜爱的事物。因此,夏历九月也被称为"菊月"。

赏菊的源头相传始自陶渊明,他也被称为菊花神,经常对菊自语,亦写下了很多描写菊花的诗篇,如"采菊东篱下,悠然见南山"。至唐宋朝时候,赏菊已经是上到王公贵胄,下到平民百姓的流行活动。唐代孟浩然诗云:"待到重阳日,还来就菊花"。

古人称"梅兰竹菊"为"四君子",认为其代表了"傲、幽、坚、淡"四种品质。宋儒周敦颐说:"菊,花之隐逸者也。"菊凌霜飘逸,特立独行,不趋炎附势,是为世外隐士。唐代诗人元稹《菊花》:"不是花中偏爱菊,此花

开尽更无花"。宋末诗人郑思肖《题画菊》："宁可枝头抱香死，何曾吹落北风中。"明代民族英雄于谦《过菊江亭》："黄花本是无情物，也共先生晚节香"。有趣的是，造反者也喜欢菊花。黄巢《不第后赋菊》："待到秋来九月八，我花开后百花杀。冲天香阵透长安，满城尽带黄金甲。"又有《题菊花》："飒飒西风满院栽，蕊寒香冷蝶难来。他年我若为青帝，报与桃花一处开。"明太祖朱元璋亦有《咏菊》："百花发，我不发。我若发，都骇杀。要与西风战一场，遍身穿就黄金甲。"这或许是菊花开在秋天，秋主肃杀的缘故吧。

重阳簪菊（汉服北京 供图）

戴菊花也是重阳节俗中重要的一项。簪菊之俗唐代已有；至宋代，还有将彩缯剪成茱萸、菊花来相赠佩带的。同时，不仅女子簪菊，男子也可簪菊。古人认为菊花可辟邪、增长寿，重阳簪戴，男女老少皆宜。

中国女子自古便有簪花之俗，依节令不同簪戴不同的花卉。春天多簪牡丹、芍药，夏天多簪石榴、茉莉，秋天多簪菊花、秋葵等。

饮菊花酒也是重阳重要的食俗之一。古代的菊花酒都是在前一年重阳节酿制。在重阳时节采下初开的菊花和青翠的枝叶，与黍米和在一起酿酒，一直保存到第二年重阳食用。宋代的时候，以菊花、茱萸泡酒，以此二物"消厄"。

相传陶渊明归隐柴桑之时，在东篱边种了许多菊花，朝夕观赏。他还喜欢喝酒，可因为家贫，常常饮而不得。有一年重阳，陶渊明在篱边赏菊，苦于不能一醉方休，只得采了一把菊花在手里，嗅嗅嚼嚼，聊以为遣。正在此时，江州刺史王弘差人给陶渊明送来美酒。陶渊明喜出望外，立即打开酒瓮，对着菊花开怀畅饮。重阳饮菊花酒之俗自此而来。

3. 佩戴茱萸

重阳节登高会也称"茱萸会"，重阳节也被称为"茱萸节"。茱萸因出产于吴地的最好，因此又称为吴茱萸，也叫越椒或艾子，是古人一种主要的调味品。重阳节佩茱萸的风俗，在唐代就已经很普遍。或佩戴于臂，或制作香囊，或插戴于发，以驱灾辟邪；至宋代，这个习俗已不似唐朝流行；宋以后，重阳插茱萸的习俗开始衰落；直到明清时期，人们才又以袋装茱萸来辟邪。

4. 重阳食饮

重阳佳节之时，除饮用菊花酒外，人们还有吃菊花糕和螃蟹的节俗。重阳节吃糕的习俗时至今日仍旧流行。古代民众在重阳节以重阳糕荐神祭祖，是为秋祭。讲究的重阳糕要作成九层，像一座宝塔。上面还要做两只小羊，以符合"重阳（羊）"之义。有的重阳糕上要插一个小纸红旗，并点蜡烛灯。

这是以"点灯""吃糕"来代替"登高",以小纸红旗代替茱萸。重阳时节,有些地方的老百姓们苦于无高可登,便以吃糕代替登高。

5. 重阳敬老

重阳除了登高驱灾,还有敬老的含义。这与阳数"九"相关,古人将一切大到极点的事物都以"九"来形容,因此重阳节便与敬老相联系。"重阳登高",自下而上,步步升高,恰与祈愿老年人年齿增加、健康长寿之义契合。我国在1989年的时候将夏历九月初九定为"老人节"或"老年节",用以抒发全社会对老年人幸福安康、健康长寿的祝福与尊老敬老之情意。

三、菊花香馔酬佳节——今朝重阳

重阳节俗大多今日尚存。除践行这些节俗外,为了增添节日乐趣,还可准备、享用菊花馔。古人说菊花"苗可以菜,花可以药,囊可以枕,酿可以饮"。比较便于操作的,是制作重阳糕、煮菊花粥。

1. 制作重阳糕

材料:杭白菊 20～30 朵,马蹄粉 200 克,新鲜菊花 1 朵(切碎),冰糖适量。

做法:用清水煮菊花约 10 分钟(可将菊花用纱布包起来)。水色呈淡黄即可,时间不宜过长,否则会略带苦味。取出菊花加入冰糖调味,甜度要比正常的略甜一点(因为加入马蹄粉溶液后会被稀释),然后加入切碎的新鲜菊花。将马蹄粉以适量清水溶解,倒入菊花水中,大火蒸约 15 至 20 分钟,变成完全透明即熟,热食或冷食均可。也可在糊中加入葡萄干、红绿丝、杏肉等细小果脯块或者铺上柠檬片,更增风味。

2. 煮菊花粥

材料:菊花末 15 克,粳米 100 克。

做法:将菊花去蒂,蒸后晒干或阴干,然后磨成细末备用。把粳米淘洗干净,放入锅内,加适量水。先用武火烧沸,再用文火熬成粥。这时放入菊花末,再稍煮一会儿即可。

四、古往今来只如此——重阳诗情

己酉岁九月九日(晋·陶渊明)

靡靡秋已夕,凄凄风露交。蔓草不复荣,园木空自凋。
清气澄余滓,杳然天界高。哀蝉无留响,丛雁鸣云霄。
万化相寻绎,人生岂不劳?从古皆有没,念之中心焦。
何以称我情?浊酒且自陶。千载非所知,聊以永今朝。

九日登高(唐·王勃)

九月九日望乡台,他席他乡送客杯。人情已厌南中苦,鸿雁那从北地来?

九日送别(唐·王之涣)

蓟庭萧瑟故人稀,何处登高且送归。今日暂同芳菊酒,明朝应作断蓬飞。

九日齐山登高（唐·杜牧）

江涵秋影雁初飞，与客携壶上翠微。尘世难逢开口笑，菊花须插满头归。
但将酩酊酬佳节，不作登临恨落晖。古往今来只如此，牛山何必独沾衣。

重阳阻雨（唐·鱼玄机）

满庭黄菊篱边拆，两朵芙蓉镜里开。落帽台前风雨阻，不知何处醉金杯。

谢新恩·冉冉秋光留不住（南唐·李煜）

冉冉秋光留不住，满阶红叶暮。又是过重阳，台榭登临处，茱萸香坠。
紫菊气，飘庭户，晚烟笼细雨。雍雍新雁咽寒声，愁恨年年长相似。

醉花阴·薄雾浓云愁永昼（宋·李清照）

薄雾浓云愁永昼，瑞脑销金兽。佳节又重阳，玉枕纱橱，半夜凉初透。
东篱把酒黄昏后，有暗香盈袖。莫道不销魂，帘卷西风，人比黄花瘦！

采桑子·重阳（毛泽东）

人生易老天难老，岁岁重阳。今又重阳，战地黄花分外香。
一年一度秋风劲，不似春光。胜似春光，廖廓江天万里霜。

拓展资料

《红楼梦》中的菊花诗（节选）

忆菊（蘅芜君薛宝钗）
怅望西风抱闷思，蓼红苇白断肠时。空篱旧圃秋无迹，瘦月清霜梦有知。
念念心随归雁远，寥寥坐听晚砧痴。谁怜我为黄花病，慰语重阳会有期。

种菊（怡红公子贾宝玉）
携锄秋圃自移来，篱畔庭前故故栽。昨夜不期经雨活，今朝犹喜带霜开。
冷吟秋色诗千首，醉酹寒香酒一杯。泉溉泥封勤护惜，好和井径绝尘埃。

对菊（枕霞旧友史湘云）
别圃移来贵比金，一丛浅淡一丛深。萧疏篱畔科头坐，清冷香中抱膝吟。
数去更无君傲世，看来惟有我知音。秋光荏苒休辜负，相对原宜惜寸阴。

问菊（潇湘妃子林黛玉）
欲讯秋情众莫知，喃喃负手扣东篱。孤标傲世偕谁隐，一样开花为底迟？
圃露庭霜何寂寞，鸿归蛩病可相思？休言举世无谈者，解语何妨话片时。

第四篇 冬蕴万物

"岸容待腊将舒柳，山意冲寒欲放梅。"寒冬已至，人们迎来了非常重要的节日——冬至。尽管是一年中黑暗最长的时节，但"至日"的来临，也意味着春天不远啦！转眼家家户户就已熬好了腊八粥，用浓情蜜意送走了灶君，忙碌地为即将到来的华夏新年筹备着；送去严寒、迎来生机。冬日的节日，演绎着"广大和谐，流变重生"的生命境界。在这个无往不复、更新不止的生命流转里，现实生活中的节日既象征着生命特别的节律，亦展现出了生命独有的韵味。

 ## 第十章 十月陡觉布被轻

一片西风作楚声，卧闻落叶打窗鸣。不知十月江寒上，陡觉三更布被轻。霜压啼鸟惊月上，夜骄饥鼠阚灯明。还家梦绕江湖阔，薄醉醒来句忽成。

——（清）查慎行《寒夜次潘岷原韵》

孟冬之月，日在尾，昏危中，旦七星中。其日壬癸。其帝颛顼，其神玄冥。其虫介。其音羽，律中应钟。其数六。其味咸，其臭朽。其祀行，祭先肾。

水始冰，地始冻。雉入大水为蜃。虹藏不见。

——《礼记·月令》

秋收秋种的活儿忙完之后，趁着轻寒赶紧为逝者送去温暖。冬季伊始，补冬迎冬。既然无法逃避困难，就积极地去做好准备。下元时纪念祖先、祭下元水官、祈祷祝福。十月入冬，不沮丧！

十月朝

七月流火，九月授衣。一之日觱发，二之日栗烈。无衣无褐，何以卒岁？

——《诗经·豳风·七月》

十月一日是进入寒冬季节的第一天，人们由生者御寒加衣，念及逝去故人在另一个世界里会不会缺衣少食，于是在秋收秋种的活儿忙完之后，给逝者送去冬日的温暖，聊以寄托哀思。这样的祭奠，不仅是"追思"，更有"感恩"的意味。

一、黍臛祭祖新收时——十月朝起源

民间常常认为中国有三大"鬼节",除了今日我们所熟知的清明节、中元节外,还有十月初一的十月朝,又称十月朔、祭祖节、寒衣节。

《诗经·豳风·七月》说"七月流火,九月授衣",意思是说从九月开始天逐渐要冷了,人们该添置御寒的衣裳了。唐玄宗天宝二年八月制曰:"禋祀者,所以展诚敬之心,荐新者,所以申霜露之思……自流火届期,商风改律,载深追远,感物增怀。且《诗》著授衣,令存休澣,在於臣子,犹及恩私。恭事园陵,未标典式。自今以后,每至九月一日,荐衣于寝陵,贻范千载,庶展孝思。"这一诏令直接影响到民间拜墓送衣的习俗。由于十月方入冬,九月稍嫌早,这一习俗在宋代便推移到十月朔日。

一说十月朝是上古新年的遗俗。古代夏历建寅(以寅月为当年第一个月:正月、岁首)、殷历建丑(以丑月为岁首)、周历建子(以子月为岁首)。秦代统一中国后,以建亥之月为首,因此夏历的十月一日相当于秦之元旦。南朝《荆楚岁时记》:"十月朔日,黍臛,俗谓之秦岁首……今北人此日设麻羹、豆饭,当为其始熟尝新耳。"也有人说周朝以夏历十月为腊月,故十月朝实际上是周朝腊日节的遗俗。

我国自古就有新收时祭奠祖宗的习俗,以示慎终追远。古人们也在夏历十月初一用黍臛祭祀祖先。十月初一祭祀祖先,有家祭也有墓祭,今天许多地方还有十月初一祭新坟的习俗。十月已经入冬,人们怕逝者缺衣少穿,因此祭祀时除了食物、香烛、纸钱等一般供物外,还有冥衣也不可缺少。在祭祀时,人们把冥衣焚化给祖先,叫作"送寒衣"。因此,十月初一又称为"寒衣节""送寒衣节"。

相传秦时孟姜女配夫范杞良。后来范杞良被抓去修筑北疆长城。孟姜女千里寻夫送寒衣到了长城脚下,不想丈夫已死,被埋筑城墙里。孟姜女悲痛欲绝昼夜痛哭,终于哭倒长城,露出丈夫尸骨。这一广为流传的故事,原型其实早于秦朝。《左传》记载,春秋时期齐国将领杞梁战死,齐人载其尸回临淄。杞梁妻哭迎丈夫的灵柩于郊外的道路。齐庄公派人吊唁。杞梁妻认为自己的丈夫有功于国,齐庄公派人在郊外吊唁缺乏诚意,仓促草率,便加以回绝。后来齐庄公亲自到杞梁家中吊唁,并把杞梁安葬在齐都郊外。后来这一故事不断演绎,形成今天的面貌。2006年,孟姜女传说被列入第一批国家级非物质文化遗产名录。

这一天也道教的节日。道教认为,正月初一(春节)是天腊,五帝会于东方九炁青天;五月初五(端午节)名地腊,五帝会于南方三炁丹天;七月初七(乞巧节)是道德腊,五帝会于西方七炁素天;十月初一(寒衣节)是民岁腊,五帝会于北方五炁黑天;腊月初八(腊八节)是王侯腊,五帝会于上方玄都玉京。

二、孟冬轻寒多追思——十月朝习俗

十月初一被认为是冬天的第一天,至此日始寒愈增。因此习俗也多与御寒保暖有关。

1. 祭送寒衣

由生者开始添衣保暖继而担心在冥间的先祖因缺少御寒衣服而受冻，因此在十月朝最重要的祭祀祖先仪式上，人们除了供奉香烛、纸钱、新收成的食物、煮好的红豆饭或乌糯饭之外，还会准备冥衣。是日，在祠堂或家宅正屋设供案，将包袱放于正中，前设供品，烧香秉烛。全家依尊卑长幼行礼后，即可将冥衣焚化，即"送寒衣"。

送寒衣时，将五色纸分别做成衣、帽、鞋、被等式样，甚至制作纸房舍。地点为家门口或附近的十字路口，也有去坟头祭焚并用新土覆墓，取"保暖"之意。此外，民间还讲究在十字路口焚烧一些五色纸，象征布帛，用意是救济那些无人祭祖的孤魂，以免给亲人送去的过冬用物被他们抢去，谓之"打发外祟"。

宋代程颢、程颐在《二程遗书》中提到"拜坟则十月一日拜之，感霜露也。"宋代《东京梦华录》载东京汴梁九月"下旬即卖冥衣、靴鞋、席帽、衣段，以十月朔日烧戏故也"，"十月一日……士庶皆出城缯坟，禁中车马出道者院，及西京朝陵。宗室车马亦如寒食节"。明代《帝京景物略》："十月朔，纸坊剪纸五色作男女衣，长尺有咫，曰'寒衣'，奠焚于门，曰'送寒衣'"。

2. 授衣备冬

十月一日不仅要为亡人送寒衣过冬，生者也要进行一些象征过冬的活动。《礼记·月令》记载"是月也，天子始裘"，即天子以穿冬衣的仪式昭告庶民冬天已经来临。这一天要把做好的棉衣拿出来，让家人换季。即使天气仍暖不适宜穿棉，也要试穿一下图个吉利。人们还将冬衣捎给远在外地戍边、经商、求学的游子，以示牵挂和关怀。这一天还要整理火炉和烟筒，试着生一下火，以保证天寒时顺利取暖。

夏历十月也是稻谷收获进仓之时，人们还会在此时煮上红豆饭。于是也就有了"十月朝、穿棉袄，吃豆羹、御寒冷"的民谚。此外，还有敲太平鼓、吃豆制品、酿冬酒、作暖炉会等习俗。敲太平鼓是上古新年击鼓的遗风。古人祭祀用"黍臛"（黍即黄米），后来演变为吃"豆泥骨朵"，即豆沙包子。十月酿冬酒之俗，在《诗经·七月》中就有记载，近代仍然保留。"暖炉会"则是从宋朝兴起的习俗，人们邀集亲朋好友，聚集在炉旁吃烤肉、饮酒，十分热闹有趣。

《东京梦华录》："十月一日……有司进暖炉炭，民间皆置酒作暖炉会也。"

三、感恩孝心世代传——当代十月朝

很多年轻人对烧寒衣、祭祖仪式不理解，认为这是迷信，也有的长辈怕孩子们不认可，不愿带子孙们参与祭祖仪式。其实，祭奠先人除了表达对先人的思念之外，还有更深一层的含义，那就是传承孝亲敬长的传统美德。祭奠亡人，在冬天来临之前为亡人送去一份温暖，实际上是在向后人传递尽孝心、不忘本的美德。

1. 制作红豆饭

用刚收获的赤豆、糯米做成热羹，在"十月霜风寒，山木俱摧折"的时

候，与家人一起品尝这刚刚收获的粮食作物的温热香气。

2. 祭祖

如果到墓地，首先要清理墓碑和附近的灰尘、杂草、不洁之物，摆放贡品、点上香烛，焚烧纸钱、寒衣，祭拜后静默向先人致哀思，随后与亲人携手离开。如果在家里或附近十字路口，则摆好贡品后祭拜，按礼俗送寒衣。要注意用火安全。如果环境限制不能焚烧，那么予以心香一炷，也是对先人的缅怀纪念。

四、十月听雨说新寒——十月朝诗词

同群公十月朝宴李太守宅（唐·高适）

良牧征高赏，褰帷问考槃。岁时当正月，甲子入初寒。
已听甘棠颂，欣陪旨酒欢。仍怜门下客，不作布衣看。

杂曲歌辞·杞梁妻（唐·僧贯休）

秦之无道兮四海枯，筑长城兮遮北胡。筑人筑土一万里，杞梁贞妇啼呜呜。上无父兮中无夫，下无子兮孤复孤。一号城崩塞色苦，再号杞梁骨出土。疲魂饥魄相逐归，陌上少年莫相非。

十月朝开炉偶书（宋·范成大）

余病归二年，未能拜扫松楸。曩常以此日侍先兄游洞庭，并写悲感之怀。

圃芋今年紫，篱枫昨日丹。开炉修故事，听雨说新寒。
橘社重游阻，楸行再拜难。此时西望眼，衰涕不胜弹。

小雪前三日（宋·洪咨夔）

生前图形煌凌烟，死后起冢高祁连。堁楼阴合苍官立，辇路苔生石翁泣。
吴人最重十月朝，纸钱挂冢风飘飘。积金至斗命可买，玉带貂冠镇长在。

立冬日

冻笔新诗懒写，寒炉美酒时温。醉看墨花月白，恍疑雪满前村。

——（唐）李白《立冬》

追根溯源，"立"有建立、开始的意思，"冬，终也，万物收藏也"，完整地说，立冬是表示冬季开始、万物收藏、规避寒冷的意思。所以在这寒风乍起的之时，隆重举行着收获祭祀与丰年宴会，还要喝暖补冬。

一、万物藏避寒冷——立冬藏冬

太阳与地球互动带来了一年四季更替、二十四节气的变化，也影响到人情冷暖、世态转移。立冬是四时八节的大八节之一，属于二十四节气中第十九个节气。此时太阳位于黄经225度，时间在公历每年11月7—8日之间。

古代民间习惯将立冬作为冬季的开始。汉代《孝经援神契》："斗指乾

（西北维），为立冬，十月节。冬者，终也，万物皆收藏也"。冬的本义是终结，是先民系绳记事的绳结。会针线活的人在线两端都打上结，即是冬的形象。立冬是冬季开始、年终整理总结的时节。

据《礼记·月令》记载，进入立冬之后，天子会命令主管官吏谨慎从事仓廪的覆盖收藏，巡查各类堆积，不允许出现未被收敛的财物庄稼。趁着冬季农闲修筑城郭、戒备门闾、修理栓锁，巩固疆界，守备边境，修缮要塞，封锁小路。

二、迎冬祭丰年宴——立冬迎冬

立冬不仅是寒风乍起的季节，也是收获祭祀与丰年宴会隆重举行的时间。古时天子还要在立冬当日亲自率领三公、九卿、大夫，同往北郊举行迎冬之礼。天子还要举行大饮烝之礼，祈求来年平顺，祷词于公社门闾和先祖五祀诸神，也会举行大宴会慰劳农民，让其休养生息。

《礼记·月令》："先立冬三日，太史谒之天子曰：某日立冬，盛德在水。天子乃齐。立冬之日，天子亲帅三公、九卿、大夫以迎冬于北郊，还反，赏死事，恤孤寡。"

《后汉书·祭祀志》："立冬之日，迎冬于北郊，祭黑帝、玄冥。车旗服饰皆黑。歌《玄冥》，八佾舞《育命》之舞。"

在民间，则有祭祖、饮宴、卜岁等习俗，以时令佳品向祖灵祭祀，以尽为人子孙的义务和责任，祈求上天赐给来岁的丰年，农民自己亦获得饮酒与休息的酬劳。

此外，各地还有沿袭至今的立冬习俗，如福建霞浦的"问苗"，农民到龙首山的舍人宫田祖前卜问来年的丰歉，并举行丰收联欢晚宴，还会演戏谢神庆丰收。畲族有登山、巡田的节俗，还到神庙卜岁，称为"探宝"。

三、冬又至需喝暖——立冬补冬

"立冬"日杀鸡宰羊或以其他营养品进补称"补冬"。农耕社会里辛劳一年，在这"阴气积兮，愁颜者为之鲜欢"的时分，要利用立冬这一天充分休息，顺便慰劳一家人的辛苦。民谚"立冬补冬，补嘴空"就很好体现了人们在立冬这日的心情。人们立冬时节的营养以增加热能为主，这些温热补益的食物使身体更强壮，更好抵御寒气。

南方立冬这一天，街头的羊肉炉、姜母鸭、麻油鸡、四物鸡等冬令进补餐食品，令人食指大动，脾胃皆暖。潮汕地区家家户户吃甘蔗，俗语曰："立冬食蔗不会齿痛。"此外，选用人参、当归、枸杞、冬虫夏草、茯苓、黄芪等等中药，配上乌鸡、鹧鸪、鸽子、鹌鹑、水鸭等肉类煲出一锅喷香的养生汤。漳州农家通常会在立冬这天做一种叫作"交冬糍"的小吃。在汕头，人们有吃用莲子、香菇、板栗、虾仁、红萝卜等食材做成的"炒香饭"的习俗。

而在我国北方特别是京津地区的人们爱吃饺子，因为饺子意味着"交子之时"，因此在大年三十旧年和新年之交以及立秋冬季节之交时要吃饺子。

古代认为瓜代表结实，讲究的北方人家会特地吃倭瓜馅的饺子：夏天买好倭瓜存放在小屋里或窗台上，经过长时间糖化后做饺子馅，味道既不同于大白菜，也与夏天的倭瓜馅不同，蘸醋加烂蒜，别是一番好滋味！

四、冻笔新诗懒写——立冬吟冬

立冬日作（宋·陆游）
室小才容膝，墙低仅及肩。方过授衣月，又遇始裘天。
寸积篝炉炭，铢称布被绵。平生师陋巷，随处一欣然。

立冬前一日霜对菊有感（宋·钱时）
昨夜清霜冷絮裯，纷纷红叶满阶头。园林尽扫西风去，惟有黄花不负秋。

立冬即事二首（其一）（元·仇远）
细雨生寒未有霜，庭前木叶半青黄。小春此去无多日，何处梅花一绽香。

立冬（明·王稚登）
秋风吹尽旧庭柯，黄叶丹枫客里过。一点禅灯半轮月，今宵寒较昨宵多。

下元节

径山不敢相谩，开口便见心肝。今朝十月十五，下元解厄水官。
——（宋）释师范《偈颂七十六首（其一）》

提起"下元节"，可能许多人都会觉得很陌生。但如果说起"上元节"和"中元节"，大家可能都会有所耳闻。下元节是中国民间传统节日，在每年的夏历十月十五，亦称"下元日""下元诞""下元水官节"，是祭祀祖宗的重要节日。下元节与上元节、中元节合称"三元"。

一、水官解厄祀亡灵——下元来源

下元节的来历与道教有关。道教有天官、地官、水官之说，合称"三官大帝"，一说即"尧、舜、禹"。三官的诞生日分别为夏历的正月十五、七月十五、十月十五。因此，这三天就被称为"上元节""中元节"和"下元节"。通常认为天官赐福、地官赦罪、水官解厄，"下元节"也就是水官解厄之辰。在这一天，道观做道场，民间则祭祀亡灵，并祈求下元水官排忧解难。

（宋）马麟《三官出巡图》

二、牵砻团子斋三官——下元习俗

东汉时早期的道教吸收了传统的原始民间信仰，奉天、地、水"三官"为主宰人间祸福的神灵，到宋代又将"三官"与"三元"联系起来，称"三官"为"三元"。道教诸神中，"三官"地位颇高，在黎民百姓之中影响很大。

南宋《梦粱录》："（十月）五日，水官解厄之日，宫观士庶，设斋建醮，或解厄，或荐亡。"

民间传统的"下元节"是"水官生日"。在江南水乡，农村多种水稻，副业捕鱼捉虾、驶舟航船等等，皆与"水"有深厚的缘分，所以农家对"水官生日"特别重视，多于此日"斋三官"，也就是祭祀天官、地官、水官，祈求风调雨顺、国泰民安。"斋三官"的风俗在江南水乡的农家一直传承。例如，武进农谚云"十月半，牵砻团子斋三官"。有些农家还按古制，在大门口竖起"天杆"，白天在杆顶张挂上写"天地水府""风调雨顺"等字样的杏黄旗，晚上则换上三盏"天灯"，以示祭祀"三官"。过去在有的地方，下元节这一天还有民间工匠祭炉神——太上老君的习俗。

下元节的常见习俗主要包括：

1. 修斋设醮

下元日是道教斋法中规定的修斋日期之一。在祭祀之前，要沐浴更衣，不饮酒，不吃荤，以求外者不染尘垢，内则五脏清虚，洁身清心，以示诚敬。

2. 祈愿神灵

下元节同时也融进了许多农业生产的祭祀风俗，成为祭祀神灵、祈求丰收的节日。福建莆田一带，下元日傍晚都要在田头祭水神，祈求冬季庄稼地滋润，农作物平安过冬。

3. 享祭祖先

为了祈求先辈的灵魂在冥冥之中保佑子孙后代，使其免于灾难和不幸，人们要为祖先亡灵举行祭祀活动。下元节是一年中最后一个月亮节，更在民间逐步演化为享祭祖先亡灵、祈求福禄祯祥的重要节日。

4. 下元饮食

下元节也有独特的节令食品，是节日习俗的重要组成部分。以北京为例，过下元节时，家家户户都要做"豆泥骨朵"，也就是"豆沙馅儿包子"。现在常见"豆沙包子"，在明代就已是孟冬十月的节令食品。

三、消灾降福国民安——今日下元

下元节基于这样一个美好的愿望：那就是对生命历程中持久的困境与苦厄的消除、化解。这种生命的体验，并不能只用"愚昧无知""迷信盲从"来概括。下元节除困解厄的主题，特别适合开展探问病人、慰问困厄者等充满人性关怀的活动。不妨将纪念祖先的和拜祭下元水官合二为一，并在其中加入解厄和祈福的人文意识。当然，对下元水官的拜祭，并不意味着一定要信仰某种神灵，我们可以把下元水官当作一个文化符号，借以表达人们除困解厄的美好愿望。

下元节是一个严肃庄重的节日，此时所穿的汉服，应该适应这种节日氛围。例如，男子可以穿色调庄重、低沉的深衣常服，在拜祭时可以穿着玄端等更庄重严肃的衣服。女子可以穿色调较深的深衣、襦裙等。

1. 祭祀

沐浴后，穿着合适的服饰，在家中摆好几案，放置鱼肉、水果为祭品，略备祭酒。在下元之夜，焚香、祭酒，纪念祖先和逝去的亲人。此外，还可在家中祭下元水官，祈祷消解困厄，生活更加舒心顺意。

祭祀可在同一副几案上进行。纪念完祖先之后，再次焚香、祭酒，向下元水官诉说生活的苦厄与烦恼，求祈生命之路更加安详顺意。为了营造节日氛围，可以在正厅下、几案旁等处悬挂提灯或灯笼。

2. 参观

可以根据各地的情况，如果本地有道观等道教文化场所，可着前述服饰前往。在道观中观看和参与有关的节日文化活动，了解道教文化知识。可举家前往。大禹的纪念场所在中国各地分布广泛，陵、庙、碑等很多，还可参加各地大禹纪念场所的祭祀活动。

3. 馈赠

可以蒸豆沙包子食用，也可以做些糍粑赠送亲友，说些舒缓困厄、吉祥如意的祝福话语。也可以同时携带下元节日食品探望病人等困厄中的人，为其放松身心、舒缓病痛、祈祷幸福。

4. 户外

举行等户外活动，可以多人参与。皆着汉服，于月出时乘彩船在河湖之上巡游。并可以在船上摆放祭品，置备乐器，悬挂灯笼，进行前述的纪念祖先、祭下元水官、祈祷祝福等活动，并可以分食下元节日食品。

四、明朝下元复西道——下元诗词

下元日诣会庆节所道场呈余处恭尚书（宋·杨万里）

琳宫朝谒早追趋，漏尽铜壶杀点初。半缕碧云横界月，一规银镜裂成梳。
自拈沉水祈天寿，散作非烟满王虚。已被新寒欺病骨，柳阴偏隔日光疏。

十月十五夜对月（宋·陆游）

离海月盈丈，寒光万里明。众星敛欲尽，一镜独徐行。
重露滴松鬣，高风吹鹤声。老来殊畏冷，不尽倚阑情。

下元日五更诣天庆观宝林寺（宋·陆游）

朝罢琳宫谒宝坊，强扶衰疾具簪裳。拥衾假寐篮舆稳，夹道吹烟桦炬香。
楼外晓星犹磊落，山头初日已苍凉。鸣驺应有高人笑，五斗驱君早夜忙。

下元日㠜跸朝拜景灵宫（宋·宋庠）

令月开真馆，宸游薄太霄。躬行原庙礼，更作蕊宫朝。
宝扇森排羽，仙轮恍御飙。霞觞浮桂液，琼馔荐芝苗。
日霁楼先晓，天深树不凋。繁禧将浩劫，世世会杨寥。

第十一章　十一月里夜长寒

十一月中长至夜，三千里外远行人。若为独宿杨梅馆，冷枕单床一病身。
——（唐）白居易《冬至宿杨梅馆》

仲冬之月，日在斗，昏东壁中，旦轸中。其日壬癸。其帝颛顼，其神玄冥。其虫介。其音羽，律中黄钟。其数六。其味咸，其臭朽。其祀行，祭先肾。

冰益壮，地始坼。鹖旦不鸣，虎始交。
——《礼记·月令》

古人认为"冬至阳生"，白昼一天比一天长，阳气上升，应当郑重对待这个吉日。当九九消寒图最终画成，哼着九九消寒歌，盛上那碗热气蒸腾的饺子之时，至寒的这一天定是你最满怀期待的。因为你知道，春天已不再遥远！

冬至填"九九消寒图"（北师珠南嘉汉服社 供图）

 冬至日

天时人事日相催，冬至阳生春又来。刺绣五纹添弱线，吹葭六琯动浮灰。岸容待腊将舒柳，山意冲寒欲放梅。云物不殊乡国异，教儿且覆掌中杯。
——（唐）杜甫《小至》

冬至本是二十四节气之一，为进九之始。冬至有很多别称，冬节、亚岁、如正、新正、交冬、贺冬、长至、短至、亚岁、一阳节、消寒节、履长节等。民间对冬至甚为重视，有"冬至大如年"的说法。这天朝廷上下要放假休息，军队待命，边塞闭关，商旅停业，亲朋各以美食相赠，相互拜访，欢乐地过一个"安身静体"的节日。

一、阴极之至一阳还——冬至源起

冬至的起源与天文历法有着密切的关系。周朝时就有冬至日至郊外祭天的活动。冬至过节则源于汉代，盛于唐宋。明清之时，冬至沿袭古俗，有了"肥冬瘦年"之说，祭祠堂之风大盛。民国时期，曾一度将冬至设定为"冬节"。现在的冬至在每年的阳历12月21日到23日之间。

汉代《孝经援神契》："斗指子，为冬至。十一月中，阴极而阳始至，日南至，渐长至也。"冬至这一天，太阳照射在南回归线上，地处北半球的中国是昼最短夜最长之时，古人认为是阴气最盛、阳气至衰之时。冬至这天过后，太阳直射点就慢慢地向北回归线移动，北半球的昼渐长夜渐短。直至夏至，地处北半球的中国，达到阳气最盛，阴气最衰。

"冬至"是"阳气始至"和"日行南至"的节日，还有"至节"之称。"阴"走到了极点，也意味着"阳"之始。处在这样一个阴阳消长的微妙节点，自古便有了"冬至一阳生"的说法。这里体现的物极必反、盛极而衰的道理，是我们祖先的哲学思想，更体现了先民们对天地人和的敏锐与思考。

东汉《四民月令》："冬至之日，进酒肴贺谒君师、耆老，一如正日。"南北朝《宋书》："魏晋冬至日，受万国及百僚称贺，因小会，其仪亚于岁旦。"宋代《东京梦华录》："十一月冬至，京师最重此节。虽至贫者，一年之间，积累假借，至此日更易新衣，备办饮食，享祀先祖，官放关扑，庆贺往来，一如年节。"

二、祭天迎日敬师情——冬至祭礼

自然崇拜一直是华夏民族极为重要的精神信仰，祭祀是冬至最重要、最隆重的风俗。冬至日天子祭天的历史可追溯至殷商，直到明、清两代，皇帝均有祭天大典，谓之"冬至郊天"。百官向皇帝呈递贺表的仪式，而且还要互相投刺祝贺。

《开宝通礼》："元气广大则称昊天；据远视之苍然，则称苍天，人之所尊，莫过于帝，讬之于天，故称上帝。"古礼要求，祀昊天上帝于圜丘。旧时帝王亲自参加的最重要的祭祀有三项：天地、社稷、宗庙。对天的祭祀至高无上，只有天子才能承担。

冬至这天，人们所穿祭服的颜色是黑色，即玄色。衣着的颜色可以反映人的心理状态，华夏先民们对于天地的信仰亦体现于衣着之中。

在周代，玄纁二色是最神圣的颜色，分别象征着天和地。十二章纹大裘冕即是玄黑色的羔裘上衣和纁色（黄赤色）的裳。如今我们常用于祭文的赞词"天地玄黄"也正由此来。后来人们在五行思想的影响下，把四望与四季分别配备了象征其自身的颜色：东为春，其色青；南为夏，其色赤；西为秋，其色白；北为冬，其色玄。因此冬至这天，祭服的颜色是黑色的。

冬至这天也是学生向老师表达敬意的日子。旧俗由学董牵头，宴请教书先生。先生要带领学生拜孔子牌位，然后由学董带领学生拜先生。

百姓在这一天要向父母尊长祭拜。赠鞋袜的习俗则是因为这天日影最长，所以古俗以鞋袜献给尊长庆贺冬至，表示足履最长之日影祝祷长寿。北魏崔浩《女仪》："近古妇常以冬至日进履袜于舅姑，皆其事也。"南朝沈约《宋书》："冬至朝贺享祀，皆如元日之仪，又进履袜。"

三、九九冬至图消寒——冬至节娱

冬至之俗有很多，比如悬土炭、葭灰占律、唱九九消寒歌、绘制九九消寒图等。

1. 冬至悬土炭

《史记·天官书》："冬至，短极，悬土炭。"在冬至前三日，悬土、炭于天平木杆两端，让两边轻重刚好平衡。到了冬至日，阳气至，炭那边就会重，因为炭的吸附性要远大于土，在天平平衡的前提下，冬至日当天要较前三天湿气重，故而炭那边就重了。夏至一阴生，则是土重而沉。

2. 葭灰占律

葭灰占律是古代测量历法中的中气是否到来的做法。在冬至前三日，将长短不一的十二律管摆好，放入"葭灰"（即芦苇灰）。古人相信十二律与一年十二个月是相对应的，当每个月份所属之气到来时，将引发地气上升，而此气可使相应律管中所置的葭灰扬起。这种占测方法今已失传。

在古代中国，律历不仅属于艺术同时属于天文学，并且具有政治意义。因此，葭灰占律不只是趣味的节俗，也是一种具有权威性的国家制度。在古代，"十二"这个数字是联系音律、天文和历法的纽带。

3. 九九消寒歌

"九九"是按照我国传统历法计算得出的，从冬至的次日开始数起，每九天为一个时段，一共有九个时段，所以合称"九九"。在整个冬季中"九九"八十一天最难熬。在这段寒冷的日子里，人们以"九"数之，屈指度日，因此叫"数九"，这一段的天气也就相应地被称为"数九天"。

九九歌在唐宋大部分地都有流传，尤以北方为多。北方冬季严寒，所以九九消寒歌不仅名实相符，并且也有实际意义。但是我国各地的九九歌有不少区别，大概是因为各地气候寒暖不一的缘故吧。

> 一九二九不出手，三九四九冰上走，五九六九，沿河看柳，七九河开，八九雁来，九九加一九，耕牛遍地走。
> ——《九九消寒歌》

4. 九九消寒图

九九消寒图通常是一幅双钩描红书法，上有繁体的"庭前垂柳珍重待春风"九字，每字九画，共八十一划，从冬至开始每天按照笔画顺序填充一个笔画，每过一九填充好一个字，直

九九消寒图之一（天汉民族文化网 供图）

到九九之后春回大地，一幅九九消寒图才算大功告成。填充每天的笔画所用颜色根据当天的天气决定：晴则为红，阴则为蓝，雨则为绿，风则为黄，落雪填白。

还有九九消寒迎春联，每联九字，每字九划，每天在上下联各填一笔，如上联写有"春泉垂春柳春染春美"，下联对以"秋院挂秋柿秋送秋香"。

更有一种"雅图"，是画素梅

九九消寒图之二（天汉民族文化网 供图）

一枝，梅花瓣共计八十一，每天染一瓣，全染毕，则九九尽，春天临。明代《帝京景物略》："画素梅一枝，为瓣八十有一。日染一瓣，瓣尽而九九出，则春深矣，曰'九九消寒图'。"更有韵致的是，妇女晓妆染梅，将季节的变换与佳人晓妆的胭脂联系，令人叫绝。

在消磨时日、娱乐身心的同时，九九消寒图还可以简单记录气象变化。有经验的老人，能据此推测出这一年的雨水多寡和丰歉情况。

九九消寒图之三（天汉民族文化网 供图）

5. 冬至之衣

自南宋开始，人们在冬至穿上华丽衣服，张灯结彩，布置贺冬车马，并停市庆祝，称"做节"。古时官家会在冬至这一日给吏员赐新衣冠，"赐百官始仪貂裘帽，万历初犹然"。明代《帝京景物略》："百官贺冬毕，吉服三日，具红笺互拜，朱衣交于衢，一如元旦。"

6. 冬至食俗

俗话说："今冬进补，明春打虎"，所以冬至还是一个食俗丰富的节日。食俗主要针对滋补养生，如：饺子、赤豆糯米饭、馄饨等。饺子是必不可少的冬至节食。谚云："十月一，冬至到，家家户户吃水饺。"这种习俗据说是因纪念"医圣"张仲景冬至舍药留下的。

传说东汉"医圣"张仲景辞官回乡，看到乡亲们饥寒交迫，不少人的耳朵都冻烂了。便把羊肉和一些驱寒药材放在锅里熬煮成"祛寒汤"，然后将羊肉、药物捞出来切碎，用面包成耳朵样的"娇耳"，煮熟后分给来求药的人。人们吃了"娇耳"，喝了"祛寒汤"，浑身暖和，冻伤的耳朵都治好了。后人学着"娇耳"的样子，包成食物，也叫"饺子"或"扁食"。至今民间仍有"冬至不端饺子碗，冻掉耳朵没人管"的民谣。

在江南水乡，冬至之夜全家欢聚一堂，共吃赤豆糯米饭。

相传，共工氏的儿子不成才，作恶多端。他死于冬至这一天，死后就变成了疫鬼，继续残害百姓。不过，这个疫鬼最怕的便是赤豆。所以，人们就在冬至这一天煮吃赤豆饭，用以驱避疫鬼，防灾祛病。

"冬至馄饨夏至面"，在民间，馄饨同样也是流行的冬至食俗。

道教认为，元始天尊象征混沌未分，道气未显的第一大世纪，并将冬至日视为元始天尊圣诞。这并不是认为元始天尊在冬至日出生，按道经记载元始天尊代表先天大道，要比天地更早。之所以说冬至日是元始天尊圣诞，是因为冬至日符合元始天尊的神格。"馄饨"与"混沌"谐音，故民间将吃馄饨引申为打破混沌，开辟天地。

另一个传说：汉朝时北方匈奴经常骚扰边疆，百姓不得安宁。当时匈奴部落中有浑氏和屯氏两个首领十分凶残。百姓对其恨之入骨，于是就用肉馅包成角儿，取"浑"与"屯"之音，呼作"馄饨"。因最初制成馄饨是在冬至这一天，后来约定俗成，在冬至这天家家户户吃馄饨。

除了饺子、馄饨、糯米饭，各地在冬至时亦有不同的饮食风俗，如：山东滕州喝羊肉汤、台州吃"冬至圆"（擂圆，又叫硬擂圆、翻糙圆）、安徽合肥冬至吃面、广东潮汕地区吃汤圆、宁波食用番薯汤果、嘉兴吃"桂圆烧蛋"、姑苏地区喝冬酿酒、台湾至今保留着冬至用九层糕祭祖的传统，等等。

四、冬至阳生春又来——今日冬至

1. 观祭天礼祀先祖

冬至祭天曾是天子特权，随着皇权的没落逐渐消失，但它保存了民族文化的大量珍贵信息，因此可以在冬至节观赏古代皇家祭天礼仪表演。或以家庭为单位则可以祭拜先祖。设几案，备酒水果品，放置节日食品为供，宜采用冬至饺、冬至团（又称冬至丸）等，焚香祭酒，祭拜祖先及逝去的亲人。

2. 亲制冬至节食物

节日，吃的不仅是味道，更在意家人齐动手，包饺子、煮馄饨，或者依照当地风俗制作食物，可谓其乐融融。

3. 绘制九九消寒图

画消寒图是一种值得继承的民间习俗活动。可以发挥自己的想象力，按照自己的理念设计九九消寒图，只要可以每天画上一笔，一直画到"数九天"结束，都可以感受阴消阳近的喜悦。

4. 尊老敬师赠鞋袜

冠礼于青年，寓意"顶天立地，从头开始"；袜履于耋耄，则祈福延年益寿，这是华夏文化里细微的人文关怀。在冬至这日赠鞋袜给家中老人和尊敬的师长，让他们也可以感受到寒冬的温情。

五、犹忆它年冬至诗——冬至诗词

冬至（唐·杜甫）
年年至日长为客，忽忽穷愁泥杀人。江上形容吾独老，天边风俗自相亲。
杖藜雪后临丹壑，鸣玉朝来散紫宸。心折此时无一寸，路迷何处见三秦。

朔旦冬至摄职南郊，因书即事（唐·权德舆）
大明南至庆天正，朔旦圆丘乐七成。文轨尽同尧历象，斋祠悉备汉公卿。
星辰列位祥光满，金石交音晓奏清。更有观台称贺处，黄云捧日瑞升平。

邯郸冬至夜思家（唐·白居易）
邯郸驿里逢冬至，抱膝灯前影伴身。想得家中夜深坐，还应说著远行人。

冬至吟（宋·邵雍）
何者谓之几，天根理极微。今年初尽处，明日未来时。
此际易得意，其间难下辞。人能知此意，何事不能知。

冬至（宋·王安石）
都城开博路，佳节一阳生。喜见儿童色，欢传市井声。
幽闲亦聚集，珍丽各携擎。却忆他年事，关商闭不行。

庚午冬至夜（宋·郑刚中）
今夜云开北陆风，丈三将至土圭中。剥穷谁见阴阳妙，来复方知天地功。
孤坐看灯浑是梦，苍颜被酒不生红。却怜土俗追时节，言语虽殊意亦同。

冬至（宋·朱淑真）
黄钟应律好风催，阴伏阳升淑气回。葵影便移长至日，梅花先趁小寒开。
八神表日占和岁，六管飞葭动细灰。已有岸旁迎腊柳，参差又欲领春来。

冬至（宋·马廷鸾）
山寒律琯又飞灰，万壑松风冬起雷。风景不殊云黯淡，雪霜初霁日徘徊。
无人献袜抛尘屦，有客传觞酸冻醅。天地不教阳德尽，韦编曾叩伏羲来。

第十二章　腊月风和意已春

腊月年光如激浪，冻云欲折寒根向。谢女雪诗真绝唱。无比况。长堤柳絮飞来往。

便好开尊夸酒量，酒阑莫遣笙歌放。此去青春都一饷。休怅望。瑶林即日堪寻访。

——（宋）欧阳修《渔家傲·腊月年光如激浪》

季冬之月，日在婺女，昏娄中，旦氐中。其日壬癸。其帝颛顼，其神玄冥。其虫介。其音羽，律中大吕。其数六。其味咸，其臭朽。其祀行，祭先肾。

雁北乡，鹊始巢。雉雊，鸡乳。

——《礼记·月令》

寒冬的漫长也意味着人们对于春天的期盼。在新旧交接时分，忙碌了一年的人们匆匆地筹备着：腊月八日把粥喝，二十三糖瓜粘，二十四扫房日，二十五炸豆腐，二十六炖猪肉，二十七宰只鸡，二十八把面发，二十九蒸馒头，三十晚上玩一宿……这一幅幅生动的画面好像就在眼前一样。年复一年，构成了中华儿女共同的思念与稳定的心理结构。

腊八节

清水塘边血作磷，正阳门外马生尘。只应水月无新恨，且喜云山来故人。
晴腊无如今日好，闲游同是再生身。自伤白发空流浪，一瓣香消泪满巾。

——（清）顾梦游《腊八日水草庵即事》

腊八节的到来，标志着中国传统大春节的序幕正式拉开。民谣曰："腊八腊八，小孩要炮，姑娘要花。"人们从这天起开始置办年货，期待春节。换言之，以冬祭为序曲，以腊八为标志，辛劳一年的华夏人民在岁终农闲之时，终于得以尽情放松，宴饮祭祀，这也符合张弛有度的道理。

一、息老告寒为迎新——腊八源起

上古先民会在春、夏、秋、冬之时用猎获的禽兽举行祭拜祖先和天地神灵的仪式，其中冬祀的规模最大，也最隆重。夏历十二月称为"腊月"，将冬祀称为"腊祭"，把举行冬祭这一天称为"腊日"。魏晋时期以冬至过后的第三个戌日为"腊日"。南北朝时期，才固定在了夏历十二月初八，因而也称为"腊八节"。

汉代应劭《风俗通》："腊者，猎也，言田猎取禽兽，以祭祀其祖也。或曰：腊者，接也，新故交接，故大祭以报功也。"岁终之月称"腊"的含义有三：一曰"腊者同猎"，指田猎获取禽兽好祭祖祭神，"腊"从"肉"旁，就

是用肉"冬祭";二曰"腊者,接也",寓有新旧交替的意思;三曰"腊者,逐疫迎春"。

冬季是四季之终,意蕴着衰老与终结。腊祭就是在向帮助天成的万物祭祀,希望万物在衰老之时获得休息,报答神明在过去一年的庇佑和恩惠,并祈祷春季如约而至。到汉代时,"腊祭"中加入了"驱傩"的活动,以此祛除邪气。腊祭是一种生命周期结束时的仪式性活动,包含对冬季的感恩,以及为新生事物的到来做准备。

《礼记·郊特牲》:"伊耆氏(神农,一说帝尧)始为蜡。蜡也者,索也,岁十二月,合聚万物而索飨之也。"*《伊耆氏蜡辞》:"土反其宅,水归其壑,昆虫毋作,草木归其泽。"夏代称腊日祭为"嘉平",殷曰"清祀",周曰"大蜡",汉代改为"腊"。孔子曾充当年终祭祀的助祭人。《礼记·礼运》:"昔者,仲尼与于蜡宾,事毕,出游于观之上,喟然而叹。仲尼之叹,盖叹鲁也。言偃在侧,曰:'君子何叹?'孔子曰:'大道之行也,与三代之英,丘未之逮也,而有志焉。'"汉儒郑玄注解:"时孔子仕鲁,在助祭之中。"

过了腊八,就进入过年的倒计时了。各地流传的民谣展示了腊月里的民俗。

京:小孩小孩你别馋,过了腊八就是年;腊八粥,喝几天,哩哩啦啦二十三;二十三,糖瓜粘;二十四,扫房子;二十五,磨豆腐;二十六,炖猪肉;二十七,宰只鸡;二十八,把面发;二十九,蒸馒头;三十晚上熬一宿;初一、初二满街走。

鲁:腊八粥,熬几天;哩哩啦啦二十三;二十三,糖锅粘;二十四,扫房日;二十五,推煤鼠;二十六,去买肉;二十七,宰公鸡;二十八,白面发;二十九,蒸馒头;三十晚上熬一宿;大年初一姐姐拉着弟弟扭一扭。

晋:二十三,祭灶官;二十四,扫房子;二十五,磨豆腐;二十六,去割肉;二十七,杀只鸡;二十八,蒸枣花;二十九,去打酒;大年三十儿捏饺儿;初一撅着屁股乱作揖儿。

豫:二十三,过小年;二十四,扫房子;二十五,磨豆腐;二十六,去割肉;二十七,杀稻鸡;二十八,贴花花;二十九,去灌酒;年三十儿,贴门旗儿。

东北:二十三糖瓜粘,二十四扫房子,二十五做豆腐,二十六炖大肉,二十七杀灶鸡,二十八贴花花,二十九去打酒,年三十包饺子。

二、七宝五味祈年顺——腊八食俗

1. 喝腊八粥

关于腊八的习俗,有喝腊八粥、泡腊八蒜、煮五豆等。其中最主要的食俗是腊八粥。腊八粥是五谷丰登的好兆头,此外,中国古人十分讲究养生,

* 民间多建有"八蜡庙"。《史记·补三皇本纪》说:"炎帝神农氏以其初为田事,故为蜡祭,以报天地。"祭祀的对象凡八:一为先啬,即神农;二为司啬,即后稷,相传曾为父母弃之不养,故名弃,后为舜的农官,封于邰,号后稷;三为农,古来对于种田有功于民的官;四为邮表畷,邮为田间庐舍,表为田间道路,畷是田土疆界相连缀;五为猫虎(能吃田鼠野兽);六为坊,即堤坊;七为水庸,即水沟;八为昆虫(祝其不害田苗)。

冬季食用腊八粥亦有健身、防病之效。

宋代《东京梦华录》："诸大寺作浴佛会，并送七宝五味粥与门徒，谓之腊八粥。都人是日各家亦以果子杂料煮粥而食也。"明代《酌中志略》："十二月初八日吃腊八粥。先期一日，泡枣汤。至初八早，加粳米、白果、核桃仁、栗子、菱米，煮粥，供佛圣前。户牖、园树、井灶之上各分布之，举家皆吃。亦相馈遗，夸精美也。"

据传，腊八粥在民间的普及是由于在腊月初八这一天佛寺僧侣曾向贫民施粥。

据传，释迦牟尼苦修时饿倒，一牧女给他吃了一餐用各种粘米和糯米熬成的杂烩饭。食毕，他在菩提树下静坐，于十二月初八得道成佛。为纪念此事，中国佛教徒于每年腊月初八日熬制腊八粥供佛。先秦的腊日本在冬至后的第三个戌日，后来佛教传入，附会传统文化，把腊八节定为佛成道日，又称"法宝节"。南北朝起，腊日固定在腊月初八。

2. 泡腊八蒜

泡腊八蒜是北方尤其是华北地区的一个习俗，在腊八这天将剥了皮地放在一个可以密封的罐子当中，倒入醋后封口，慢慢地在醋中的蒜就会变得通体碧绿如翡翠，搭配大年初一的饺子食用。现代研究发现，腊八蒜能解腻祛腥、助消化，对病原菌和寄生虫都有良好的杀灭作用，能预防流感。

腊八蒜的蒜字，和"算"字同音。各家商号要在腊八这天拢账，把这一年的收支算出来，可以看出盈亏，其中包括外欠和外债，都要在这天算清楚，于是又有"腊八算"一说。老北京民谚有："腊八粥、腊八蒜，放账的送信儿，欠债的还钱。"

3. 各地其他食饮

有的地方会在腊月初五或腊八当日煮"五豆"，还要用面捏"雀儿头"，与米、五种豆子同煮，意寓人们吃了"雀儿头"，麻雀头痛来年不危害庄稼。

传说宋朝欧阳修由于家贫被岳父李员外斥之门外。李小姐是一位义气女子，誓与欧阳修终生为伴，于是勤俭持家，每天只吃豆子稀饭，到开科时取出平日攒下的银子给欧阳修作盘缠。后来欧阳修金榜题名，携妻赴任。妻子怕他忘本，就在腊月初五煮了五种豆子的稀饭。欧阳修尝后连说："难吃！难吃！"妻子讲述过去经历的苦难，欧阳修深感妻贤，给家中定了个规矩：每年腊月初五吃豆子稀饭。流传到民间，就形成了煮"五豆"的习俗。民谣曰："绿豆绿，莫忘苦当初；黄豆黄，莫忘做文章；豇豆豇，莫忘菜汤汤；蚕豆蚕，莫忘三更寒；豌豆豌，做官且莫贪。"

此外，在安徽黔县腊八当日家家户户都要晒制"腊八豆腐"；北方一些不产大米的地区则会吃"腊八面"；青海西宁腊八节则吃麦仁饭：腊月初七晚上将新碾的麦仁与牛羊肉同煮，加上青盐、姜皮、花椒、草果、苗香等佐料，文火熬制。

三、晴腊无如今日好——当代腊八

生活需要仪式，这些仪式能提醒我们认真庄重地去生活，给平常的日子

注入一份不寻常的意义，好让我们遇见更多的温暖、惊喜与美好。所以即便今时今日，买上一份腊八粥轻而易举，但是自己动手、与家人同食，也会更有意味。

1. 为家人煮腊八粥

腊八粥的做法多样，常见配料有红枣、核桃、黑米、香米、玉米、葡萄干、红豆、小米等，也可根据个人喜好及身体状况进行选择配比。提前将红豆，玉米泡3—4小时，所有材料混合放入紫砂煲或煲锅内，加足量水烧开，小火熬成粥，加入冰糖即可。

咸腊八粥做法：先把各种豆类在冷水里浸30分钟，滤干；莲子去心，栗子去皮；水烧滚，先将豆类放入煮约15分钟，再放入豆制品、肉丁或腊肠等其他材料，水再滚后用慢火煮约45分钟即成。

2. 尝试泡制腊八蒜

配料：醋、大蒜瓣儿

制作方法：

（1）将剥了皮的蒜瓣儿放入可以密封的容器里；
（2）倒入醋，封口，放到阴凉的地方；
（3）静待泡在醋中的蒜变得通体碧绿，如同翡翠时即可食用。

四、共赏佳作庆升平——腊八诗谣

大腊（晋·裴秀）

日躔星纪，大吕司晨。玄象改次，庶众更新。岁事告成，八腊报勤。
告成伊何，年丰物阜。丰粢孝祀，介兹万祜。报勤伊何，农功是归。
穆穆我后，务蔷蒸黎。宣力葡宙，沾体暴肌。饮饯清祀，四方来绥。
充牣郊甸，鳞集京师。交错贸迁，纷葩相追。掺袂成幕，连袵成帷。
有肉如丘，有酒如泉。有肴如林，有货如山。率土同欢，和气来臻。
祥风协调，降祉白天。方隅清谧，嘉祚日廷。与民优游，享寿万年。

腊节诗（北齐·魏收）

凝寒迫清祀，有酒宴嘉平。宿心保所道，藉此慰中情。

腊日（唐·杜甫）

腊日常年暖尚遥，今年腊日冻全消。侵陵雪色还萱草，漏泄春光有柳条。
纵酒欲谋良夜醉，还家初散紫宸朝。口脂面药随恩泽，翠管银罂下九霄。

咏怀古迹五首·其四（唐·杜甫）

蜀主窥吴幸三峡，崩年亦在永安宫。翠华想像空山里，玉殿虚无野寺中。
古庙杉松巢水鹤，岁时伏腊走村翁。武侯祠堂常邻近，一体君臣祭祀同。

十二月八日步至西村（宋·陆游）

腊月风和意已春，时因散策过吾邻。草烟漠漠柴门里，牛迹重重野水滨。
多病所须惟药物，差科未动是闲人。今朝佛粥交相馈，更觉江村节物新。

腊八危家饷粥有感（宋·赵万年）

襄阳城外涨胡尘，矢石丛中未死身。不为主人供粥饷，争知腊八是今辰。

尾牙节

> 莫嫌我庙小神小，不来烧香试试；休仗你权大势大，如要作恶瞧瞧。
> ——土地庙对联

一、土地崇拜与犒赏——何为尾牙

北方民众对"尾牙"比较陌生，这一节日主要流行于东南沿海，尤其是闽台地区。"尾牙"指的是在每年夏历腊月十六，老百姓会做一些好吃的，敬给土地公，以感谢一年到头来的庇佑；各家商号不论大小，也要在这天宴请员工，犒赏员工一年的辛劳。

追根溯源，其实"尾牙"也是一个华夏传统节日，与中国人土地神崇拜有关。土地神源于古代的"社神"，他管理着一小块地面，是中国神话故事中玉皇大帝册封的最小的官，源于农业社会人们对土地的崇拜。

土地神像

汉代《孝纬援神契》："社者，土地之主也；稷者，五谷之长也。土地广博，不可遍敬，故封土为社，以报功也。五谷众多不可遍祭，故立稷而祭之。"

在古代，人们认为土地爷属于地方行政神，保护乡里安宁平静；也有人认为其属于城隍之下，是地府的行政神，掌管乡里死者的户籍。

关于土地公的由来，有一个传说：古代有位家仆张福德，因主人异地为官，思念幼女，于是他陪伴主人爱女千里寻父。途中遇到暴风雪，张福德为救主人之女而死。主人感念其忠诚而建庙祭祀，周武王时加赠封号"后土"。后来人人视其能造福乡里、福泽万民而尊称"福德正神"。

据《乾隆京城全图》记载，旧北京城有40多座土地庙，但实际上远不止此数。有名的如南城的都土地庙、建国门内的大土地庙、小土地庙，交道口的土地庙，海淀老虎洞的土地庙，阜成门内追贼胡同的土地庙……土地爷是民间普遍崇拜的神祇，其地位虽然卑微，但香火颇盛。

通常土地神是一对老年夫妻的形象，男的称为"土地公公"，女的称为"土地婆婆"。据说当年玉皇大帝让土地公下凡前，问他有什么希望。土地公说希望世间的百姓个个生活富足。土地婆听后却说："世间的人应该有富有贫，大家都富足了就无人愿意从事苦力。只有差距才能分工。"因此世间便有了贫富之别。土地公下凡后，见世人因亲人去世而痛苦，起了恻隐之心，想将死者复活。土地婆阻拦："生死乃因果轮回，不可随便更改。倘若人人皆长生不死，世界根本承载不了，将现人吃人的惨况。"土地公只好打消了自己的想法。因为土地婆婆的实话实说，百姓一般都把她视作"恶婆"。但细思又不无道理，正所谓"公说公有理，婆说婆有理"。

土地公祭礼称为"牙祭"或"做牙"。一年有二十四个"牙期"，二月二日做牙为"头牙"，腊月十六日的做牙叫"尾牙"。"尾牙"最为隆重，可以算是商家一年活动的"尾声"，普通百姓春节活动的"先声"。

"牙"的本义是军中的大旗，大军在出征之前，依例要祭拜大旗，希望旗开得胜。后来商号援用这一仪式，在每年月的初一、十五或者初二、十六祭拜土地公，称为"做牙"，希望财源广进，生意兴旺。另有一说是古代商场买卖介绍人称为"牙郎"，人在年终算其所赚利润时而向牙郎致谢请客之方式。

可见，土地公崇拜不仅与农业有关，也与工商业相联系，成为财神象征。随着社会变迁，配合"牙祭"，尾牙也成为工商界年终酬谢员工的聚餐活动。很多地方不过尾牙，却也受到了这种文化的影响。如今人们会把大吃一顿美食叫作"打牙祭"，就是这种文化的遗存。清代吴敬梓在《儒林外史》第十八回中写道："平时每日就是小菜饭，初二、十六跟着店里吃牙祭肉。"

二、祈福土地赏员工——尾牙礼宴

1. 为土地公"做牙"

做尾牙表示着对土地公一年以来庇佑信众的农作收成与事业生意顺利的感恩，因此比平常地做牙更加隆重。尾牙祭祀的时间多选在腊月十六日的下午四、五点。拜土地公时，供桌惯设在土地公神位前。另外还要拜地基主，所以在门口或后门处再设供桌，行礼时面向屋内。拜土地公的供品可备牲礼（三牲）、四果，此外应节的供品与头牙时同样都是春卷（润饼），以润饼皮包豆芽菜、红萝卜、笋丝、豆干丝、肉丝、香菜，再裹上花生粉等，即成美味可口的春卷。拜地基主时，则准备五味碗。在仪式结束后烧经衣、银纸，称为"烧土地公金"。

2. 尾牙聚餐宴员工

各商家行号宴请员工以犒赏过去一年的辛劳。岁末的尾牙辞年，通过礼尚往来与食物分享的方式，强化了共事的雇主与员工之间的人际关系，巩固了社会的重要人伦礼俗。以前，如果来年不准备续聘的员工，雇主会在筵席中以鸡头对准他，暗示解聘之意。不过，这种风俗已渐绝迹。

除了近年来日益盛行的尾牙聚餐外，按传统习俗，全家人都围聚在一起"食尾牙"。主要的食物是润饼和刈包。润饼系以润饼皮卷包豆芽菜、笋丝、豆干、蒜头、蛋燥、海苔、花生酥、香辣酱等多种食料。刈包里包的食物则是三层肉、咸菜、笋干、香菜、花生粉等，都是美味可口的乡土食品。

三、清新尾牙聚人心——今日尾牙

尾牙节发展到今天，最流行的风俗是各公司企业在当日举行聚餐晚会和员工联谊活动，称作尾牙宴，还有尾牙聚会、尾牙烧烤、尾牙晚会甚至尾牙舞会等。总之，基本样式是企业宴请员工进行年末的聚餐和联谊，以感谢和表彰员工的辛勤工作。随着市场经济的发展，企业在追求效益的过程中，更需要重建一种仁爱、和谐、感恩的财富文化和企业精神。希望传统的尾牙节，能够被更多的企业重视起来，把它作为一个企业与员工的联谊日和企业的感恩日。

企业举行尾牙的建议方案如下：

1. 企业为员工置办丰盛精美的华夏传统晚宴，邀请员工出席。宴会应注重营造尾牙宴的温馨氛围，不必过度的奢华和铺张浪费。

2. 为员工提供漂亮得体的汉服礼服作为出席宴会的礼服。

穿不穿礼服，节日的感受是很不一样的。员工穿着企业提供的美丽的传统礼服，节日温暖、欢乐、团结、尊重的气氛将能得到很好的烘托。但需要注意的是，让员工着汉服出席，并不是为了追求"复古"。汉服礼服本来就是华夏民族的传统礼服，在民族传统的尾牙节穿着出席，再合适不过了。同时，美丽的汉服礼服也是企业赠予员工的很好的新年礼物。企业中若有少数民族员工，可以着各自民族服饰出席。若有外籍员工，同样可以穿他们的民族礼服出席宴会。

3. 编排演出各种经典的传统文化节目，如民乐、戏曲、曲艺、传统舞蹈等。

既然是民族传统的节日，就应该有传统文化的特色。传统文化中的义利之辨、儒商精神、仁爱关怀、兼济天下等等，这些都可以作为很好的题材，与企业创富报国的精神相结合，编排出各种文艺节目，以起到凝聚团队、激励人心、感召员工的目的。

4. 演出其他时代特色浓厚、企业特点鲜明的文艺节目，以积极向上、轻松欢乐、打动人心、鼓舞员工、促进感情交流的节目和活动为佳。

尾牙一方面用意为祈祷企业来年有更好的经济效益，另一方面则是感谢员工对企业的贡献。联系着传统文化的尾牙节，其背后则是华夏民族的儒商精神。在儒家的财富文化观念中，讲究"修身、齐家、治企、富天下"，倡导人本主义的财富文化精神，相信性善论。希望通过尾牙节，提倡对员工的关心、爱护和信任，提倡企业家的感恩和自省。

四、土地公婆皆有理——尾牙诗词

送许尉子云二首其一（宋·李吕）

秦望排空插鉴湖，先生气禀旧东吴。胸中今古几千载，笔下波澜雄万夫。
彩棒垂门奸自肃，土神应梦昔何殊。荣归快作朝天计，台阁欢传得巨儒。

农家六首其四（宋·陆游）

租犊耕荞地，呼船取荻薪。苍头供井臼，赤脚解缝纫。
僧乞铭师塔，巫邀赛土神。心常厌多事，谢病又经旬。

古朴树歌（明·张羽）

山前古木不知年，婆娑黛色上参天。霜柯反足斗龙虎，偃盖倒影鸣蜩蝉。
绿叶参差有生意，中间孔穴萃虫蚁。上枝杳杳横苍云，下根落落穿厚地。

树傍古庙祀土神，人来酹酒浇树根。但愿神灵长血食，树木与人终古存。
村中老人长孙子，自言此树多年纪。忆作儿童上树时，今见根柯已如此。
曾经丧乱见太平，几遇斧斤还不死。山僧爱此来诛茅，盘郁苍翠当檐扨。
待余六月携床至，卧听南风鸣海涛。

茶陵竹枝歌十首其二（明·李东阳）
杨柳深深桑叶新，田家儿女乐芳春。刲羊击豕禳瘟鬼，击鼓焚香赛土神。

祭灶节

古传腊月二十四，灶君朝天欲言事。云车风马小留连，家有杯盘丰典祀。
猪头烂热双鱼鲜，豆沙甘松粉饵团。男儿酌献女儿避，酹酒烧钱灶君喜。
婢子斗争君莫闻，猫犬触秽君莫嗔；送君醉饱登天门，杓长杓短勿复云，
乞取利市归来分。

——（宋）范成大《腊月村田乐府十首其三 祭灶词》

由于对传统春节的重视与期盼，百姓往往在春节前十日左右便开始着手准备。民间流行过"小年"，具体日子说法不一。通常认为北方夏历腊月二十三日，南方腊月二十四，也有"官三民四船家五"的说法。小年当天，各地会举行祭灶神的习俗，因此也被称为祭灶节。"二十三，糖瓜粘"，唱的就是腊月二十三的祭灶日，糖瓜就是祭灶的灶糖。

一、显赫火神至家中——灶神传说

灶神俗称灶君、灶王、灶王爷、灶王公等，是我国民间普遍信仰的神灵，在我国源起较早。它和土地、井、门户、道路等一样，因与人们的饮食起居关系密切而成为华夏早期自然崇拜的一部分，战国后期到先秦的文献中就有记载。灶神信仰已经持续了两千多年。

灶神来历纷繁复杂、形象多样，原型有许多说法，有上古帝王说、火神祝融说、女性先炊说等。汉代《淮南子》："炎帝作火，而死为灶。"三国时谯周在《古史考》中记述："黄帝始蒸谷为饭，烹谷为粥。黄帝作釜甑"，故也有黄帝为灶神的说法。还有火神祝融为灶神说等。古人还有"先炊"之说，即古时掌管炊事的老年女性。灶神为女性不仅是原始母系氏族社会的遗风，也与女性长期从事炊事活动有关。

灶神，全称"东厨司命九灵元王定福神君"，又称灶王爷，灶君，灶君司命。原本是原始宗教中司饮食之神，后来逐步发展为监

灶王爷

督人们的行为，向玉皇大帝"通风报信"之神。他端坐在各家各户的锅台之上，体查人们的一言一行。民间传说灶神每年腊月二十三晚上天汇报，正月初四日返回人间。

《论语》记载："王孙贾问曰：'与其媚于奥，宁媚于灶，何谓也？'子曰：'不然。获罪于天，无所祷也。'"魏晋以后，灶神有了姓名。隋代杜台卿《玉烛宝典》引《灶书》称，"灶神，姓苏，名吉利，妇名博颊"。清代《敬灶全书》云："乃东厨司命，受一家香火，保一家康泰，察一家善恶，奏一家功过。每逢庚中日，上奏玉帝。终月则算，功多者，三年之后，天必降之福寿。过多者，三年之后，天必降之灾殃。"

二、黄羊祭灶除陈晦——祭灶之俗

祭灶活动的起源历史悠久，汉代以前的祭灶仪式与其他祭祀并没有太大区别，因此《礼记》中并未特别记载。从汉朝起"祭灶日"正式融入了正月新年节日的系列。祭灶完成后，人们就要开始正式做过年的各种准备工作了。

1. 祭灶神

时至今日，祭灶仍是重要的节俗活动。最早的灶神是妇女的形象，于不知不觉中变为了男性形象，并且古代有"男不祭月，女不祭灶"的说法。

祭灶特有的"黄羊祭灶"始于汉代，相传阴子方杀黄羊祭祀，后来变成了巨富，就有了杀黄羊祭灶的风俗。清代《燕京岁时记》记载："二十三祭灶，古用黄羊，近闻宫廷尚用之，民间不见用也。"

只鸡胶牙糖，典衣供瓣香。家中无长物，岂独少黄羊。

——鲁迅《庚子送灶即事》

祭灶当日，摆设供桌，依次摆好关东糖、糖瓜、香蜡、纸马等贡品，最主要的黄羊则平放在一个大木槽里，置于供桌之后，还要在院子里悬挂鞭炮。戌正（晚八时）开始祭灶，主祭人怀抱公鸡，也有让孩子抱鸡跪于大人之后。据说鸡是灶爷升天所骑之马，故鸡称为马。若是红公鸡，俗称"红马"；白公鸡，俗称"白马"。焚烧香表后，男主人斟酒叩头，念祝词，随后祭灶人高喊一声："领！"，便执酒浇鸡头。若鸡头扑棱有声，说明灶爷已经领情。若鸡头纹丝不动，那就还需再浇。随着鞭炮声把灶王的纸像焚化，美其名曰"送王上天"，祭时祝曰："好多说，不好少说。"或祝曰："辛甘臭辣，灶君莫言。"

由于传说中灶神会在小年当天向玉皇大帝汇报民间之事。为让灶神"上天言好事，下界报平安"，民众设法讨好灶神，因此便有了"灶糖祭灶"。灶糖，又称糖瓜、关东糖、南糖、胶牙糖等，一般以大麦芽熬成，又甜又粘。封灶君的嘴，除供奉灶糖、食灶糖外，还有直接以灶糖抹于灶神像之口、以酒糟抹灶门使之醉酣的方式。

揭下旧的灶神画像，同时在灶台上放置草编的马作为灶神回归的坐骑。大部分地区是在除夕夜迎接灶王神回家，把新的灶神像贴于锅灶后的墙上或厨房神龛里，然后烧香、上供、叩头，表示把灶神迎回家来了。

2. 除尘日

从夏历腊月二十三开始到三十都为扫尘日，在这一时段进行大扫除。"尘"与"陈"同音，因而扫尘也就意味着除旧布新。除了清洁房屋外，更希望扫除晦邪之气，通过洗浴去灾祛难。有一首《新春习俗歌》唱道："腊月二十三，晒被洗衣衫；腊月二十四，清洁房边地；腊月二十五，扫房掉尘土；腊月二十六，洗净禽畜屋；腊月二十七，里外洗归一；腊月二十八，家什擦一擦；腊月二十九，脏物都搬走。"

3. 赶乱岁

传说，灶神等守护家里的神明在腊月二十四上天后，人们也是不能松口气的。因为在腊月二十五那一天，玉皇大帝及三清神仙要亲自来人间查看。只不过，腊月二十四这个晚上，人间没有神仙看管，民间百无禁忌，因此人们常在这一时节做一些平时需大礼才能完成的事，如这时婚嫁将免去敬备牲醴的开支以及择日的麻烦，这就是"赶乱岁"。

三、灶君今日上青天——今之祭灶

1. 备糖祭灶

古时人们认为灶王爷静静观察着人们地做人行事，好事坏事都登记，到了腊月二十三去玉皇大帝那里汇报。一家人为老先生送行，甜食美味、路费充盈、跪送祷告，请"上天言好事"。这其中包含着朴素的"人在做，天在看""善恶到头终有报，离地三尺有神灵"的思想，警示自己莫"善小不为，恶小为之"。因此，即便今日不再"以灶糖抹于灶神像之口、以酒糟抹灶门使之醉酣"，仍可以备一些灶糖，思及古人最质朴的想法。

参考方案：

（1）购买灶王画像，在祭灶日张贴于厨房内。这并不是对一个虚幻的神灵顶礼膜拜，而是为了表达对民族传统文化的敬意以及希望生活安康幸福的美好愿望。同时，灶王像也可作为一种民间美术品来欣赏。

（2）筹备灶糖、年糕、荸荠、甘蔗、菠菜、大蒜苗、香烛纸钱、清水、料豆、秣草（为灶王升天的坐骑备料）、酒（黄酒或老酒）、豆腐、糖果、橘子等。一般十样，代表十全十美。

（3）祝词有"上天言好事""好的说，不好不说"等等；

（4）祭灶时，还要把关东糖用火融化，涂在灶王爷的嘴上。

（5）特别提醒，撕下旧的灶神像，要在钱粮盆中烧掉，除夕晚上还要贴上新的灶神像，举行仪式迎接灶神。

2. 清扫尘土

黎明即起，家人一起扫房擦窗、清洗被褥衣物、刷洗锅碗瓢盆。为新的一年准备干净整洁的环境，更重要的是通过这样的活动，清扫心中不好的记忆，希望即将到来的一年，万象更新。

3. 巧剪窗花

窗花充分展示了民间的心灵手巧、中华文化的丰富多样。窗花通常有各种动、植物，如喜鹊登梅、三羊（阳）开泰、鹿鹤桐椿（六合同春）、五蝠

（福）捧寿、犀牛望月、莲（连）年有鱼（余）、鸳鸯戏水等。

4.赏傩

祭灶日也是民间驱傩祈福的日子。因此，不妨在这一天全家一齐去欣赏各种傩文化表演。

四、此是人间祭灶时——祭灶诗文

剪窗花（汉服北京 供图）

祭灶诗（宋·吕蒙正）

一碗清汤诗一篇，灶君今日上青天；玉皇若问人间事，乱世文章不值钱。

祭灶与邻曲散福（宋·陆游）

已幸悬车示子孙，正须祭灶请比邻。岁时风俗相传久，宾主欢娱一笑新。雪鬓坐深知敬老，瓦盆酌满不羞贫。问君此夕茅檐底，何似原头乐社神？

平江腊月廿五夜作（宋·陈藻）

昨日宰猪家祭灶，今宵洗豆俗为糜。燔柴夹水明如昼，截竹当阶爆御魑。故国赛还新岁愿，老翁回忆幼年时。才高命薄天相戏，我亦刚肠不肯悲。

行都钱岁（宋·孙嵩）

插架馀残历，挑灯忆故乡。年光蛇赴壑，羁旅雁随阳。禁阙迎傩鼓，邻街祭灶香。英雄须自力，容易鬓毛苍。

除 夕

扫除茅舍涤尘嚣，一炷清香拜九霄。万物迎春送残腊，一年结局在今宵。生盆火烈轰鸣竹，守岁筵开听颂椒。野客预知农事好，三冬瑞雪未全消。

——（宋）戴复古《除夜》

"一夜连双岁，五更分二天"，除夕之夜的特别，有"儿童强不睡，相守夜欢哗"的淘气，有"添烛西窗，不眠侵晓，笑声转、新年莺语"的亲密，有"刻烛待春风""共说此年丰"的期待，更有漂泊在外的子女"一杯柏叶酒，未敌泪千行"的乡愁。

一、逐除置新物——除夕之备

除夕是夏历腊月的最后一天，又叫除夜，也就是今天所说的"大年三十"。旧岁至此夕而除，新岁自明晨而始。百姓喜气洋洋，期盼新年。一年开头的好坏对新年的运气有着至关重要的影响，所以百姓在这去旧更新之时，隆重祈年，希冀来年好兆头。

宋代吴自牧《梦粱录》："十二月尽，俗云'月穷岁尽之日'，谓之'除

夜'。士庶家不论大小家，俱洒扫门闾，去尘秽，净庭户，换门神，挂钟馗，钉桃符，贴春牌，祭祀祖宗。遇夜则备迎神香花供物，以祈新岁之安。"

"除夕"源于先秦时期的"逐除"。古人在新年的前一天，击鼓驱逐"疫疠之鬼"，这一活动又称"傩"。随着人类认识的发展，至宋代，驱傩背后蕴含的驱除疫鬼的宗教色彩已渐渐褪去，而更像于一场热闹的表演。

宋代高承《事物纪原·岁时风俗·驱傩》："礼纬曰：高阳有三子，生而亡去，为疫鬼。二居江水中，为疟，一居人宫室区隅中，善惊小儿。于是以正岁十二月命祀宫有傩，以索室中而驱疫鬼。……周官岁终命方相氏率百隶索室驱疫以逐之，则驱傩之始也。"傩又称跳傩、傩舞、傩戏，是一种古老神秘的原始祭礼。二郎神、关公崇拜、社火、角抵戏、面具艺术、药王崇拜、桃花崇拜、钟馗等等，皆可以归入傩文化系统之中。

腊月里，祭灶完成之后，就要开始正式做过年的准备工作了，特别是打扫卫生、置办年货。旧俗商店从初一到初五（有时甚至更迟）是要关门的，人们没有地方买东西。所以人们在年底要把节日期间吃的用的，买足备足，这叫买年货。年货可分为饮食、衣着、日用、祭祀、玩耍等类别。

南宋《武林旧事》的年货清单有：腊药、锦装、新历、诸般大小门神、桃符、钟馗、春帖、天行贴儿、金彩、缕花、幡胜、馈岁盘盒、酒檐、羊腔、果子、五色纸钱、糁盆、百事吉、胶牙饧。这里面有的我们仍然传承，有的今天已不常见。

清代让廉《京都风俗志》："十五日以后，市中卖年货者，棋布星罗。如桌几笔墨，人丛作书，则卖春联者。五色新鲜，千张炫目，则卖画幅者。以及芦棚鳞次，摊架相依，则佛花供品，杯盆杵臼，凡祭神日用之物，堆积满道，各处皆然。人家铺肆，择日撙扫房屋，谓之扫房，整顿内外一切什物，买麻秸、柏枝、米面、菜蔬、果品、酒肉、鸡鱼，凡食用之物，置办一新，以预过年。"

1. 饮食

除夕之夜，无论相隔多远，人们总希望回到自己家中，吃一顿团团圆圆的年夜饭。因此年货中自然离不开各种鸡鸭鱼肉，尤其是要有鱼，寓意"年年有余"。此外，饺子、年糕等等也是必备用品。

2. 衣着

衣着各时代不同，但总要在新年添置新衣。农耕社会，特别是黄河流域，一年一熟，百姓到年底才总结。因此新年伊始，万象更新，从里到外都要有一种新的气象。另外，穿新衣还有驱邪吉祥之寓意。

3. 日用

春联。春联也叫门对、春贴、对联、对子、桃符等，它以工整、对偶、简洁、精巧的文字描绘时代背景，抒发美好愿望，为节日增添喜庆气氛。春联前身为桃符，周代悬挂在大门两旁，上书降鬼大神"神荼"、"郁垒"的名字。后蜀主孟昶题桃木板"新年纳余庆，嘉节号长春"，被认为是第一副春联。

年画。年画始于古代的"门神画"。起源于汉代，发展于唐宋，盛行于明清。它反映了人民朴素的风俗和信仰，寄托着他们对未来的希望。年画常见的有《福禄寿三星图》《天官赐福》《五谷丰登》《六畜兴旺》《迎春接福》等，这些经典的彩色年画，表达了人们喜庆祈年的美好愿望。

门神。中国各地过年都有贴门神的风俗。最初的门神是刻桃木为人形，挂在人的旁边，后来是画成门神人像张贴于门。传说神荼、郁垒兄弟二人专门管鬼，有他们守住门户，大小恶鬼便不敢入门为害。唐代以后，又有画猛将秦琼、尉迟敬德二人像为门神的。寄托了劳动人民辟邪除灾、迎祥纳福的美好愿望。

福字。每逢新春佳节，家家户户都要在屋门、墙壁、门楣等处，贴上大大小小的"福"字。春节"福"字，是民间由来已久的风俗，寄托了人们对幸福生活的向往。宋代《梦粱录》提到的"贴春牌"，即是写在红纸上的"福"字。

鞭炮。鞭炮亦称爆仗、炮仗、爆竹。南北朝的时候，在火药技术没有普及以前，人们在过年时便用火烧竹子，发出声音来驱逐怪物"年"及众瘟神恶鬼、保平安。唐朝出现了最早的装硝爆竹雏形，之后放爆竹成为民俗，用以点缀年节热闹气氛，至今已有千百年的历史。

4. 祭祀

祭祀用品包括旧时年货的大宗，线香、蜡烛、锡箔折成的"元宝""锭子"，供佛的花、蜜供等等。

5. 玩耍

玩耍的东西就更多了，近代《春明采风志》云："琉璃、铁丝、油彩、转沙、碰丝、走马、风筝、鞭毛、口琴、纸牌、拈圆棋、升官图、江米人、太平鼓、响葫芦、琉璃喇叭，率皆童玩之物也，买办一切，谓之忙年。"这些各式好吃好玩，琳琅满目的东西，让孩童尤其欢喜过年。

二、倾壶待曙光——除夕之聚

古代有"馈岁""别岁""守岁"之说。"馈岁"是指岁末之际，人们相互传达问候、馈赠礼品的方式来表达新年祝福。现代人们也在节前给不在一起生活的关系密切的亲友，赠送鱼肉烟酒之类的东西，俗称"送年礼"，其实就是"馈岁"。"别岁"，是人们在年终岁末的时候，亲友邻里之间设宴欢聚，辞别旧岁，与新正拜贺相对应。"别岁"完毕，就该各自回家过年、团年守岁了。

岁晚相与馈问，为馈岁；酒食相邀，呼为别岁；至除夜，达旦不眠，为守岁。蜀之风俗如是。余官于岐下，岁暮思归而不可得，故为此三诗以寄子由（宋·苏轼）

其一　馈岁

农功各已收，岁事得相佐。为欢恐无及，假物不论货。

山川随出产，贫富称小大。置盘巨鲤横，发笼双兔卧。

富人事华靡，绮绣光翻座。贫者愧不能，微挚出春磨。

官居故人少，里巷佳节过。亦欲举乡风，独唱无人和。

其二　别岁
故人适千里，临别尚迟迟。人行犹可复，岁行那可追。
问岁安所之，远在天一涯。已逐东流水，赴海归无时。
东邻酒初熟，西舍彘亦肥。且为一日欢，慰此穷年悲。
勿嗟旧岁别，行与新岁辞。去去勿回顾，还君老与衰。

其三　守岁
欲知垂尽岁，有似赴壑蛇。修鳞半已没，去意谁能遮。
况欲系其尾，虽勤知奈何。儿童强不睡，相守夜欢哗。
晨鸡且勿唱，更鼓畏添挝。坐久灯烬落，起看北斗斜。
明年岂无年，心事恐蹉跎。努力尽今夕，少年犹可夸。

除夕是旧年将尽的最后一夕，俗称"大年夜"。这一天的高潮是进入晚间后的团年饭及晚饭后的守岁。这一天本应是阖家欢乐、万家团圆。然而当代快速变迁的社会生活，使得"一家团圆"这种天伦之乐，显得更加难得。如同《常回家看看》这样的歌曲，常使得远方的游子潸然泪下。

清代《京都风俗志》："除夕人家，或有祀先，或焚冥钱。早晨，官府有谒上司之仪，谓之拜官年。都人不论贫富，俱多市食物。晚间铺肆灯火蚀天，烂如星布，游人接踵。欢声满道。人家盛新饭于盆锅中以储之，谓之年饭，上签柏枝、柿饼、龙眼、荔枝、枣、栗，谓之年饭果，配金箔元宝以饰之。家庭举宴，少长欢嬉，儿女终夜博戏玩耍，妇女治酒食，其刀砧之声，远近相闻。门户不闭，鸡犬相安。或有往亲友家拜贺者，谓之'辞岁'。夜静更深，则爆竹之声渐起，是即接神者，而升平之世，于斯可见其概也。"

1. 虔敬辞岁

各地祭祖时间不一，有的地方在年夜饭之前祭拜，也有的地方在除夕子夜前后祭拜。传说除夕夜是天上诸神下界之时，所以民间会临时设"天地桌"接神，供奉挂钱、香烛，以及还有贡品。由家中最长者在天地桌前主持，带领全家按诸神方位举香叩首，待香尽后再叩首，将香根、神像、纸锭等置于钱粮盆内焚烧。

除夕还要祭祖，迎请"祖宗回家"。在团圆饭前，把家谱、祖宗牌位等摆放在客厅，并摆上香炉、贡品。家中所有成员伺立桌前。燃放鞭炮后，由长辈点燃香烛，然后烧香、磕头祭祀。除夕祭祖，作为中国流传至今的传统风俗，一方面是为了在辞旧迎新之际对祖宗先辈示孝敬和表追思，另一方面也是希望祖先神灵保佑子孙后代。

除夕夜灶王爷便带着这一家人所应该得到的吉凶祸福，与其他诸神一同来到人间。因此要开始迎接诸神的仪式，称"接神"或"接灶"。仪式很简单，换上新灶灯、在灶龛前燃香即可。也有说灶王爷正月初四返回人间。

2. 团圆分岁

祭祀完毕，全家人要吃年夜饭，又叫"年羹饭""年更饭""团年饭"。人们用丰盛的年夜饭犒劳过去辛苦了一年的家人和自己，在这家人相伴之时更是蕴含了对新年的期望。俗话说"一年不赶，赶三十晚"，在外游子不论相隔多远，都会争取在除夕夜回到家，与家人一起吃年夜饭。

除夕年夜饭上的菜肴不仅丰盛可口，同时寓意吉祥。如："十景菜"用十种不同蔬菜炒汇而成，其意味着十全大福；"安乐菜"是用黄豆芽做成的菜，顾名思义是安居乐业；鱼从古至今都是年夜饭的主题，意为年年有余；丸子，即圆子，意为"团圆"；豆腐意"斗富"，丰裕富足；萝卜也叫菜头，即彩头，亦是安居乐业之意；油炸食品，意为兴旺发达；甜点意为生活甜蜜……诸如此类，数不胜数。除夕做的饭应该剩下许多，留待新年的头几天吃，叫"隔年饭"，也是表示"年年有余"。

3. 围炉守岁

吃饭年夜饭，全家人围炉夜话，等候新年的到来，是为"守岁"。这时人们叙旧话新、相互祝福。宋代《东京梦华录》："士庶

包饺子（汉服北京 供图）

之家，围炉团坐，达旦不寐，谓之守岁。"这一习俗在南北朝时期人们就有记载。今天的人们则往往全家守候在电视机前，看"春晚"，等候新年的到来。

台湾把除夕叫"过年日"。午后，人们要在厅堂神盒前上供牲体。入夜，阖家焚香叩拜，然后对长者辞岁。接着是"围炉"，全家围坐一桌，桌上摆满菜肴，桌下放置火盆。年夜饭后，高燃蜡炬来守岁，儿媳妇为长辈们添富寿，不能早睡，坐得越久，长辈得富寿越长。

除夕守岁的食品，有很多美味，比如饺子、年糕。人们还饮椒柏酒、屠苏酒，以驱邪、除病。为了度过漫漫长夜，人们还发明了各种有趣的游戏，比如"藏钩"和"射覆"。

"藏钩"：参加的人分为两组（如果人数是奇数，就让一人可以自由选择跟随一组，称为"飞鸟"）。游戏时，一组人暗暗将一小钩（如玉钩、银钩）或其他的小物件藏在其中一人的一只手中，由对方猜在谁人的哪只手里，猜中者为胜。传说"藏钩"这个游戏是在汉武帝时创制的。汉武帝的钩弋夫人，河间人。从生下来就两手攥拳，从不伸开。汉武帝路过河间使其双手伸展，手中现一钩。武帝便娶她回宫，号"钩弋夫人"。当时的女人们纷纷仿效钩弋夫人，人们称这种姿态为"藏钩"。

射覆："射"意为"猜"，"覆"意为"藏"，因此这其实是一种共猜谜游戏。游戏中，有"覆者（设谜者）"和"射者（猜度者）"。射覆的玩法很多，比较简单的是覆者先用诗文、成语和典故来隐喻某一事物，射者猜，用隐喻该事物的另一诗文、成语和典故揭晓谜底。

4. 慈爱压岁

在年三十之夜，又有给儿童压岁钱的习惯。压岁钱又称"押岁钱""守岁钱""压祟钱"等。相传源于汉代的"压胜钱"，不能作为货币在市面上流通，仅仅是一种小孩的护身符，具有辟邪的功能。明清时期以红绳串起可以流通

的铜钱作为压岁钱，年夜饭后直接给孩童，或偷偷放在孩童的床脚或枕头下。压岁钱的习俗源远流长，它预示着镇岁、祛病、辟邪、祈福等，作为过年孩童最喜欢的礼物，这不仅仅是金钱，更意味着慈爱长辈对晚辈的祝福与关爱。

唐时宫廷盛行立春日互相拜会和散钱。宋元时期春节定在正月初一，春日散钱习俗就演变为长者给晚辈压岁钱的习俗。明清时期长者以红绳系压岁钱于晚辈。民国时期长辈用红纸包一百文铜元压岁，寓意"长命百岁"，使用纸钞后长者喜欢选用连号的新纸钞压岁，希望"连连好运""连连高升"。

新年前后这一系的节俗活动，都是中国人辞旧迎新年的生命吟唱。每个炎黄子孙，不论身处何地，都以这样崭新的姿态去迎接新年。春联是心灵底片，窗花是心灵图纸，通过馒头、长面、饺子、年糕，以食为敬、以食感恩，借助爆竹、锣鼓、秧歌向天地致敬。

三、努力尽今夕——除夕今味

除夕对于今日的华夏子女而言，仍然意义非凡。游子归巢、家人团圆，一起为迎接新春购置新物，在除夕敬神祭祖、举杯畅饮、给孩子压岁、相约守岁。除夕是对旧年的告别，也是对新年的期盼。这些热闹丰富的仪式，其实都表达着人们对于生活的热爱，努力过好每一日。

细究除夕拜神祭祖仪式的起源，会发现这其实是人类对待自然最原始的礼敬、对祖先最深的追思。在这样的仪式上，请保持着对自然万物的敬畏之心与对先人的感恩怀念，也为自己与家人深深地祈福。

采购年货时，由于近日商品经济的发展，人们有了越来越多的选择，孩子也有了各式各样的零食，尽量选择健康食品和环保产品。由于有些地方禁止燃放烟花爆竹，所以可以选择环保烟花或电子鞭炮。春联可以购买，若能家人一起"做对子"、自己书写则更有趣味！

除夕乃至春节期间，手机也会不停地响着。那些远方的问候、短信的祝福、微信的红包……科技的发展使得"天涯若比邻"，人们的祝愿更加顺畅。但在祝福手机彼端的好友"春节快乐，越来越好"的同时，也要放下手机，珍惜好不容易相聚的家人。参与家中过年的准备，关注长幼今年的变化，聆听家人的内心愿望。

总有一些人由于工作性质（为了保障春节期间社会正常运行，如武警、公安、医生等），除夕无法还家团圆。在我们温馨相聚之时，倘若可以，也努力地为这样一群人表达自己的感激之情。

四、共说此年丰——除夕诗韵

共内人夜坐守岁（南朝·梁·徐君蒨）
欢多情未极，赏至莫停杯。酒中喜桃子，粽里觅杨梅。
帘开风入帐，烛尽炭成灰。勿疑鬓钗重，为待晓光催。
岳州守岁二首（其二）（唐·张说）
夜风吹醉舞，庭户对酣歌。愁逐前年少，欢迎今岁多。

桃枝堪辟恶，爆竹好惊眠。歌舞留今夕，犹言惜旧年。

除夜有怀（唐·孟浩然）

五更钟漏欲相催，四气推迁往复回。帐里残灯才去焰，炉中香气尽成灰。
渐看春逼芙蓉枕，顿觉寒销竹叶杯。守岁家家应未卧，相思那得梦魂来。

应诏赋得除夜（唐·史青）

今岁今宵尽，明年明日催。寒随一夜去，春逐五更来。
气色空中改，容颜暗里回。风光人不觉，已著后园梅。

巴山道中除夜书怀（唐·崔涂）

迢递三巴路，羁危万里身。乱山残雪夜，孤烛异乡春。
渐与骨肉远，转于僮仆亲。那堪正漂泊，明日岁华新。

除夜宿石头驿（唐·戴叔伦）

旅馆谁相问，寒灯独可亲。一年将尽夜，万里未归人。
寥落悲前事，支离笑此身。愁颜与衰鬓，明日又逢春。

除夜雪（宋·陆游）

北风吹雪四更初，嘉瑞天教及岁除。半盏屠苏犹未举，灯前小草写桃符。

除夕（清·赵翼）

烛影摇红焰尚明，寒深知已积琼英。老夫冒冷披衣起，要听雄鸡第一声。

第五篇　历法举要

第十三章　四时节令

　　汉儒董仲舒的"天人三策"里提出"改正朔，易服色，以顺天命"。改，就是改变；正，就是正月，这里指改变建正。改变建正，就是改变一年之始；朔，朔是一种天文现象，日月黄经差为0°，在夏历每月初一日，即一月之首。"改正朔"，就是改变历法的建正，以象征承受天命。公元前104年，汉武帝宣布修订礼制和历法，改用由司马迁、落下闳、唐都、邓平等人创制的新历——太初历。我们今天的夏历历法（今称为农历）仍然深受其影响。在我国，历法既是一个科学问题，也是文化和政治问题，对国家治理、农业生产、人民生活都有着极其重大的影响。

一年四季

　　"寒来暑往，秋收冬藏，闰馀成岁，律吕调阳"，《千字文》里的四句话展示了中国人对时间流逝的感悟。光阴似水，逝者如斯，我们如何定位这不断流逝的时间？春生夏长，秋收冬藏，我们如何按照大自然的节奏安排生活？宇宙万物不是静止的存在，而是处于不断创生的过程中。看到天地万物充满生意，就会悟到人生也有丰富的意义。我国的历法，就体现了这种"天人合一"的追求。至今仍影响着我们的生活。

北京古观象台"观象授时"匾（何志攀　拍摄）

一、夏历概要

1. 夏历渊源

　　所谓"历法"就是推算年、月、日的长度及它们之间的关系，制订时间顺序的法则。中国是世界上最早发明历法的国家之一，夏历（农历）、傣历和藏历等是我国现阶段仍在使用的几部自有历法。

我国传统历法称夏历，又称农历、黄历。现在我国使用中国天文年历，是由中国科学院紫金山天文台重新修订的，其中的农历部分，民间研历者惯称"紫金历"。2017年，紫金山天文台起草的国家标准《农历的编算和颁行》（标准号：GB/T 33661-2017）正式发布。

民国二十六年（1937年）后出现农历这个称呼，因为它与农业生产关系密切。又称黄历，因为华夏历法相传始于黄帝时代。传统上一般称作皇历，因为它需要国家天文机构历算后颁定，象征着"钦若昊天，敬民授时"的正朔观念。在皇权时代，皇历是严禁民间私印的。清代中期，朝廷开放民间严格按照官方皇历的内容刊刻历书，但是民间历书因为是皇历的严格复印，只是便于广为传播，所以只能称作通书，后因为传统的趋吉避凶观念，改名"通胜"。

传说中的古六历为《黄帝历》《颛顼历》《夏历》《殷历》《周历》《鲁历》。它们都是夏历的不同历史版本，法数相同，只是建正有异。现存最早关于历法的记载出自《夏小正》。可以看到华夏先民最早的物候观念，其中有些候应名称在现今的夏历中一直沿用。

《世本》说："黄帝使羲和占日，常仪占月，臾区占星气，伶伦造律吕，大挠作甲子，隶首作算数，容成综此六术，著调历。"占日即观察日的运行，作为制订历法的根据。律吕即古代校正乐律的器具，用竹管或金属管制成，共十二管，管径相等，以管的长短来确定音的不同高度。从低音管算起，成奇数的六个管叫做"律"；成偶数的六个管叫做"吕"，合称"律吕"。后亦用以指乐律或音律。调历即古历法名，传说为容成所作。

西汉初年的《太初历》是一次重要的改革。现行农历中最基本的定冬至"无中气置闰法"规则由此确定，同时二十四气被明确划分为十二节令和十二中气。华夏传统天学理论算法的集大成和最精密者当属元代许衡和郭守敬等制颁的《授时历》。明末的《崇祯历书》合理引入了欧洲当时的天文理论，作为华夏传统天文学算法的有益补充，但是《崇祯历书》仍然遵循华夏传统历法的制历思想和文化传统，其引入西方新发现的正确学说，正是华夏人民实事求是、开放包容的体现。清代将《崇祯历书》改称为《时宪历》颁行天下。清代和民国时期，以及新中国成立后，都对夏历历算的天文计算数据和理论有过更新和修订。夏历始终在不断地修正，采用当时更精确、更先进的算法，精益求精。但是夏历的历法规则始终都没有改变，仍然属于华夏历法。

2. 阴阳合历

历法主要分为阴历、阳历和阴阳历三种，我国传统的夏历就是一种阴阳合历。称之为"阴历"是民国以来的一种误称。

历法是指推算年月日的长度和它们相互之间的关系，制定时间顺序的法则。世界上的历法性质主要分为阳历、阴历和阴阳历三种。阳历亦即太阳历，是以太阳在黄道上的视运动，也就是地球回归年周期为基础而制定的历法，属于阳历性质的历法和月亮的圆缺变化无关，历月只是历年的分段。例如"格里高利历"，即官称的公历，又作西历。阴历亦称太阴历，是按月亮的月

相周期（朔望月）为基准制定的历法，阴历历月符合月相周期，历年只是历月的整倍数（一般使用最接近回归年的十二个朔望月周期），但是阴历依旧无法反应回归年的变化，阴历的新年在约三十年时间内会从春、夏、秋、冬四季轮回一次，例如回历就属于阴历。阴阳历是指兼顾太阳、月亮与地球关系的一种历法，阴阳历以月相盈亏周期和太阳视运动周期（回归年）一同为制定的基础，通过设置闰月的方法，协调朔望月和回归年之间的关系，使平均历年等于回归年，历月同时符合朔望月。我国夏历就是一种阴阳历，同时夏历设置了精确反应太阳视运动的二十四节气，属于一种特殊的阴阳合历，这是夏历所特有的优势。

3. 月

人们是根据自然现象来确定时间的基本单位的。例如，根据地球自转产生昼夜交替的现象，形成了"日"的概念；根据月亮绕地球公转，产生月相的周期性变化，形成"月"的概念；根据地球绕太阳公转产生的四季交替现象，形成了"年"的概念。

夏历基本上以十二个历月为一历年。那么什么是一个"月"呢？夏历是以"朔望月"为基础的。月亮绕地球公转的轨道称之为白道。月球绕地球公转相对于太阳的平均周期为29.5306天。也就是月亮盈亏的周期，称为一个朔望月。夏历使用定朔法，每月初一日必定为朔日。大月三十天，小月廿九天。另外需要注意的是夏历没有"一月"这个月名，夏历每年的第一个月是正月，这就是奉正朔。正月别称元月，元宵节就是元月之宵（月圆之夜）。

朔日当天月球运行到地球和太阳之间，和太阳几乎同时出没，在地球上看不到月亮。朔日当天的月亮称为朔月，一般是看不见的。明朝文武官员逢每月初一要向皇帝行礼致贺，称贺朔。每月十五是望日（望日也可能落在十六，"十五的月亮十六圆"），望日当天的月亮称为望月，又称满月。"人有悲欢离合，月有阴晴圆缺"，每月朔月、望月这样循环的变化过程就是朔望月，即夏历的一个月。

4. 年

《尔雅·释天》：唐虞曰载，夏曰岁，商曰祀，周曰年。如果单纯按照朔望月计算，则一年为29.5306×12=354.36天。而地球围绕太阳公转，一个回归年的时间大约是365日5时48分46秒，这是一个回归年。两者的差距会导致历法上的日子完全和四季脱节，新年可能在数九寒冬，也可能在三伏酷暑。故而夏历使用二十四节气作为四季的标尺，并设置闰月，使之协调回归年和朔望月之间的关系。从而形成一种"阴月阳年"的阴阳合历。

华夏先民曾发明了测量回归年的工具——圭表。最初，人们发现房屋、树木等物的影子会因太阳而作有规律的变化。于是便在平地上直立一根竿子或石柱来观察影子的变化，这根立竿或立柱就叫作"表"；用一把尺子测量表影的长度和方向，则可知道时辰。后来，发现正午时的表影总是投向正北方向，就把石板制成的尺子平铺在地面上，与立表垂直，尺子的一头连着表基，另一头则伸向正北方向，这把用石板制成的尺子叫"圭"。正午时表影投在石板上，华夏先民就能直接读出表影的长度值。经过长期观测，华夏先民

不仅了解到一天中表影在正午最短，而且得出一年内夏至日的正午表影最短；冬至日的正午表影最长。于是，劳动人民就以正午时的表影长度来确定节气和一年的长度。譬如，连续两次测得表影的最长值，这两次最长值相隔的天数，就是一年的时间长度，难怪华夏先民早就知道一年等于365天多的数值。传说西周时，周公就曾在河南登封县设置过圭表。

二、夏历二十四节气

1. 节气

那么如何定节气、置闰月呢？这就需要了解二十四节气。夏历二十四节气是根据太阳在黄道（地球绕太阳公转的轨道）上的位置来划分的，是夏历用来标度太阳视运动的尺规。黄道附近一周天可平分为星纪、玄枵等"十二次"（基本对应西方所称"黄道十二宫"），太阳运行到某次就交某某节气。太阳从春分点（黄经零度，此刻太阳垂直照射赤道）出发，每前进15度为一个节气；运行一周又回到春分点，为一回归年，合360度，分为24个节气，每月2个。

夏历二十四节气是夏历中的十二节令和十二中气的合称。夏历二十四节气是夏历不可分割的一部分，属于夏历的节点式日期。节气有三个概念，节气时刻，节气日，节气时节。其中节气时刻是太阳通过黄道特定位置的时间点，准确到分秒的，然后包含节气时刻的那一天是节气日，同时从一个节气日开始（含）到下一个节气日结束（不含）是一个节气时节，其中分为三候。同时夏历十二节令又表示一年四季的十二个小季节，即孟春、仲春、季春、孟夏、仲夏、季夏、孟秋、仲秋、季秋、孟冬、仲冬、季冬。方便人民安排农事和生产生活。这些称作夏历用事，同时夏历每个月亦都符合四季寒暑的变化，阴月（月亮圆缺变化）阳年（四时寒暑往来）相互是整体完整不容分割的。值得注意的是，西方格里高里历属于太阳历的一种，但绝非是唯一的太阳历。夏历二十四节气是表达太阳视运动的，宇宙中只有一个太阳，所以夏历节气日期在格里高里历日期上相对固定，这只是一个巧合，只是因为格里高里历属于太阳历的其中一种而已。不过格里高里历是没有节气概念的。

用中国传统天文学的黄道十二次来表示，则示意图如左：

这里面的星座和黄道十二次基本上一一对应：摩羯宫——星纪；水瓶宫——

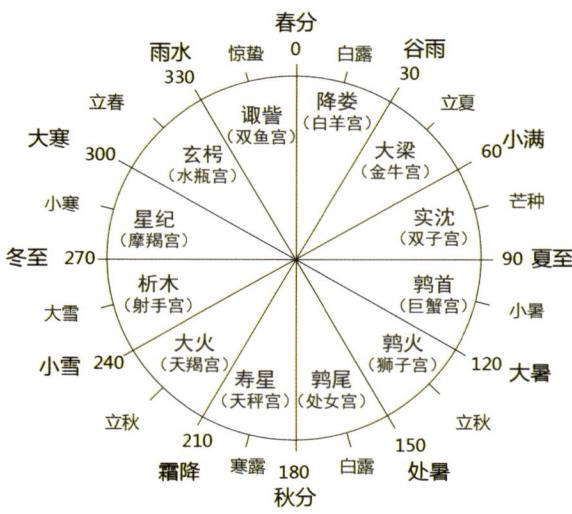

黄道十二次与二十四节气

玄枵；双鱼宫——诹訾(zōuzī)；白羊宫——降娄；金牛宫——大梁；双子宫——实沈；巨蟹宫——鹑首；狮子宫——鹑火；处女宫——鹑尾；天秤宫——寿星；天蝎宫——大火；射手宫——析木。

2. 节气歌

我国人民为了方便记忆总结出了各种各样的"二十四节气歌"，下面这一首流传较广：

春雨惊春清谷天，夏满芒夏暑相连。秋处露秋寒霜降，冬雪雪冬小大寒。

二十四节气的划分充分考虑了季节气候、物候等自然现象的变化。其中，春分、秋分、夏至、冬至是从天文角度来划分的，反映太阳高度变化的转折点。立春、立夏、立秋、立冬则反映四季的开始。小暑、大暑、处暑、小寒、大寒等五个节气反映气温的变化。雨水、谷雨、小雪、大雪等四个节气表明降雨、降雪的时间和强度。白露、寒露、霜降三个节气表面上反映的是水汽凝结、凝华现象，但实质上反映出了气温逐渐下降的过程和程度。小满、芒种反映有关作物的成熟和收成情况。惊蛰、清明反映的是自然物候现象，惊蛰用天上初雷和地下蛰虫的复苏来预示春天的回归，清明则用气候清爽温暖、天空清爽明净来反映季节的变化。

3. 节气和中气

夏历二十四节气分布于历年中。通常每月有两个节气，一个在前半月，称作节令；一个在后半月，由于主要在月中，称作中气。因为天体运行的不均匀性所以极个别的年份可能出现双中气月或双节令月与单中气月，夏历的置闰法则是定冬至无中气置闰法，所以单节令月一般是闰月，当然按照置闰法则，同样会有单节令但是正常月的情况，这一般和双中气月的出现有关。

例如立春是正月节，雨水是正月中，惊蛰是二月节，春分是二月中，节气和中气相间，其余由此顺推。值得注意的是节令有入前月法，这是十分正常的夏历历法现象。

夏历	正月	二月	三月	四月	五月	六月	七月	八月	九月	十月	十一月	十二月
别称	孟春	仲春	季春	孟夏	仲夏	季夏	孟秋	仲秋	季秋	孟冬	仲冬	季冬
节气	立春	惊蛰	清明	立夏	芒种	小暑	立秋	白露	寒露	立冬	大雪	小寒
中气	雨水	春分	谷雨	小满	夏至	大暑	处暑	秋分	霜降	小雪	冬至	大寒

4. 置闰规律

置闰的法则是测定甲年冬至和乙年冬至之间存在多少个朔望月，如果存在十二个月，则无须置闰；如果存在十三个月，则将闰月放在甲年冬至月之后的第一个没有中气的月份里。沿用上月之名称作"闰某月"。这样夏历闰年就包含了十三个朔望月，用来协调回归年和朔望月之间的关系，另外值得注意的是夏历闰月的出现并非是为了弥补误差，而是因为夏历属于阴阳合历性质，这有别于公历（属于单纯的太阳历属性）。

5. 二十四节气与天地之序

二十四节气与中国人的天文地理学说关系密切，体现了天地的秩序。华夏先民心目中的节气与天地秩序的对应关系如下：

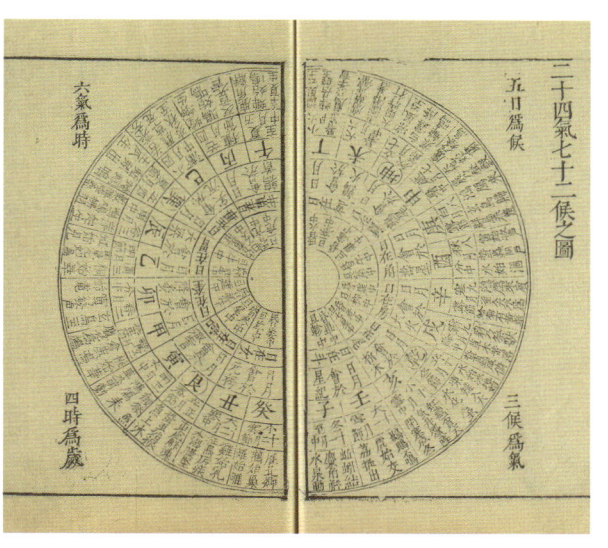

二十四气七十二候之图（出自明代王圻、王思义《三才图会》）

夏历定节气以明四季，定朔望以合天象，定冬至以知岁实，置闰月调和朔望月和回归年之间的差别，是典型的阴阳合历。

三、四季变迁

1. 四季

寒暑易节、春秋代序。四季变迁是阴阳消长的过程。《史记·太史公自序》："夫春生夏长，秋收冬藏，此天道之大经也。弗顺则无以为天下纲纪。"春天是万物往上升的时候，夏天是万物开始生长的时候，到了秋天万物开始收获，冬天是万物开始闭藏的时候。四季的划分与节气也有很大的关系，我国传统上就是以"四立"（即立春、立夏、立秋、立冬）作为四季起点的，这与西方以二分二至日（春分、夏至、秋分、冬至）作为四季起点的规定有很大区别。

四时配五行而为五季，即春属木，夏属火，长夏属土，秋

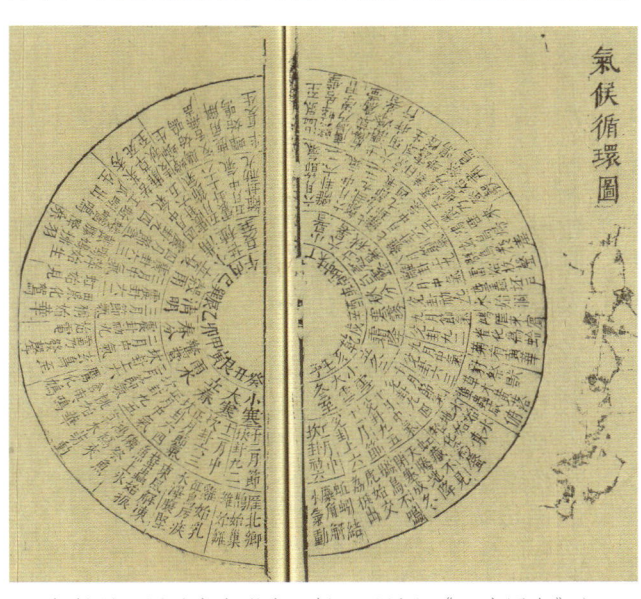

气候循环图（出自明代王圻、王思义《三才图会》）

属金，冬属水。长夏即夏历六月。华夏先民又认为有五方帝掌管五方和五季。东方青帝太昊伏羲，掌管春天；南方赤帝炎帝神农，掌管夏天；西方天帝少昊金天，掌管秋天；北方天帝颛顼高阳，掌管冬天；中央天帝黄帝轩辕，掌管长夏，协调四季。

2. 十二消息卦

四季的变迁，人们认为体现了阴阳消长。汉朝开始，人们将《周易》里的十二卦象与十二个月相配，借这些卦的阴爻、阳爻的多少及其位序来表示12个月阴阳的消长，称"十二辟卦""十二消息卦"。

卦名	坤	复	临	泰	大壮	夬
卦象						
农历月份	十月	十一月	十二月	正月	二月	三月
节气	立冬 小雪	大雪 冬至	小寒 大寒	立春 雨水	惊蛰 春分	清明 谷雨

卦名	乾	姤	遯	否	观	剥
卦象						
农历月份	四月	五月	六月	七月	八月	九月
节气	立夏 小满	芒种 夏至	小暑 大暑	立秋 处暑	白露 秋分	寒露 霜降

十二消息卦

卦体中阳爻来，阴爻去，表示阳长阴消；阴爻来，阳爻去，表示阴长阳消。十二月消息卦生动体现了十二个月阴阳的消长过程以及每个月中阴阳之气的多少。例如"复卦"，是一阳在下，阳气初生（冬至），但阳爻仅有一个，说明该月阳气尚微弱。四月为纯阳之月。五月夏至，阳气极盛，但是阴气也开始出现。十月为纯阴之月，但下个月就有冬至，阴气极盛，但是阳气也开始出现。这与今天所讲的天文、气象研究的成果是一致的。

3. 七十二候

大自然的阴阳变化有很多征兆，"花木管时令，鸟鸣报农时"就是一种"物候"现象。竺可桢先生说："几千年来，劳动人民注意了草木荣枯、候鸟去来等自然现象同气候的关系，据以安排农事。杏花开了，就好像大自然在传语要赶快耕地；桃花开了，又好像在暗示要赶快种谷子。""花香鸟语，草长莺飞，都是大自然的语言"。我国传统上有"七十二候"之说。

早在《夏小正》《礼记·月令》《逸周书·时训解》等著作里，我国先民就对四季十二个月的物候变化情况做了系统描述，并用以指导安排生产生活。

"七十二候"以五日为一候，三候为一节气，六节气为一季，四季为一年，一年二十四节气共七十二候。各候均以一个物候现象相应，称候应。"候"应包括非生物和生物两大类，前者如"水始涸""东风解冻""虹始见""地始冻"等；后者有动物和植物，如"鸿雁来""虎始交""萍始生""苦菜秀""桃始华"等。

4. 二十四番花信风

植物与农时关系非常密切，故而又有"二十四风""二十四番花信风"的说法，简称"花信"。每年冬去春来，从小寒到谷雨这8个节气里共有24候，每候都有某种花卉绽蕾开放，人们把花开时吹来的风叫作"花信风"，意即带来开花音讯的风候。于是便有了"24番花信风"之说。

人们在24候每一候内开花的植物中，挑选一种花期最准确的植物为代表，叫作这一候中的花信风。

小寒：一候梅花，二候山茶，三候水仙；
大寒：一候瑞香，二候兰花，三候山矾；
立春：一候迎春，二候樱桃，三候望春；
雨水：一候菜花，二候杏花，三候李花；
惊蛰：一候桃花，二候棠梨，三候蔷薇；
春分：一候海棠，二候梨花，三候木兰；
清明：一候桐花，二候麦花，三候柳花；
谷雨：一候牡丹，二候酴醾，三候楝花。

一年花信风梅花最先，楝花最后。经过24番花信风之后，以立夏为起点的夏季便来临了。

5. 数九·数伏·入出梅·几龙治水·几牛耕田

描述季节变迁，还有"数九""数伏""入出梅"等说法。俗语云："冷在三九，热在三伏"，形容刻苦用功就说"冬练三九、夏练三伏"。

数九：从冬至之日起，中国即进入了数九寒天。以后每九天为一个单位，谓之"九"，过了九个"九"，刚好八十一天，即为"出九"，那时就春暖花开了。广泛流传的"九九消寒歌"说："一九二九不出手，三九四九冰上走，五九六九看杨柳，七九河开，八九雁来，九九加一九，耕牛遍地走。"我国幅员辽阔，各地的气候不尽相同，所以各地均有不同的适应当地气候的九九歌．

"数伏"：夏至以后的第三个庚日是"初伏"，第四个庚日是"中伏"，立秋之后第一个庚日是"末伏"，是谓三伏。民间有"头伏饺子二伏面，三伏烙饼摊鸡蛋"的谚语。三伏天非常炎热，但不能贪图凉快，要注意清热除湿，冬病夏治。

夏至也有"九九歌"：夏至后，一九二九，扇子不离手。三九二十七，吃茶如蜜汁。四九三十六，争向路头宿。五九四十五，树头秋叶舞。六九五十四，乘凉不入寺。七九六十三，入眠寻被单。八九七十二，被单添夹被。九九八十一，家家打炭墼。

"入出梅"：梅雨泛指初夏向盛夏过渡的一段阴雨天气。进入梅雨期。各地气候时节不同，入梅期也各不同。传统历法规定，芒种后逢第一个丙日为

入梅，小暑后逢第一个末日为出梅。

"几龙治水"：是根据每年正月第一个辰日（辰为龙）在第几日决定的。如在正月初五日，就叫"五龙治水"，在初六日，就叫"六龙治水"，等等。据说，龙数越多，雨量越少，龙数越少，雨量就越多。民间自古就有"龙多不下雨"的谚语。

"几牛耕田"：每年第一个丑日（丑为牛）在正月初几，就是"几牛耕田"。华夏先民认为耕田的牛是多多益善，越多越好。

节气月令

立春阳气转，雨水雁河边；惊蛰乌鸦叫，春分地皮干；
清明忙种麦，谷雨种大田；立夏鹅毛住，小满雀来全；
芒种开了铲，夏至不纳棉；小暑不算热，大暑三伏天；
立秋忙打靛，处暑动刀镰；白露正割地，秋分无生田；
寒露不算冷，霜降变了天；立冬封了地，小雪河封严；
大雪江封上，冬至不行船；小寒不太冷，大寒三九天。

——《二十四节气歌》

二十四节气起源于黄河流域。华夏先民在观察、测量太阳位置变化规律的基础上，把一年划分为若干节气，节是节令，气是中气。经过不断改进与完善，早在先秦时期，二十四节气已完全确立。西汉《太初历》正式将二十四节气完整订入历法。人们明确了节气，就可以把握自然界的天象地气、草木鱼虫，以及人体内部功能的变化，从而影响千家万户的衣食住行。二十四节气已于2006年列入第一批国家级非物质文化遗产名录，2016年列入联合国教科文组织人类非物质文化遗产代表作名录。

中国有"四时八节"之说，即把四季（时）所对应的八个节气单列出来：立春、春分、立夏、夏至、立秋、秋分、立冬、冬至。其中，立冬与立春、立夏、立秋合称"四立"。

一、春季

1. 立春

二十四节气中，立春是第一个节气，正月节令。太阳到达黄经315度时，便是万物复苏的立春之日。从天文学角度看，立春之日意味着春的序幕正式拉开，春夏秋冬四季，也由此进入新的轮回。

俗话说"一年之计在于春"，随着立春的到来，逐渐昼长夜短，天气日暖。河堤有"嫩如金色软如丝"的垂柳芽苞，泥土中有正等待"春风吹又生"的蠢蠢欲动的小草。立春时节，各地风俗不一，但吃春饼、吃春卷、吃萝卜（特别是"心里美"红心萝卜）、咬春、迎春、备春耕民俗则是一样的。

《逸周书·时训解》："立春之日，东风解冻。又五日，蛰虫始振。又五日，鱼上冰。"

春日春盘细生菜，忽忆两京梅发时。盘出高门行白玉，菜传纤手送青丝。
巫峡寒江那对眼，杜陵远客不胜悲。此身未知归定处，呼儿觅纸一题诗。
——（唐）杜甫《立春》

2. 雨水

雨水是二十四节气中的第二个节气，正月中气。此时太阳到达黄经330度，太阳直射点从南半球渐向北移。元代吴澄的《月令七十二候集解》中说："正月中，天一生水。春始属木，然生木者必水也，故立春后继之雨水。且东风既解冻，则散而为雨矣。"雨水不仅表示降雨的开始，也表明雨量开始增多。

雨水前后，日照时数和强度日增，意味着雪花纷飞、寒气浸骨的天气日消，春风拂面，冰雪融化，谚语有云"雨水到来地解冻，化一层来耙一层"。乍暖还寒天气里"几处早莺争暖树，谁家春燕啄新泥"。雨水时节，有出嫁的女儿回娘家，女婿为岳父母"接寿"等风俗。

《逸周书·时训解》："雨水之日，獭祭鱼。又五日，鸿雁来。又五日，草木萌动。"

天街小雨润如酥，草色遥看近却无。最是一年春好处，绝胜烟柳满皇都。
——（唐）韩愈《早春呈水部张十八员外二首其一》

3. 惊蛰

惊蛰是一年中的第三个节气，二月节令。此时太阳处于黄经345度。《月令七十二候集解》："二月节……万物出乎震，震为雷，故曰惊蛰，是蛰虫惊而出走矣。"

惊蛰一到，万物复苏，春暖花开。所以民间有"惊蛰春雷响，农夫闲转忙"之说。山东一带烙煎饼，江苏炒糯米，陕西、福建炒豆子，意为"炒虫""驱虫"之意。宁波、梅州、川西等地也有相应的民俗活动。

《逸周书·时训解》："惊蛰之日，桃始华。又五日，仓庚鸣。又五日，鹰化为鸠。"

昨夜春雷作，荷锄理南陂。杏花将及候，农事不可迟。
蚕女亦自念，牧童仍我随。田中逢老父，荷杖独熙熙。
——（宋）梅尧臣《田家四时 其一》

4. 春分

春分是二十四节气中的第四个节气，二月中气。此时太阳黄经为0度，太阳正好处于赤道上方。春分日南北半球昼夜相等。从这一天起，太阳直射位置渐向北移，南北半球昼夜长短也随之而变。《春秋繁露·阴阳出入上下篇》中说："春分者，阴阳相半也，故昼夜均而寒暑平。"

春分过后，气候温和，阳光明媚，雨水丰沛，真正意义上的春季也就到来了。此时无论大江南北，都是一派春意融融的景象，民间有"春分有雨家家忙，先种瓜豆后插秧"之说。二月春分，人们要扫墓祭祖，也叫春祭。此外还有吃春菜、酿酒、立蛋和放风筝的习俗。

《逸周书·时训解》："春分之日，玄鸟至。又五日，雷乃发声。又五日，

始电。"

仲春初四日，春色正中分。绿野徘徊月，晴天断续云。

燕飞犹个个，花落已纷纷。思妇高楼晚，歌声不可闻。

——（五代宋初）徐铉《春分日》

5. 清明

清明是二十四节气中的第五个节气，三月节令。此时太阳到达黄经15度，我国大部分地区的日平均气温都已升到12℃以上。清明乃"天清地明"之意。《淮南子·天文训》中说："春分后十五日，斗指丁，则清明风至。"《岁时百问》说："万物生长此时，皆清洁而明净。故谓之清明。"

清明时节，杨柳泛青，桃花初绽，天地之间是一派凋零枯萎随风过的明朗清秀景致。自古以来，清明节都是人们祭祖扫墓的日子。虽然各地清明祭祖的方式各不相同，但中国人重视"祭之以礼"的慎终追远思想却是一脉相传的。

《逸周书·时训解》："清明之日，桐始华，又五日，田鼠化为鴽（rú）。又五日，虹始见。"

清明时节雨纷纷，路上行人欲断魂。借问酒家何处有？牧童遥指杏花村。

——（唐）杜牧《清明》

6. 谷雨

谷雨是二十四节气中的第六个节气，三月中气。此时太阳黄经为30度。谷雨是春季的最后一个节气，有"雨水生百谷"的意思。

俗语说："过了谷雨，天气暖定。"谷雨后的气温回升速度加快，从这一天起，雨量开始增多，丰沛的雨水使初插的秧苗、新种的作物得到灌溉滋润，得以很好地生长。谷雨时节洛阳牡丹花开，有"花会"之习。南方民俗有谷雨摘茶，北方沿海渔民开海祭祀。各地食香椿，有"雨前香椿嫩如丝"之说。

《逸周书·时训解》："谷雨之日，萍始生。又五日，鸣鸠拂其羽。又五日，戴胜降于桑。"

一丛梅粉褪残妆，涂抹新红上海棠。开到荼蘼花事了，丝丝天棘出莓墙。

——（宋）王琪《春暮游小园》

二、夏季

1. 立夏

立夏是一年天文夏季的开始日，四月节令。立夏当天，太阳运行到黄经45度。这个阶段一般在夏历四月，此月叫巳月、初夏、槐夏、孟夏。

立夏时节，天地始交，万物并秀，炎暑即将来临，雷雨日渐增多。夏收作物进入生长后期，年景已成定局。民间习俗有"立夏吃蛋，石头都踩烂"，说立夏时吃鸡蛋鸭蛋可以增强体质，还可以耐暑。此外，各地还有吃立夏饭、吃青梅、喝立夏茶习俗，以期夏日平安、五谷丰登。

《逸周书·时训解》："立夏之日，蝼蝈鸣。又五日，蚯蚓出。又五日，王瓜生。"

赤帜插城扉，东君整驾归。泥新巢燕闹，花尽蜜蜂稀。

槐柳阴初密，帘栊暑尚微。日斜汤沐罢，熟练试单衣。

——（宋）陆游《立夏》

2. 小满

小满是四月中气。从小满开始，北方大麦、冬小麦等夏熟作物的籽粒逐渐饱满，但尚未成熟，所以叫小满。

小满时节适宜水稻插栽。南北温差进一步缩小，雨水进一步增多，此时是农家最繁忙的季节，俗语说"小满动三车"，指的就是丝车、油车、田车。"春风吹，苦菜长，荒滩野地是粮仓"，小满之日各地有吃苦菜的习俗。

《逸周书·时训解》："小满之日，苦菜秀。又五日，靡草死。又五日，小暑至。"

南风原头吹百草，草木从深茅舍小。麦穗初齐稚子娇，桑叶正肥蚕食饱。
老翁但喜岁年熟，饷妇安知时节好。野棠梨密啼晚莺，海石榴红转山鸟。
田家此乐知者谁？我独知之归不早。乞身当及强健时，顾我蹉跎已衰老。

——（宋）欧阳修《归田园四时乐春夏二首（其二）》

3. 芒种

芒种是五月节令，太阳黄经为75度。《月令七十二候集解》："五月节，谓有芒之种谷可稼种矣。"农谚说"芒种忙忙种"。此时夏熟作物要收获，夏播秋收作物要下地，春种的庄稼要管理，收、种、管交叉，是一年中最忙的季节。长江流域民谚说"栽秧割麦两头忙"，华北地区民谚说"收麦种豆不让晌"。

这时沿江多雨，黄淮平原也即将进入雨季，芒种前后若遇连阴雨天气及风、雹等，往往使小麦不能及时收割、脱粒和贮藏而导致麦株倒伏、落粒、穗上发芽霉变及"烂麦场"等，使眼看到手的庄稼毁于一旦。

《逸周书·时训解》："芒种之日，螳螂生。又五日，鵙始鸣。又五日，反舌无声。"

梅霖倾泻九河翻，百渎交流海面宽。良苦吴农田下湿，年年披絮插秧寒。

——（宋）范成大《芒种后积雨骤冷三绝其三》

4. 夏至

夏至在二十四节气中排序第十，是五月中气。此时太阳到达黄经90度。一年之中夏至日太阳高度角最高，阳光几乎直射北回归线。这一天，北半球白天的时间最长，夜晚的时间最短。

民俗里有"冬至饺子夏至面"的说法。夏至这天，北方人大多吃打卤面、炸酱面、冷面等，南方人多吃阳春面、三鲜面、过桥米线等。此外还有吃麦饭、吃麦粒、称重、吃狗肉、戴枣花等习俗。

《逸周书·时训解》："夏至之日，鹿角解。又五日，蜩始鸣。又五日，半夏生。"

明月别枝惊鹊，清风半夜鸣蝉。稻花香里说丰年，听取蛙声一片。
七八个星天外，两三点雨山前。旧时茅店社林边，路转溪头忽见。

——（宋）辛弃疾《西江月·夜行黄沙道中》

5. 小暑

太阳抵达黄经105度时，小暑便来临了。小暑是二十四个节气中的第十一个节气，六月节令。俗话说"小暑不算热，大暑三伏天。"小暑只是小热，还没有达到最热的地步，故名。

小暑时节的民俗有"食新"之说，即吃新米，尝新酒。吃新也意为吃辛，以抵抗炎热。"吃暑羊"则是鲁南和苏北地区在小暑时节的传统习俗。此时人们习惯食用西瓜、荔枝、菠萝蜜、莲子、藕、绿豆饼、绿豆粥、白扁豆、百合等清暑去热的食物。

《逸周书·时训解》："小暑之日，温风至。又五日，蟋蟀居辟。又五日，鹰乃学习。"

倏忽温风至，因循小暑来。竹喧先觉雨，山暗已闻雷。

户牖深青霭，阶庭长绿苔。鹰鹯新习学，蟋蟀莫相催。

——（唐）元稹《咏廿四气诗小暑六月节》

6. 大暑

大暑是二十四节气第十二个节气，六月中气。相比小暑，此时已经很热了，正值"中伏"前后，是一年中气温最高、最热的时期，也是喜热作物生长速度最快的时期。

大暑时节，雷暴常见，雨水充沛。"大暑大暑，以吃为主"，民间说："冬吃萝卜夏吃姜，不用医生开药方"，喝暑羊肉汤、吃仙人草，据说能消除疲惫，防热祛暑。闽浙地区吃南国四大果品——荔枝、香蕉、菠萝、龙眼，据说有增强免疫、补心安神之功效。

《逸周书·时训解》："大暑之日，腐草化为萤。又五日，土润溽暑。又五日，大雨时行。"

天地一大窑，阳炭烹六月。万物此陶镕，人何怨炎热。

君看百谷秋，亦自暑中结。田水沸如汤，背汗湿如泼。

农夫方夏耘，安坐吾敢食！

——（宋）戴复古《大热五首其一》

三、秋季

1. 立秋

太阳到达黄经135度，七月节令立秋来临了。这是一个反映季节变化的节令，意味着人们将告别繁花似锦但又酷热难耐的夏季，步入硕果累累、风清气爽的金秋。

先民以谷物成熟为秋，"立秋三场雨，批稻变成米""立秋果，处暑桃"，人们满怀收获的喜悦。"立秋十日吃早补"，民俗里有"贴秋膘""啃秋"之说，立秋之时，天气渐凉，家家户户炖猪肉、炖鸡鸭、红烧鱼等，滋补身体。江浙沪一带立秋这天吃西瓜，有依依惜别之意，称为"咬秋"或"啃秋"。

《逸周书·时训解》："立秋之日，凉风至。又五日，白露降。又五日，寒蝉鸣。"

自古逢秋悲寂寥，我言秋日胜春朝。晴空一鹤排云上，便引诗情到碧霄。

——（唐）刘禹锡《秋词二首其一》

2. 处暑

处暑是二十四节气中的第十四个节气,七月中气。此时太阳到达黄经150度。《月令七十二候集解》说:"处,去也,暑气至此而止矣",意味着暑气逐渐消退,气温开始下降,各地都有"暑去寒来"的谚语。处暑后,绵绵秋雨有时会提前到来,因此,谚语有"一场秋雨一场寒"之说。

处暑时节,暑气逐渐散去,凉意渐生,这时候穿衣保暖就成了一个重要话题,民间有"春捂秋冻,不生杂病"之说。老鸭味甘性凉,因此民间有处暑吃鸭子的传统,做法也五花八门,有白切鸭、柠檬鸭、子姜鸭、烤鸭、荷叶鸭、核桃鸭等。老北京至今还保留着这一传统,处暑这天会食用处暑百合鸭。

《逸周书·时训解》:"处暑之日,鹰乃祭鸟。又五日,天地始肃。又五日,禾乃登。"

空山新雨后,天气晚来秋。明月松间照,清泉石上流。
竹喧归浣女,莲动下渔舟。随意春芳歇,王孙自可留。

——(唐)王维《山居秋暝》

3. 白露

白露是八月节令,当太阳移达黄经165度时,开始进入白露节气。《月令七十二候集解》中说:"水土湿气凝而为露,秋属金,金色白,白者露之色,而气始寒也。"

白露时节气温开始下降,天气变凉。此时,候鸟南迁,其他鸟也贮存干果粮食准备过冬。浙闽的民俗是吃龙眼,以益气补脾、养血安神、润肤美容;而南京人喜欢喝甘醇清香的白露茶,饮自酿的白露米酒;温州一带的人常用乌骨白毛鸡或鸭子煲汤,据说可去关节炎、滋补身体。

《逸周书·时训解》:"白露之日,鸿雁来。又五日,玄鸟归。又五日,群鸟养羞。"

戍鼓断人行,秋边一雁声。露从今夜白,月是故乡明。
有弟皆分散,无家问死生。寄书长不避,况乃未休兵。

——(唐)杜甫《月夜忆舍弟》

4. 秋分

秋分是二十四节气中的第十六个节气,八月中气,此时太阳黄经为180度。我国典籍《春秋繁露》中说:"秋分者,阴阳相半也。故昼夜均而寒暑平。"

秋分时节昼夜等长。降水减少,气温渐降。此时,碧空万里、丹桂飘香,正值秋收、秋耕、秋种的"三秋"大忙时候。我国民间有竖蛋、吃秋菜、送秋牛、粘雀子嘴等趣味习俗。很多地方在秋分时节全家采摘秋菜,与鱼片"滚汤",叫作"秋汤"。有顺口溜这样说:"秋汤灌脏,洗涤肝肠。阖家老少,平安健康。"

《逸周书·时训解》:"秋分之日,雷始收声。又五日,蛰虫培户。又五日,水始涸。"

今年秋气早,木落不待黄。蟋蟀当在宇,遽已近我床。

况我老当逝，且复小彷徉。岂无一樽酒，亦有书在傍。
饮酒读古书，慨然想黄唐。耄矣狂未除，谁能药膏肓。

——（宋）陆游《秋分后顿凄冷有感》

5. 寒露

太阳到达黄经195度时，即为寒露节气，它是九月节令，表示深秋时节已经逐渐来临。在二十四节气中最早出现"寒"字，是凉爽向寒冷的转折。《月令七十二候集解》中说："九月节，露气寒冷，将凝结也。"

寒露时节，我国北方已呈现深秋景象，白云红叶，偶见早霜。南方则秋意渐浓，蝉噤荷残。由于此时光照充足，素有秋高气爽之称。这一时节，恰逢九月九日重阳，是我国传统的敬老节。这一天登高远望，以畅秋志。或赏菊咏诗，或临水观景，颐养心情。插茱萸、吃重阳糕、饮菊花酒成为风俗。

《逸周书·时训解》："寒露之日，鸿雁来宾。又五日，爵入大水，化为蛤。又五日，菊有黄华。"

萧疏桐叶上，月白露初团。滴沥清光满，荧煌素彩寒。
风摇愁玉坠，枝动惜珠乾。气冷疑秋晚，声微觉夜阑。
凝空流欲遍，润物净宜看。莫厌窥临倦，将晞聚更难。

——（唐）戴察《月夜梧桐叶上见寒露》

6. 霜降

太阳到达黄经210度时，是九月中气霜降。据《月令七十二候集解》："九月中，气肃而凝，露结为霜矣。"可见霜降是开始见霜的意思。

霜降时节，我国很多地区都有吃柿子、赏菊等习俗。俗话说："霜降吃柿子，不会流鼻涕。"意思是霜降吃柿子，冬天就不易感冒流鼻涕。霜降时节也是秋菊盛开的时候，我国很多地方在这时要举行菊花会，赏菊饮酒，以示对菊花的崇敬和喜爱。

《逸周书·时训解》："霜降之日，豺乃祭兽。又五日，草木黄落。又五日，蛰虫咸俯。"

远上寒山石径斜，白云生处有人家。停车坐爱枫林晚，霜叶红于二月花。

——（唐）杜牧《山行》

四、冬季

1. 立冬

太阳达到黄经225度时，立冬十月节。自古以来，立冬就作为天文冬季的开始。《月令七十二候集解》说："立，建始也"，又说："冬，终也，万物收藏也。"

立冬节气有"立冬补冬、补嘴空"的说法。在南方，人们爱吃些鸡鸭鱼肉。台湾地区立冬这一天，"羊肉炉""姜母鸭"等冬令进补餐厅高朋满座。许多家庭还会炖麻油鸡、四物鸡来补充能量。而北方的人们爱吃饺子。饺子来源于"交子之时"的说法。夏历大年三十是旧年和新年之交，立冬则是秋冬季节之交，故"交子"之时的饺子不能不吃。

《逸周书·时训解》："立冬之日，水始冰。又五日，地始冻。又五日，雉入大水为蜃。"

孟冬寒气至，北风何惨栗。愁多知夜长，仰观众星列。
三五明月满，四五蟾兔缺。客从远方来，遗我一书札。
上言长相思，下言久离别。置书怀袖中，三岁字不灭。
一心抱区区，惧君不识察。

——（魏晋）佚名《古诗十九首其一》

2. 小雪

太阳达到黄经240度时为小雪，是十月中气。小雪是寒潮和强冷空气活动频数较高的节气。《月令七十二候集解》中说："十月中，雨下而为寒气所薄，故凝而为雪。小者未盛之辞。"这个时候天气逐渐变冷，开始下雪，但还不到大雪纷飞的时节，所以叫小雪。

小雪后气温急剧下降，天气变得干燥，是加工腊肉的好时候。因此小雪节气后，一些农家开始动手腌制香肠、腊肉，等到春节时正好享受美食。在南方某些地方还有夏历十月吃糍粑的习俗，有俗语"十月朝，糍粑禄禄烧"。过去民间在这一季节，还常挖地窖储存蔬菜如大白菜等，以备过冬食用。

《逸周书·时训解》："小雪之日，虹藏不见。又五日，天气上腾。地气下降。又五日，闭塞而成冬。"

落雪临风不厌看，更多还恐蔽林峦。愁人正在书窗下，一片飞来一片寒。

——（唐）戴叔伦（一作唐·清江）《小雪》

3. 大雪

太阳到达黄经255度时，大雪十一月节。《月令七十二候集解》中说："大者盛也，至此而雪盛也。"进入大雪节气后，天气越来越冷，寒风萧萧，雪花飘飘。

此时人体阴气益盛，阳气肃杀，故民间有"早卧迟起"之说。大雪时节到了"进补"的好时节，饮食要注意"增苦忌咸"，重视温补，故有"冬天进补，开春打虎"的说法。鲁北民间也有"碌碡顶了门，光喝红黏粥"的说法，意思是天冷不再串门，只在家喝暖乎乎的红薯粥度日。

《逸周书·时训解》："大雪之日，鹖鸟不鸣。又五日，虎始交。又五日，荔挺生。"

千山鸟飞绝，万径人踪灭。孤舟蓑笠翁，独钓寒江雪。

——（唐）柳宗元《江雪》

4. 冬至

冬至，十一月中气。此时太阳黄经270度，太阳几乎直射南回归线，太阳的辐射量和日照时数到达最低点。冬至这天北半球白昼最短，夜晚最长，所以冬至在我国历代也称为"日短""日短至"。

过了冬至，白天就会一天天变长。民间有"冬至不端饺子碗，冻掉耳朵没人管"的谚语。这天，北方吃饺子，江南吃汤圆，浙闽川等地吃馄饨。北方还有不少地方，在冬至这一天有吃狗肉和羊肉的习俗，在台湾还保存着冬至用九层糕祭祖的传统。

《逸周书·时训解》："冬至之日，蚯蚓结。又五日，麋角解。又五日，水

泉动。"
　　中宵忽见动葭灰，料得南枝有早梅。四野便应枯草绿，九重先觉冻云开。
　　阴冰莫向河源塞，阳气今从地底回。不道惨舒无定分，却忧蚊响又成雷。
　　　　　　　　　　　　　　　　　　　　　　　——（唐）韩偓《冬至夜作》

5. 小寒

　　太阳到达黄经285度为小寒十二月节。小寒标志着中国开始进入一年中最寒冷的日子。根据气象资料，小寒是气温最低的节气，只有少数年份的大寒气温低于小寒。

　　谚语说："小寒大寒，冻成一团"，小寒后几日就是三九天气，此时在生活上要注意日常保暖。此时常食用一些温热食物，涮羊肉火锅、吃糖炒栗子、烤白薯成为小寒时尚。俗语说"三九补一冬，来年无病痛"，说的就是冬令食羊肉调养身体的做法。

　　《逸周书·时训解》："小寒之日，雁北向。又五日，鹊始巢。又五日，雉始雊。"

　　寒夜客来茶当酒，竹炉汤沸火初红。寻常一样窗前月，才有梅花便不同。
　　　　　　　　　　　　　　　　　　　　　　　——（宋）杜耒《寒夜》

6. 大寒

　　太阳到达黄经300度时为大寒十二月中气。这时寒潮南下频繁，呈现出冰天雪地、天寒地冻的严寒景象。《孝经纬》载："小寒后十五日，斗指丑，为大寒，至此凛冽极也。"

　　"过了大寒，又是一年。"我国大多地方，大寒之后便进入了繁忙的年货准备期。此时有很多重要的民俗节庆，如尾牙祭、祭灶和除夕等。在饮食上要顺应季节的变化，进补的食物量逐渐减少，多添加些具有升散性质的食物，以适应春天万物的升发。

　　《逸周书·时训解》："大寒之日，鸡始乳。又五日，鸷鸟厉疾。又五日，水泽腹坚。"

　　旧雪未及消，新雪又拥户。阶前冻银床，檐头冰钟乳。
　　清日无光辉，烈风正号怒。人口各有舌，言语不能吐。
　　　　　　　　　　　　　　　　　　　　　　　——（宋）邵雍《大寒吟》

第十四章　岁月流转

以农耕为本的华夏民族对于自然运转、岁月变迁有着天生的敏感，依时而行的生产方式、顺时而动的政治原则，无不体现了"时间地看待世界"的特征。时间意识的觉醒代表着人类理性的进步，因此华夏先民的记录时间的方法形成了天文星象、地理物象、政治文化、农事礼仪相统一的逻辑，不仅对指导人们的生产生活具有重要意义，更是人类文明的重要体现。

天干地支

关于天干地支的起源说法很多，追溯最早的是到了盘古之后的三皇。明代万民英《三命通会》："天皇氏一姓十三人，继盘古氏以治，是曰'天灵'，淡泊无为而俗自化，始制干支之名，以定岁之所在。其十干曰：阏逢、旃蒙、柔兆、疆圉、著雍、屠维、上章、重光、玄黓、昭阳；十二支曰：困敦、赤奋若、摄提格、单阏、执徐、大荒落、敦牂、协洽、涒滩、作噩、阉茂、大渊献。"

一、干支之义

1. 天干地支

了解传统历法，首先要了解天干地支这一重要工具。天干地支简称"干支"。干原是树干的意思，即甲乙丙丁戊己庚辛壬癸。支原是树枝的意思，即子丑寅卯辰巳午未申酉戌亥。

华夏先民通常认为干支产生于黄帝时代，由黄帝史臣大桡所创。殷墟出土的甲骨文有商代的日历表，其纪日法就是干支系统。

战国时的《世本》云："容成作历，大桡作甲子。"东汉《月令章句》："大桡探五行之情，占斗纲所建，於是始作甲乙以名日，谓之干，作子丑以名月，谓之枝，枝干相配，以成六旬。"也有人认为十天干起源于古代羲和"生十日"的神话，是十进位法概念在纪时中的反映；"十二地支"则起源于由常羲"生月十有二"的神话，产生于殷商之前。

2. 十二生肖

十二地支的形象化代表是十二生肖，又称十二属相，包括：子（鼠）、丑（牛）、寅（虎）、卯（兔）、辰（龙）、巳（蛇）、午（马）、未（羊）、申（猴）、酉（鸡）、戌（狗）、亥（猪）。

十二生肖的起源一般认为与动物崇拜有关。先秦时期即有比较完整的生肖系统。东汉王充的《论衡》中记载的十二生肖已经与今天相同。十二生肖与相生相克的民间观念紧密结合，每一种生肖都有丰富的传说。中国许多少

数民族以及周边国家都有生肖的说法，与汉族大体相同而略有差异。

圆明园"十二兽首"现代艺术景观（右起：鼠、牛、虎、兔）（邓雪婷 拍摄）

圆明园"十二兽首"现代艺术景观（右起：龙、蛇、马、羊）（邓雪婷 拍摄）

圆明园"十二兽首"现代艺术景观（右起：猴、鸡、狗、猪）（邓雪婷 拍摄）

3. 六十甲子

十干和十二支依次组合为六十单位，称为六十甲子：

甲子 乙丑 丙寅 丁卯 戊辰 己巳 庚午 辛未 壬申 癸酉
甲戌 乙亥 丙子 丁丑 戊寅 己卯 庚辰 辛巳 壬午 癸未
甲申 乙酉 丙戌 丁亥 戊子 己丑 庚寅 辛卯 壬辰 癸巳
甲午 乙未 丙申 丁酉 戊戌 己亥 庚子 辛丑 壬寅 癸卯
甲辰 乙巳 丙午 丁未 戊申 己酉 庚戌 辛亥 壬子 癸丑
甲寅 乙卯 丙辰 丁巳 戊午 己未 庚申 辛酉 壬戌 癸亥

4. 干支的原始含义

干支的 22 个字的原始含义，到战国秦汉时就已经湮灭，但人们做了很多探讨。下面介绍通行的说法。

天干	含义	《史记·律书》记载
甲	本义是指种子萌芽后所戴的种壳，像草木破土萌生。另一说是"铠甲"之义，万物冲破其"甲"而突出。	甲者，言万物剖符甲而出也。
乙	轧也，草木初生，枝叶柔软屈曲伸长，喻意万物伸长。	乙者，言万物生轧轧也。
丙	炳也，如赫赫太阳、炎炎火光，万物皆炳然著见而明，喻意万物茂盛。	丙者，言阳道著明，故曰丙。
丁	壮也，草木成长壮实，好比人的成丁，喻意万物发展到"丁壮"的时候。	丁者，言万物之丁壮也，故曰丁。
戊	茂也，大地草木茂盛，喻意万物繁茂。	/
己	起也，纪也，仰屈而起，有形可纪，喻意万物奋然而起。	/
庚	更也，秋收而待来春，喻意万物更新。	庚者，言阴气庚万物，故曰庚。
辛	新也，万物肃然更改，秀实新成，喻意万物一新。另一说是金味辛，物成而后有味。	辛者，言万物之辛生，故曰辛。
壬	妊也，阳气潜伏地中，万物怀妊，喻意万物被养育。	壬之为言任也，言阳气任养万物于下也。
癸	揆也，万物闭藏，怀妊地下，揆然明芽，喻意万物萌芽。	癸之为言揆也，言万物可揆度，故曰癸。

地支	含义	《史记·律书》的记载
子	孳也，草木生子，吸土中水分而出，为一阳萌生的开始。	子者，滋也；滋者，言万物滋于下也。
丑	纽也，草木在土中出芽，屈曲着将要冒出地面。	/
寅	演也，寒土中屈曲的草木，迎着春阳从地面伸展，万物开始伸长。	寅言万物始生螾然也，故曰寅。
卯	茂也，日照东方，万物滋茂。	卯之为言茂也，言万物茂也。
辰	震也，伸也，万物震起伸长，阳气生发已经过半。	辰者，言万物之蜄也。
巳	起也，阴气消尽，纯阳无阴，万物已成。	巳者，言阳气之已尽也。
午	忤也，万物已过极盛之时，阳气充盛，阴气开始萌生。	午者，阴阳交，故曰午。
未	味也，果实成熟而有滋味。另一说"昧"也，日中则昃，阳向幽也。	未者，言万物皆成，有滋味也。
申	身也，万物粗具形体。	申者，言阴用事，申贼万物，故曰申。
酉	老也，万物十分成熟，开始收敛。	酉者，万物之老也，故曰酉。

第五篇 历法举要

岁月流转

（续表）

地支	含义	《史记·律书》的记载
戌	灭也，草木凋零，生气灭绝，万物消灭归土。	戌者，言万物尽灭，故曰戌。
亥	核也，万物成种子的意思。另一说是指"劾"，阴气劾杀万物，到此已达极点。	亥者，该也。言阳气藏於下，故该也。

二、纪年法

纪年有积累纪年法和循环纪年法两种。前者是设立一个起算年（历元），然后就是数字不间断不重复的纪年法。后者则是用一组序数（个数有限固定）循环不断的纪年法，这里主要介绍我国的循环纪年法。

岁星纪年法：黄道（地球公转轨道在天球上的投影）附近一周天可分为十二等份，由西向东命名为星纪、玄枵等十二次。华夏先民认为岁星由西向东十二年绕天一周，每年行经一个星次。假如某年岁星运行到星纪范围，这一年就记为"岁在星纪"，第二年岁星运行到玄枵范围，就记为"岁在玄枵"，其余由此类推。

十二次是将黄道附近的一周天按由西向东的方向平均划分为十二等分，其名称依次为星纪、玄枵（xiāo 消）、诹（zōu 邹）訾（zī 姿）、降娄、大梁、实沈、鹑首、鹑火、鹑尾、寿星、大火、析木，具体位置则以二十八宿中的某些星宿为标志。这与西方人的黄道十二宫大体相同，起讫界限稍有差异。

太岁纪年法：黄道附近一周天的十二等份由东向西配以子丑寅卯等十二支，其安排的方向和顺序正好和十二次相反。古代天文占星家便设想出一个假岁星叫作太岁，让它和真岁星"背道而驰"，从而和十二辰的方向顺序相一致，并用它来纪年。根据《汉书·天文志》所载战国时代的天象纪录，某年岁星在星纪，太岁便在析木（寅），这一年就是"太岁在寅"；第二年岁星运行到玄枵，太岁便运行到大火（卯），这一年就是"太岁在卯"，其余由此类推。

华夏先民取了摄提格、单阏等十二个太岁年名作为"太岁在寅""太岁在卯"等十二个年份的名称。西汉年间，又出现了阏逢、旃蒙等十个名称，叫作岁阳，依次和上述十二个太岁年名相配，配法同六十甲子，也组合成为六十个年名。以阏逢摄提格为第一年，旃蒙单阏为第二年，其余由此类推，六十年周而复始。

十二次与十二辰

（岁星右行，自西向东，为十二次；太岁左行，自东向西，为十二辰）

太岁年名	太岁所在	岁星所在
摄提格	寅（析木）	星纪（丑）
单阏	卯（大火）	玄枵（子）
执徐	辰（寿星）	诹訾（亥）
大荒落	巳（鹑尾）	降娄（戌）
敦牂	午（鹑火）	大梁（酉）
协洽	未（鹑首）	实沈（申）
涒滩	申（实沈）	鹑首（未）
作噩	酉（大梁）	鹑火（午）
阉茂	戌（降娄）	鹑尾（巳）
大渊献	亥（诹訾）	寿星（辰）
困敦	子（玄枵）	大火（卯）
赤奋若	丑（星纪）	析木（寅）

其中阏，读 yān；敦，读 dùn；牂，读 zāng；涒，读 tūn；阉，读 yǎn。

以太岁纪年著名一例为战国楚屈原《离骚》中"摄提贞于孟陬兮，惟庚寅吾以降"一句。"摄提"即太岁年名的"摄提格"，表明屈原出生于"太岁在寅"之年；"孟陬"即孟春正月，夏历正月建寅；"庚寅"是其生日的干支。屈原的生日正好是寅年寅月寅日。

岁阳	阏逢	旃蒙	柔兆	强圉	著雍	屠维	上章	重光	玄黓	昭阳
十干	甲	乙	丙	丁	戊	己	庚	辛	壬	癸

其中旃，读 zhān；重，读 chóng；圉，读 yǔ。

太岁纪年创制之初是为反映岁星逐年所在天空方位，但后来逐渐不能反映实际天象。于是华夏先民干脆就用六十甲子的干支纪年了。

干支纪年法：根据 GB/T 33661-2017《农历的编算和颁行》，干支纪年法即按顺序用六十干支命名，从甲子年、乙丑年……到癸亥年，六十年一个循环，周而复始。干支纪年的循环参考时间：对应于北京时间公历 1984 年 2 月 2 日（农历正月初一）0 时起，到 1985 年 2 月 19 日（农历腊月三十，除夕）24 时截止的农历年为甲子年。一般认为东汉元和二年（公元 85 年）政府开始加以推广。近代史上，"甲午战争""戊戌变法""庚子之难""辛丑条约""辛亥革命"等，都是我们耳熟能详的名词。干支纪年可以向上逆推，西汉以前的逐年干支，就是后人逆推附加上去的。

生肖纪年法：根据 GB/T 33661-2017《农历的编算和颁行》，生肖纪年法按顺序用十二生肖命名，从鼠年、牛年……到猪年，十二年一个循环，周而复始。生肖纪年的循环参考时间，对应上述干支纪年循环参考时间的农历年

为鼠年。

从9世纪以来,藏历也借鉴并学习了夏历,形成了特有的饶迥纪年法。藏历以五行代替十干:甲乙为木,丙丁为火,戊己为土,庚辛为金,壬癸为水;以十二生肖代替十二地支即子为鼠、丑为牛……依此类推。譬如夏历的甲子年,藏历就叫木鼠年。干支六十年一循环,藏历饶迥亦是六十年一循环。

月·日·时

诗人屈原在《离骚》中谈自己的出生时间:"摄提贞于孟陬兮,惟庚寅吾以降。""太岁在寅的那一年的正月,庚寅的那一天便是我的生辰。"摄提是寅年,孟陬是寅月,庚寅是寅日,贞与正通,说明屈原生于寅年寅月寅日。夏历正月建寅,孟陬是正月的别称,《尔雅·释天》说:"正月为陬。"孟为四季的第一个月,正月为春季之首,故称孟陬。寅日当是正月初七日,古代有"人生于寅"的说法,把正月初七定为"人日"。年、月、日,再加上时辰,是中国传统历法中把握时间的基本单位。

一、纪月之法

华夏传统历法(夏历)纪月通常以序数为记,如正月、二月、三月等等;作为岁首的月份叫作正(zhēng)月。每个月又有很多别称。夏历有干支月建的概念,就是把子丑寅卯等十二支和十二个月份相配,以冬至所在的十一月建子,称为十一月建子,由此顺推,十二月建丑,正月建寅,二月建卯,直到十月建亥之月。同时月建干支按照夏历法则使用六十干支,便于推步月序和安排闰月,但是月建干支不参与日期书写。所以典籍中某月后的干支是纪日干支,绝非是月建干支,这是值得注意不可混淆的。

"三正(音zhēng)",所谓"正"就是每年的第一个月,即正月。因为它是一岁之始,所以正月的确定非常重要。先秦有夏历、殷历和周历,三者主要的区别在于岁首的月建不同,所以又叫作三正。

夏历建寅(以寅月为正月:正月、岁首)、殷历建丑(以丑月为正月)、周历建子(以子月为正月),秦历(颛顼历)亥始,寅正(以亥月为十月,岁首;寅月为端月,即正月)。对应关系如下:

月建	子	丑	寅	卯	辰	巳	午	未	申	酉	戌	亥
夏历	十一月	十二月	岁首	二月	三月	四月	五月	六月	七月	八月	九月	十月
殷历	十二月	岁首	二月	三月	四月	五月	六月	七月	八月	九月	十月	十一月
周历	岁首	二月	三月	四月	五月	六月	七月	八月	九月	十月	十一月	十二月
颛顼历(秦)	十一月	十二月	端月 正月	二月	三月	四月	五月	六月	七月	八月	九月	十月 岁首

一般认为夏正符合天道自然。孔子说:"行夏之时"。汉初沿用秦《颛顼历》。汉武帝太初历复用夏正,此后我国传统历法均用夏正。先秦古籍中,《春秋》和《孟子》多用周正,《楚辞》和《吕氏春秋》用夏正。《春秋》和《左传》里,同一历史事实所记的时月每有出入,就是因为《左传》所依据的史料有的是用夏历。

夏历十二月别称

正月:隅月、孟春、端月、始春、元春;
二月:如月、杏月、仲春、早春;
三月:病月、桃月、季春、炳月、三春、阳春、暮春;
四月:余月、清和月、桃月、孟夏;
五月:榴月、薄月、仲夏;
六月:且月、荷月、伏月、季夏;
七月:相月、巧月、霜月、孟秋、桐月;
八月:壮月、桂月、仲秋、中秋月;
九月:亥月、菊月、季秋;
十月:阳月、小阳春、孟冬;
十一月:冬月、辜月、葭月、仲冬;
十二月:涂月、腊月、嘉平月、季冬。

以天干配合着地支来纪月,一般认为始于唐代,但据考证最迟隋代已有。其具体规定是首先把十二个月配以地支,然后看这一年的天干是什么。《五虎遁元》有歌诀云:

甲己之年丙作首,——逢年干是甲或己的年份,正月为丙寅。
乙庚之岁戊为头,——逢年干是乙或庚的年份,正月为戊寅。
丙辛必定寻庚起,——逢年干是丙或辛的年份,正月为庚寅。
丁壬壬位顺行流,——逢年干是丁或壬的年份,正月为壬寅。
更有戊癸何方觅,甲寅之上好追求。——逢年干是戊或癸的年份,正月为甲寅。

值得注意的是传统上月建干支仅用于夏历推步计算而不用于日期书写。所以并不存在"戊戌年 丙辰月 丁亥日"这种所谓的"干支历"。

二、纪日之法

六十甲子最初就是用来纪日。假设某日为甲子日,则甲子以后的日子依次顺推为乙丑、丙寅、丁卯等;甲子以前的日子依次逆推为癸亥、壬戌、辛酉等。六十甲子周而复始。

有些日子有特定的名称:

朔:每月的第一天。《左传·僖公五年》:"冬十二月丙子朔,晋灭虢,虢公丑奔京师。"

晦:每月的最后一天。《左传·襄公十八年》:"十月……丙寅晦,齐师夜遁。"

朏:每月初三日。本指晚上天刚发亮,因月亮一般在夏历初三日的时

候"现身",故特指夏历初三日的月亮,如《尚书·召诰》云:"三月,惟丙午朏"。

望:夏历望日是日月黄经180°的日子,自古使用精确的天文算法标出。鲍照诗"三五二八时,千里与君同"。

既望:望左右的日子,如十五日或十六日。苏轼《前赤壁赋》说:"壬戌之秋,七月既望。"

三、纪时之法

华夏先民通过仰望天空来判断时间。太阳两次升起的间隔时间就是一天,也就是24小时,我们也把它叫作"太阳日"。如果按照其他恒星的升落间隔来计时,那一天的时长约为23小时56分4秒,也称"恒星日"。

早在春秋时期,我国就已经用日晷、漏刻等计时器,对一天的时间做比较精确的划分和记录。人们注意到,随着太阳由东向西移动,树木和岩石投下的影子从一边移到另一边,以此可确定一天时间的变化。日晷的原理就是利用太阳的投影方向来测定并划分时刻,通常由晷针和晷面组成。晷针插在盘中心,晷盘上刻着表示时刻的分划。太阳照射的针影投射在晷盘的分划上,就能指示出时刻。但日晷仅局限于晴天和白天。阴雨天和夜晚时,华夏先民们则用漏刻来计时。漏刻又称漏壶,包括下有小孔的铜壶和带有刻度的刻箭两部分。水匀速流下,通过刻度观察水位变化,即可确定时刻。

华夏计时体系中一日的开始自古一直都是子正初刻(现今西方小时的0:00)因为子正初刻是夜半,这与午正初刻的日中对应的。旧时使用真太阳时,所以夜半和日中都是可以测定的固定的天象。如今虽然已经使用了平太阳时,但是依旧继承了传统分日法。夏历时辰使用子正初刻(0:00)分日,并非是来源于西方,而是中西方传统的一致规定。《清史稿·时宪志》载:"时名,从十二支各分初、正。起子正,尽夜子初。"故而在历法上,子初还是属于前一天,子正是第二天,子时分两天。民间"玄学"从子初算,但那已经不是历法范畴了。

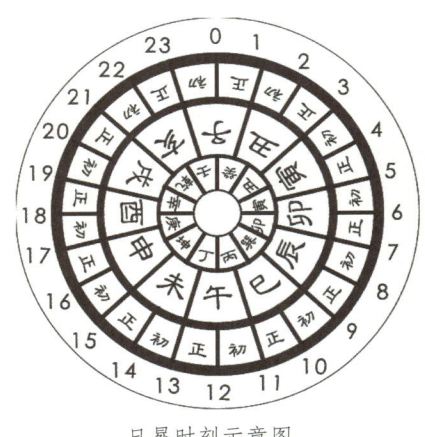

日晷时刻示意图

北京古观象台日晷(何志攀 拍摄)

一昼夜可以分为十二时辰概念之后，用十二地支表示十二个时辰，每个时辰恰好等于现代的两小时。宋代又把每个时辰细分为初、正。晚上十一点（即二十三点）为子初，夜半十二点为子正；上午一点为丑初，上午两点为丑正，等等。这就等于把一昼夜分为二十四小时了。

用六十甲子纪时一般认为始于宋代徐子平的"八字"推命法。但据考证六十甲子纪时之法最迟在隋代已经有之。具体规定类似于干支纪月，有歌诀云（《五鼠遁元》）：

甲己还加甲——逢日干是甲或己的日子，子时为甲子。

乙庚丙作初——逢日干是乙或庚的日子，子时为丙子。

丙辛从戊起——逢日干是丙或辛的日子，子时为戊子。

丁壬庚子居——逢日干是丁或壬的日子，子时为庚子。

戊癸何方发，壬子是真途——逢日干是戊或癸的日子，子时为壬子。

十二时辰又各有别称。一般地说，日出时叫作旦早朝晨，日入时叫作夕暮昏晚，所以典籍上常常见到旦暮并举，早晚并举，朝夕并举，晨昏并举。太阳正中时叫作日中，将近日中的时间叫作隅中，太阳西斜称为日昃。先人多一日两餐，朝食在日出之后、隅中之前，这段时间就叫作食时，夕食在日昃之后、日入之前，这段时间就叫作晡时。日入以后是黄昏，黄昏以后是人定。《孔雀东南飞》说："奄奄黄昏后，寂寂人定初"，人定以后就是夜半了。《诗经》说："女曰鸡鸣，士曰昧旦。"鸡鸣和平旦（昧旦）是夜半以后先后相继的两个时段。

我国旧时把夜晚分成五个时段，用鼓打更报时，所以叫作五更（gēng）、五鼓，或称五夜。《孔雀东南飞》："仰头相向鸣，夜夜达五更"；《李愬雪夜入蔡州》："四鼓，愬至城下，无一人知者。"等都是此等用法。

十二时辰五更表

时辰		小时	五更	异称
子时	初	23	三更（三鼓）	夜半（子夜、夜分、中夜、未旦、宵分）
	正	24		
丑时	初	1	四更（四鼓）	鸡鸣（荒鸡）
	正	2		
寅时	初	3	五更（五鼓）	平旦（平明、旦明、黎明、早旦、日旦、昧旦、早晨、早夜、早朝、昧爽、旦日、旦时）
	正	4		
卯时	初	5		日出（日上、日生、日始、日晞、旭日、破晓）
	正	6		
辰时	初	7		食时（早食、宴食、蚤食）
	正	8		

（续表）

时辰		小时	五更	异称
巳时	初	9		隅中（日禺、禺中、日禺）
	正	10		
午时	初	11		日中（正中、日正、日午、日高、正午、亭午、日当午）
	正	12		
未时	初	13		日昳（日昃、日仄、日侧、日跌、日斜）
	正	14		
申时	初	15		哺时（馎时、日馎、日稷、夕食）
	正	16		
酉时	初	17		日入（悬车、日西、日没、日沉、日落、日逝、日晏、日旴、日晦、傍晚）
	正	18		
戌时	初	19	一更（一鼓）	黄昏（日夕、日末、日暮、日晚、日闇、日堕、日曛、曛黄）
	正	20		
亥时	初	21	二更（二鼓）	人定（定昏、夤夜）
	正	22		

华夏先民对时辰的命名，具有神话的背景。据《山海经》记载，羲和为帝俊之妻、太阳之母，她生有十个太阳挂在扶桑树上，并安排其轮流巡游天空。《淮南子》记载了太阳一天的运行路线：

"日出于旸谷，浴于咸池，拂于扶桑，是谓晨明。登于扶桑，爰始将行，是谓朏明。至于曲阿，是谓旦明。至于曾泉，是谓蚤食。至于桑野，是谓晏食。至于衡阳，是谓隅中。至于昆吾，是谓正中。至于鸟次，是谓小还。至于悲谷，是谓餔时。至于女纪，是谓大还。至于渊虞，是谓高舂。至于连石，是谓下舂。至于悲泉，爰止其女，爰息其马，是谓县车。至于虞渊，是谓黄昏。至于蒙谷，是谓定昏。日入于虞渊之汜，曙于蒙谷之浦，行九州七舍，有五亿万七千三百九里。"（《淮南子·天文训》）

这里提及了太阳运行的四个点："旸谷"（日出处）、"昆吾"（日中处）、"虞渊"（日落处）、"蒙谷"（日隐处），《尚书·尧典》称之为"旸谷""南交""昧谷""幽都"。这四个点正好对应太阳运行的四时："晨明"（朝）、"正中"（午）、"黄昏"（夕）、"定昏"（夜）。根据神话思维的类比原则，

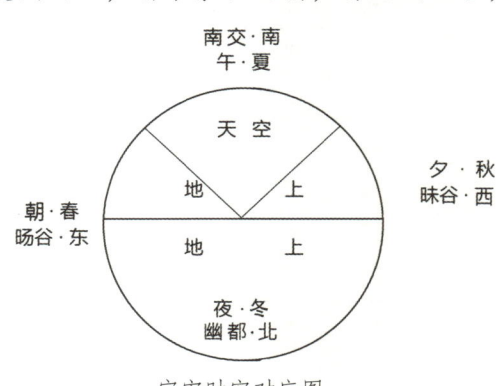

宇宙时空对应图

这四个点以及四时,又可以分别对应时间上的春、夏、秋、冬,以及空间上的东、南、西、北。

四、生辰八字

至此,民间常说的"四柱八字"就可以得出了。四柱即人的出生年、月、日、时,分别称之为年柱、月柱、日柱和时柱。以天干地支纪年法表示出来每柱两个字,共八个字,也称生辰八字。

但值得注意的是传统四柱八字的年柱、月柱、日柱、时柱是没有生肖和属相概念的,同时四柱八字使用的干支来自夏历干支纪法,只是起点按照民俗推命术而与夏历不同。传统民俗活动中使用的四柱八字不属于任何形式的传统历法范畴。因为四柱八字不存在历年、历月、历日的概念,不具备任何历法最基础的功能,它属于民间的"玄学"范畴。

拓展资料

政治人文类纪年法

一、政治类

纪年是历法中给每个历年一个独立的编号。以帝王或者政权的更替作为纪年的标准,这与"改正朔"的思想有关。虽然汉以后朝代很少真的改正朔,但改年号、颁历法仍然是天子体现皇权的重要手段。采用谁家正朔是一个政治上"大是大非"的问题。

1. 王公即位的年次。例如周平王元年(公元前770年)迁都洛邑,东周开始。秦始皇二十六年(公元前221年)秦统一六国等,以元、二、三的序数递记。需要注意的是某王公元年,不一定是此王公即位之年,有的是当年改元,有的是即位次年才改元。

2. 年号。先秦至汉初无年号,汉武帝继位后始有年号的出现,始创年号元狩,并追建元狩以前年号为建元、元光、元朔。此后形成制度。历代帝王凡遇到大事、要事,都要更改一下年号。

3. 国号。辛亥革命胜利后,民国政府改用公历,颁订国号为"中华民国",不再使用帝制的年号,以1912年1月1日为"中华民国"元年元旦。"中华民国"成立前的纪年可用"民前",例如,民前一年就是1911年。

二、文化、宗教类

以帝王或政权纪年有诸多不便,不仅其时间跨度不长,而且各地纪元不同,很难统一换算。而以重要历史事件的发生年代作为原点来建立时间数轴,可以突破帝王纪年的局限。希腊化世界曾采用公元前776年开始的奥林匹克运动会作为共同的纪年标准。古罗马人采用两种方式:第一是罗马纪年即建

城后第几年，这个城指罗马城；另一种是以当年的执政官姓名纪年，意为"某某执政官在位之年"。耶稣纪年的影响最大，其传到东方后，还影响了中国的黄帝纪年、孔子纪年，韩国的檀君纪年等。

1. 耶稣纪年。以基督教所信奉的救世主耶稣降生的年份为起点，按照顺序计算年代的一种纪年方法。这种纪年法简便而统一，同时由于西方文化的强大影响，广为世界各国所采纳。辛亥革命后我国采取民国纪年和"西元"并存的方式；中华人民共和国成立后也采用这种方法计算年代，只是以"公元"称之。港台地区至今仍称"西元"，歌手周杰伦有歌曲《爱在西元前》。需要注意的是，这一纪元方式并非始于1世纪。535年，一位名叫狄奥尼修斯的僧侣推论出耶稣的诞生年为罗马纪元的754年，并以此年作为基督纪元元年编制教会年历表。至11世纪，基督世纪被西欧各国普遍接受。

2. 黄帝纪年。清光绪二十九年（1903年），刘师培提出"黄帝纪年论"。宋教仁主张把被认为是黄帝即位的癸亥年作为纪元元年，把公元1904年作为黄帝纪元四六零二年。武昌起义后，湖北军政府采用黄帝纪年，各省政府也跟着使用。孙中山先生就任中华民国临时大总统后，宣布将黄帝纪元四六零九年岁次辛亥十一月十三日作为"中华民国"元年1月1号，开始奉行西方格里高利历（民国称西历即公历）。黄帝纪元则作为传统华夏历法的积累纪年在民间使用。公元元年后的换算方法为：黄帝纪年＝公元纪年＋2698年。2018年上巳节"中国华服日"活动的倡议书，落款即为"黄帝纪元四千七百一十六年三月初三日"。

3. 道历纪年。道历不是一种历法，而是一种纪年，为道教所惯用，历法就是夏历。道历纪年与清末黄帝纪年的区别是元年的建正，道历纪年取建子为正，黄帝纪年取建寅为正。"建子为正"，即冬至月归到甲子年，"建寅为正"，即冬至月归到癸亥年。道历纪年比黄帝纪年晚一年。

4. 孔子纪年。以孔子诞辰年（公元前551年）为元年的一种纪年方式，由清末维新党人所提倡。2014年9月21日，香港特别行政区第四任行政长官梁振英出席孔教学院"香港孔圣诞日"暨"孔历二五六五年孔圣诞环球庆祝大典"。

三皇五帝年表

西周共和元年（公元前841年）"国人暴动"。是年被视为中国历史有确切纪年的开始。此前的纪年断代问题众说纷纭。中古后期，有些说法逐渐占据上风，经整理形成了较为完整、系统的论述。近现代出现对古史重新考证的风潮，产生了许多新的说法。

制定年表，并不意味着承认这些记载都是史实，而是梳理古人历史论述包括神话传说中呈现的脉络。宋明以后著作，如《纲鉴易知录》都记载帝尧元载为甲辰年，此后皆有详细纪年。这里重点梳理夏朝以前的纪年。

1. 开辟之始

（唐）司马贞《三皇本纪》："《春秋纬》称自开辟至于获麟[*]，凡三百二十七万六千岁[**]，分为十纪。……盖流讫当黄帝时，制九纪之间。"

第一纪——九头纪：前 3276480 年—前 2948881 年
第二纪——五龙纪：前 2948880 年—前 2621281 年
第三纪——摄提纪：前 2621280 年—前 2293681 年
第四纪——合洛纪：前 2293680 年—前 1966081 年
第五纪——连通纪：前 1966080 年—前 1638481 年
第六纪——序命纪：前 1638480 年—前 1310881 年
第七纪——循蜚纪：前 1310880 年—前 983281 年
第八纪——因提纪：前 983280 年—前 655681 年
第九纪——禅通纪：前 655680 年—前 328081 年
第十纪——流讫纪：前 328080 年—前 481 年

2. 伏羲氏时代（前 4458—前 3199）：十六主，历 1260 年

（晋）皇甫谧《帝王世纪》："燧人氏没，包牺氏代之……包牺氏，风姓也，……在位一百一十五年。包牺氏没，女娲氏代立为女皇，亦风姓也。及女娲氏没，次有大庭氏、柏皇氏、中央氏、栗陆氏、骊连氏、赫胥氏、尊卢氏、混沌氏、昊英氏、有巢氏、朱襄氏、葛天氏、阴康氏、无怀氏，凡十五代，皆袭伏羲之号也。凡一千二百六十年[***]。"

3. 神农氏时代（前 3198—前 2699）：八主，历 500 年

（宋）郑樵《通志》："（炎帝神农氏）在位百二十年……生临魁，嗣（即继承）神农曰帝临魁，在位八十年；帝承嗣位六十年；帝明嗣位四十九年；帝直嗣位四十五年；帝釐嗣位四十八年；帝哀嗣位四十三年；帝榆罔嗣位五十五年。诸侯相侵，帝不能正，黄帝征之，天下尊为天子，炎帝遂绝，自神农至榆罔五百年。"

	公元纪年	黄帝纪元	年数
炎帝	前 3198—前 3079	前 500—前 381	120
帝临魁	前 3078—前 2999	前 380—前 301	80
帝承	前 2998—前 2939	前 300—前 241	60
帝明	前 2938—前 2890	前 240—前 192	49
帝直	前 2889—前 2845	前 191—前 147	45
帝釐	前 2844—前 2797	前 146—前 99	48
帝哀	前 2796—前 2754	前 98—前 56	43
帝榆罔	前 2753—前 2699	前 55—前 1	55

---

[*]《春秋·哀公十四年》："春，西狩获麟。"鲁哀公十四年为公元前 481 年、周敬王三十九年。
[**] 天地开辟至鲁哀公十四年，古人有"二百二十七万岁""二百二十七万六千岁""二百七十六万岁""三百二十七万六千岁"等诸多说法。
[***] 相当于黄帝纪元前 1760～前 501 年。

4. 五帝时代（前2698—前2206）：7主，历493年

	公元纪年	黄帝纪年	年数
黄帝轩辕氏	前2698—前2599	1—100	100
少昊金天氏	前2598—前2515	101—184	84
颛顼高阳氏	前2514—前2437	185—262	78
帝喾高辛氏	前2436—前2367	263—332	70
帝挚	前2366—前2358	333—341	9
帝尧陶唐氏	在位：前2357—前2258 国丧：前2258—前2256	342—441 441—443	102（在位100）
帝舜有虞氏	在位：前2255—前2208 国丧：前2208—前2206	444—491 491—493	50（在位48）

5. 夏商周时期

古代后期的通行说法为：

夏朝（前2205—前1766），17主，439年。

商朝（前1766—前1122），28主，644年。

周朝（前1122—前256），37王，867年。

2000年11月9日夏商周断代工程正式公布《夏商周年表》。《夏商周年表》定夏朝约开始于公元前2070年，夏商分界大约在公元前1600年，盘庚迁都约在公元前1300年，商周分界（武王伐纣之年）定为公元前1046年。

第六篇　策划指南

 ## 第十五章　春萌夏动

"着汉家衣裳、兴礼仪之邦",将汉服活动与传统礼仪、节日的复兴结合起来,是 2005、2006 年以来各地宣传汉服的主要方式。为了活动能够取得预期效果,就需要进行充分准备,因此活动策划必不可少。上半年的重要节日有春节、元宵、花朝、上巳、清明、端午等。这里我们挑选了元宵、花朝、端午这三个节日进行示例,它们主题鲜明,也适合游玩互动。期待经过我们的努力,让汉服真正走入民众视野,"化民成俗",从而实现"华夏复兴,衣冠先行;始于衣冠,达于博远"的初衷。

如何策划一场成功的汉服活动

施倩*

在汉服复兴运动的早期,所谓的活动被称为"雅聚"。从字面上来理解,雅聚就是优雅的聚会。一般人数会控制在十几人,活动形式也比较简单。2008 年开始,四川地区的汉服组织逐渐有了"策划汉服活动"的意识,逐渐明晰出一定的活动流程和对活动进行具体的分工。

笔者 2008 年开始参加四川汉服的前身:四川林间雅聚群,历经十年的汉服发展。从 2008 年一场活动几十人,到 2017 年四川汉服七夕活动的 1300 人,我们每一步都是艰难地走过来,并且实战过来的。目前协会是四川地区第一个正式被政府民政部门登记认可的汉服协会组织,全称为"四川传统文化促进会汉服文化专委会",简称"四川汉服"。

今天笔者将和大家一起分享如何顺利地开展一次汉服活动。

笔者将汉服活动分为:小型雅聚(有一定的主题,人数 30 人以内,如茶艺雅聚、香道雅聚等)、中型活动(有一定节日主题,人数 100—300 人)、大型活动(节日为主题策划,人数在 300—1000 人,如四川汉服 2017 年七夕节)以及超大型活动(具有全国影响力的千人以上大型活动,如西塘汉服文化周和礼乐大会)。

由于篇幅有限,我们只以大型活动作为案例基础进行讲解。大家可以结合本书对传统节日的介绍以及四川汉服的活动策划案例,对自己的活动进行策划。

---

* 施倩,网名墨璃,四川成都人。现任四川传统文化促进会汉服文化专委会(四川汉服)执行会长,从事策划工作十余年,有丰富的活动策划及执行经验。本篇活动策划皆为作者为四川汉服所设计,收入本书时有修订。

一、为什么一场活动需要策划？

为什么一场活动需要策划？因为不谋而就的活动失败概率会高很多。

策划如果放在古代，就是军师一样的角色。我们可以不用亲自上阵打仗，但是必须知道怎么打仗；可能不用亲自出使他国，但是必须知道谁可以委以重任。所以，策划对于一场活动和一个社团之重要，正如同军师对于一国。

但是策划又是一个门槛很低的角色。很多人没有经过系统化的训练和长期实战经验，凭借一时之脑洞或者创意，就可以说自己是策划师或者去寻求一个策划的工作一样，甚至自封为策划大师。门槛低的工作，不代表了要求低。大家记住，策划并不是创意，也不是单纯的脑洞。而是需要把一个创意完整的实施和执行出来的综合能力。

1. 人品。一场活动最累的人一定是策划。而策划大多数时间都是幕后英雄。为了整体的效果，策划不可以再在环节中担任其他职能，自然露脸机会就会少很多。而且策划也是接触到人和财最多的角色，要扛得住诱惑，才能把活动执行的完美。策划一旦有失偏颇，就很容易造成整场活动的混乱。

2. 整合能力。一场活动需要方方面面的共同作用，包括社团内部和外部。协调整合这些人的各种能力，常常只能依赖策划。同时，由于每一方的利益不同，容易产生矛盾，需要策划和总控进行协调。

3. 学习能力。策划是一个长期学习的过程，并不是一次活动来了，查查网络或者翻翻书就可以解决的。一场完美的活动，需要的是你长期学习过程中积累的各种知识和人脉。网络上的各种策划案，都只能提供一个模板。

4. 沟通能力。策划一场活动不能只停留在脑海中，策划者不能指望每一个人都理解文字下想要表达的内容，因此需要有非常好的沟通心态和很好的耐心，将策划案的每一个细节不厌其烦地向大家陈述，并倾听大家的意见、进行修改。记住，策划只是团队中的一员，并不是说一不二的大佬。

5. 执行能力。只有策划是最清楚自己的案子可以如何执行，应该如何执行。所以在教其他人怎么做的时候，策划就必须亲身实践过可行性。你要相信，团队里每个人都是你，你要知道怎么把他们的工作进行执行。

二、一场大型活动的前期准备工作

1. 你需要一个10人左右的团队。记住强调团队意识，避免策划组织内部的互相消耗。

2. 召开活动准备会议：在这场会议上，民主决定活动的大致日期以及对大家进行明确的分工。（为了让大家都有学习成长的机会，四川汉服的每次大型活动都由各位理事自行认领总策划职务。）

大致分工如下：

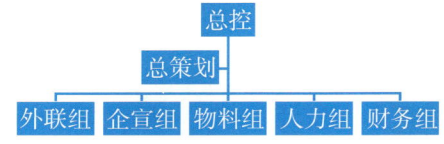

总控：总控是本次活动的首要负责人，他将承担起对所有人的指导任务。对他们的工作的不足之处及时补位和给予帮助。

　　总策划：负责活动方案的撰写、整个活动的具体策划与执行，以及进行沟通协调。

　　外联组：负责合作方商务洽谈、赞助获取、场地支持等。

　　企宣组：负责新闻报道、网络发布召集帖等，负责现场资料收集、拍摄和媒体接待。

　　物料组：物料的收集整理、采购等。

　　人力组：负责召集各个环节需要的工作人员。

　　财务组：对本次活动的收入支出进行管理。

　　3. **特别提醒**：作为总控或者总策划的你，需要对整个活动有详细的想法。当你接到这个任务，所有的细节都该在你脑海中浮现出来了。

三、撰写策划案的前提

　　1. **确定活动日期**：熟悉传统节日的夏历日期和在该年的阳历日期，提前筹备。通常在周六开展活动比选在周日更合适。

　　2. 了解节日内涵，策划与节日契合的活动内容。四川汉服曾经在2017年花朝节策划过一次汉服的"以舞相属"环节。在花红柳绿之下，俊男美女翩翩起舞，赏心悦目。但是如果这个环节策划在了清明，那绝对是不合适的。再好的脑洞，也需要对节日的深入理解和了解。

　　3. **确定活动的场地**：选择适合节日活动场地。比如花朝节，就不适合去没有花草树木的水泥广场；中秋节不适合去晚上没有灯光的树林。这就是策划需要将节日的内涵和基本内容铭记于心的原因。如果在市政广场或者公共场合开展活动，需要提前向当地街道办事处进行申请并做好沟通。如果是景区等，也同样需要提前进行场地沟通工作。

　　4. **确定费用预算**。巧媳妇难为无米之炊，没有一场活动是可以毫无花费的，当然除了穿汉服逛街以外。不管是选用交报名费还是拉赞助的形式，都要把握此次活动经费，这是一个策划必备的能力。

四、策划案的分类

　　1. **策划大纲**：最简单基础的沟通案。包含时间、地点、内容。可以在100字以内。大纲需要总控和团队成员的确定。

　　2. **策划草案**：在大家共同确定大纲后，需要进一步进行深化，形成草案。草案包含流程、物料、预算等内容。

　　3. **执行案**：执行案不是指执行的确定方案，而是除开总控和总策划，任何人都可以拿到的策划案，将活动完美执行的方案。因此执行案甚至需要详细到每一个工作人员的分工和电话号码，以及应急预案。

　　一份完整的策划需要经过这三个流程，并且每一稿都需要和合作伙伴以及社团里的小伙伴一起商量确定细节。笔者常常看到的很多社团策划案其实

只是一个大纲，因此这些社团在开展活动时常常在现场发现自己考虑得很不周全。切忌不要一份策划案用完整个活动。因为一个人的大脑是有限的，活动中总有我们意想不到的状况发生。

五、大型活动的执行流程

1. 提前 1—2 个月，准备会议
2. 提前 1 个月的执行案定稿
3. 提前 1 个月的公告召集
4. 现场活动执行
   1）签到组：负责活动签到和接待
   2）舞台组：节目的表演和祭祀等
   3）物料组：看管物料和其他工作人员的私人物品
   4）企宣组：资料拍摄和媒体接待

现场活动执行要点：总控和总策划不可以承担任何表演、祭祀、接受采访等工作。必须全力以赴地紧盯活动流程的开展，对现场发生的紧急情况进行处理。笔者经历过的紧急情况包括：暴雨等意外天气、断电、城管、忘记带某个重要物料、礼品忘带等，都需要提前想好应急方案。

六、活动后的收尾工作

1. 清理工作人员名单。对付出的人员表示精神或者物质上的一定感谢。
2. 财务核算。财务组需要拿出完整的账目，用于核对本次活的收支情况。
3. 企宣组需要整理活动资料并进行报道。如果有其他媒体参与，还需要收集媒体的报道反馈。
4. 活动总结会。前事不忘，后事之师。不论活动成功与否，都需要召开这样的总结会，将本次活动的得失一一梳理。好的继续，不好的就摒弃。每一个负责人都需要积极地反思自己在活动中的失误，才能趋于完善。

下面我们将提供各类节日的策划案与大家分享。这些方案以重要节日活动为主，提供系统的策划方式和思路，供大家参考学习。所有的方案均为四川汉服执委会全体执委的劳动成果，在此提供给各位同袍参考。

附录：活动策划教学方案
课时安排（25课时）
1. 汉服基础知识（1课时）
2. 汉服运动（1课时）
3. 汉服之美鉴赏（1课时）
4. 汉民族传统节日及相关民俗介绍（2课时）
5. 雅聚活动的组织和策划（5课时）
6. 重大礼仪活动的策划及执行（7课时）
7. 策划师的基本能力和要求（1课时）
8. 大中小型方案的写作流程（2课时）

9. 宣传推广的流程及策划美学（1 课时）
10. 大型活动的策划和执行（2 课时）
11. 案例分享（1 课时）
12. 沙盘讨论及实践（1 课时）
13. 结业雅聚

2018 年元宵节活动方案

一、活动简要

元宵节，又称为上元节、小正月、元夕、灯节。在这一天，大家会吃汤圆，也叫元宵，象征着团圆美好。还有观花灯的习俗。元宵节是古代女子为数不多可以自由上街的日子。所以元宵节也是中国传统文化公认的"情人节"。

很多习俗渐渐地被人遗忘，四川汉服秉承着宣扬传统文化的精神与永立星城都的灯会一起与大家共度一个传统灯会佳节。

二、活动背景

主办单位：四川汉服、永立星城都
协办单位：成都汉研会
活动地点：成都市成华区永立星城都
活动时间：2018 年 3 月 2 日（农历正月十五）

三、活动规划

1. 场地
永立星城都商业街区
2. 活动内容（草）
（1）舞台区：汉服展示、舞蹈演出
（2）游戏区：猜灯谜、寻灯缘、神秘灯笼 NPC
（3）体验区：灯笼 DIY、祈福许愿
（4）手工区：传统手工艺小集市
3. 活动安排（草）
舞台区
（1）汉服展示：20 名汉服模特参与汉服展示并和永立一起完成大秀
（2）舞蹈演出：司花令、礼仪之邦、轻云若雪等共计 12 个节目
游戏区
（1）猜灯谜：猜灯谜又称打灯谜，是中国独有的富有民族风格的一种传统民俗文娱形式。我们会提前向广大同袍征集灯谜，并且会把征集采用的灯

谜放到灯笼上，只要猜中 5 个灯笼上的灯谜，可带着灯谜直接到"游戏总台区"换取礼物一份。(不可百度哦)

（2）寻灯缘：参加此游戏的同袍先到"游戏总台区"签到(必须签到才能参加哦)并领取一份"线索图片"，正确找到照片上所有景、物、人，并和他们拍照留念，在 1 小时内返回"游戏总台区"交给此游戏负责的 NPC，核对正确无误后将获得精美礼品一份。(寻灯缘真的完全看缘分哦，有可能是拿到简单粗暴的线索图片，有可能是极其复杂的线索图片。)

（3）神秘灯笼 NPC：今年是成都汉研会成立十周年，我们将会在所有灯谜灯笼中随机放入 10 个写有"汉研会十周年纪念"的普通灯笼，只要找到任意一个灯笼，就可以到"游戏总台区"领取纪念礼品一份。一人限找到一个灯笼。

体验区

（1）灯笼 DIY：现场会设立制作灯笼的区域，在签到时领取到的灯笼可拿到 DIY 区自行制作，会有提供"装饰花""颜料""朋克笔"等材料。

（2）祈福许愿：祭祀祈福一直是汉民族的传统习俗，祈福新的一年身体健康、家人幸福、事业顺利等，本次活动将设立许愿墙，想要许下新年愿望的同袍可在 DIY 处写下签到时领取的祈愿卡内容，到许愿墙处许下新年愿望。

手工小集市区

现场设立传统手工集市摊位，有各种各样的手工艺品，均是同袍自己手工制作如：发簪发饰、腰佩、扇子、手工糖、香、茶等。

四、活动流程

3 月 2 日

08：00—12：30	活动准备、工作人员到场
13：00—14：00	签到
14：00—17：00	汉服展示、舞蹈演出
17：00—18：00	寻灯缘游戏开始
18：00—19：00	猜灯谜游戏开始
20：00	合影留念、活动结束

五、活动前期准备及成本预算

1. 舞台区人员预算

汉服展示：召集模特 20 人

	人数	身高	条件
男生	8	170—180	五官端正、自带汉服、布鞋、饰品
女生	12	160—170	五官端正、自带汉服、布鞋、饰品
预算			

舞蹈演出：

序号	节目	人数	形式	备注
1	《礼仪之邦》	4	群舞	
2	《轻云若雪》	8	群舞	
3	《司花令》	4	群舞	
4	《西洲曲》	2	双人舞	
5		2	双人舞	
6		2	双人舞	
7		1	独舞	
8		1	独舞	
9		3	群舞	
10		2	双人舞	
	预算			

舞台区物料及其他预算

项目	费用	人数	合计
舞蹈服租赁		29	
妆造		舞蹈29+走秀12	
	预算		

2. 游戏区成本预算

物料预算：

项目环节	所需物料	单价	预算小计
猜灯谜	1000个灯笼	3.8元/个灯笼	3800元
灯笼寻缘	1000份打印照片	1元/张	1000元
物料总计		4800元	

猜灯谜环节召集需提前向广大同袍征集灯谜谜面：

序号	征集内容	征集数量	征集时间	征集要求
	灯谜谜面	不限	2.5—2.10	原创，非百度

备注：
征集要求：需是同袍自创，百度不到的哦！
参与方式："谜面+谜底"+名字+联系方式发送到游戏负责人***，灯谜数量不上限，越多越好，我们将会在截止日公布是否采纳！
如灯谜被采纳，我们将会送上精美的礼品一份哦！

3. 体验区成本预算
灯笼 DIY 预算

物料	所需数量	成本	小计
花瓣	500 朵	1/朵	500
颜料盒	10 盒	20/盒	200
总计		700 元	

祈福许愿

物料	所需数量	小计
许愿卡	1500 张	3000 元
签字笔	50 支	100 元
总计		3100 元

4. 杂项物料成本预算

名称	数量	成本	价格	小计
签到数九书签	1500 份	3/份	4500	4500
各环节小礼物	1500 份	5/份	7500	7500
物料搬运费	2000 元			2000
合计	14000 元			

六、工作组人员安排

| 组项设置 | 所需人数 | | 成本预算 | 小计 |
	负责人	组员		
机动组	1	3		
策划组	1	3		
报名签到组	1	4		
舞台组	1	3		
游戏组	1	8		
体验组	1	3		
手工集市组	4			
安保组	6			
合计				

七、成本预算总计

项目组		物料预算	人员预算	小计
舞台区	汉服展示			
	舞蹈表演			
游戏区	猜灯谜			
	寻灯缘			
体验区	DIY 灯笼			
	祈愿			
机动组				
策划组				
报名签到组				
安保组		无		
杂项				
手工集市区				
本次活动成本预算总计：				
备注：此成本预算不含税				

八、宣传

1. 所有四川汉服、成都汉研会群公告
2. 所有四川汉服微信群
3. 贴吧，QQ 部落
4. 微信朋友圈、QQ 空间转发

执行人员：所有执委

2017 年花朝节活动执行案

百花生日是良辰，未到花朝一半春；
万紫千红披锦绣，尚劳点缀贺花神。

花朝节在中国古代是一个十分重要的民间传统节日。节期因地而异的现象，可能与各地花信的早迟有关。世界上像中国那样定出花的节日的民族是不多的，可见中华民族对花的热爱有悠久传统。"百花生日是良辰，未到花朝一半春；万紫千红披锦绣，尚劳点缀贺花神。"这是旧时江南民间庆贺百花生日风俗盛况的写照，夜间在花树枝梢上张挂"花神灯"，灯火与红花绿枝相映成趣；更是一展各自手艺的好时节。关于花朝节的记载，南宋杨万里

的《诚斋诗话》谓"东京二月十二日为花朝"。其风俗多是郊游雅宴,盛唐即有此风,参加者多是些骚人墨客,有时也有亲朋好友,在观景赏花中饮酒赋诗,欢声笑语,持续不断。在宋代以前,过花朝节的一些高雅习俗只限于一些士大夫和知识分子之中,在民间并不普及。自北宋开始,其活动又有了新内容,增加了种花、栽树、挑菜(采摘野菜)祭神等,并逐渐扩大到民间的各个阶层。

仲春十五日为花朝节,渐闻风俗,为春序正中,百花争望之时,最堪游赏。

——南宋《梦梁录·二月望》

一、活动时间

2017年3月12日 周日(夏历二月十五日当天)

二、活动地点:秀丽东方2号草坪

三、活动人数:限定300人

四、地图:红圈处

五、活动内容及流程

（一）上午

9:30—10:30	开始签到，领取花朝红签。摆放笔墨纸砚，供现场书写。
10:00	主持人热场
10:30	主持人宣布活动开始
10:30—10:35	冠名商代表讲话或领导讲话，宣布活动开始，创意小集市开摆
10:35—10:40	花神上场
10:40—11:00	24花神花朝花朝祭祀
11:00—11:05	汉舞群舞——花神献瑞
11:05—11:30	24花神现场评选及颁奖
11:30—11:45	现场合影
11:45—12:00	24花神带领现场众人前往桃林贺红祈福游园

（二）下午

1:30	主持人热场，无我茶会开始准备
1:55—2:00	集体开场舞蹈《盛唐夜唱 百花争春》
2:00—2:05	汉舞——西洲曲（6人）
2:05—2:10	越曲——归宋
2:10—2:20	互动小游戏——投壶争春
2:20—2:25	古琴曲演奏——卧龙吟
2:25—2:30	汉舞表演——惜春词
2:30—2:45	互动小游戏——飞花令
2:45—2:55	宋代点茶表演
2:55—3:00	读经朗诵（国学院小朋友）
3:00—3:05	著名汉服歌手孙异——《汉家衣裳》
3:05—3:20	中日韩三国服饰展示及射礼表演
3:20—3:40	中式审美及插花教学
3:40—3:50	中国传统军阵展示
3:50—4:10	互动小游戏——木射
3:50—4:10	互动环节——围棋表演
4:10—4:15	共饮花酒，活动主体结束
4:15—4:20	大合唱——《重回汉唐》

（三）期间

下午2:00—3:00	无我茶会（根据场地情况确定现场人数）
10:00—17:00	汉文化文创小市集（集中在动漫周边、文创等，不局限于四川汉服会员本身）

六、物料清单

一、现场宣传物料：（包含设计制作）

签到处：背景板3*4含桁架及喷绘，座椅两套（包含桌布），宽红丝带

10 卷，签字笔一盒。汉服协会宣传 X 展架一个。

路引：画板展架或者易拉宝展架 10 个。"四川汉服花朝节活动现场往前……"

12 月花神传说展板：1*1，KT 版 12 个

分区展板：1*1 水牌或易拉宝，无我茶会区、舞台表演区、创意集市区

二、花神祭祀环节：

花神冠军汉服 2 套

最佳网络人气奖礼物 2 份，其他礼物 4 份，纪念品 24 份

供桌 3 个（同签到台桌子尺寸，带椅子三个），桌布 3 张

祭品（鲜花若干、苹果、橘子、花生、大枣、瓜子、桂圆、松子各一大盘）

香炉 1 个、蜡烛 1 对、香 3 支、酒爵 3 个、跪垫 2 个

音响一组、话筒 2 个、耳麦 2 个

托盘 6 个、果盘 5 个

三、军阵射艺表演：

箭靶 3 个　靶架 3 个　靶纸 3 份　箭 2 打（24 支）

挡箭布 6 米　服装租赁（韩国传统服饰，日本传统服饰各两套）

四、游戏环节：

果酒 10 瓶

五、茶会环节：

20ML 试饮杯　1000 个

七、具体环节执行细案

1. 花神祭祀及花神评选

（1）布场

（2）祭祀人员就位、观礼人员就位（排队站好）。

（3）主持人介绍花朝节的由来，介绍 12 花神。

（4）12 花神手持对联按组依次出场介绍自己是什么花神（每组男、女对应花神各一位、欢迎 CP 组队报名），介绍完毕后下台准备祭祀环节就位。

（5）主持人有请赞礼就位。

（6）赞礼就位，宣布祭祀开始，有司就位（开始祭祀流程）。

（7）请花神献瑞（女性花神汉舞表演）。

（8）主持人上场，宣布现场花神选美：

女性：永恒之美花神 1 位、魅力花神 1 位、雅致花神 1 位。

男性：静谧花神 1 位、魅力花神 1 位、惜玉花神 1 位。

最佳网络人气奖 2 位。

其他花神：纪念品一份。

（9）主持人请全场所有同胞上台合影留念。

（10）插花、挂红（每棵树一对花神）。

（11）花神游园

2. 无我茶会

（1）活动介绍

无我茶会系由台北陆羽茶艺中心创始，于1990年正式推出，随后发展为中（两岸）、日、韩、新、马、美国、意大利等地的重要茶文化活动，且每两年轮流由一个地区主办国际性大型无我茶会。无我茶会是：大家携带简便茶具、自备茶叶与热水，席地围成圈圈，人人泡茶、人人奉茶、人人喝茶的一种茶会形式。

（2）无我茶会七大精神

抽签决定座位——无尊卑之分；

无须指挥与司仪——遵守公共约定；

茶具与泡法不拘——无地域流派之分；

依同一方向奉茶——无报偿之心；

接纳欣赏各种茶——无好恶之心；

努力把茶泡好——求精进之心；

席间不语——培养默契，体现团体律动之美。

（3）无我茶会泡茶流程

①抽签、根据号码牌寻找泡茶位置。

②备具，依次为：跪垫、奉茶盘、包壶巾（壶、盅、杯）、茶巾、保温瓶。如果遇到泡茶场地较为潮湿，可以使用地衣巾。

③茶具观摩、交流联谊。

④泡茶、奉茶、品茶。

奉茶，根据会前规定，如奉给左边三位茶友，最后一杯留给自己。

行礼奉茶，回味品茗，接纳不一样的茶。

泡第二泡茶汤，取茶盅、茶巾外出奉茶。

如有围观观众，可以连续将3、4泡茶汤奉给围观观众，应事先准备20ml一次性品尝杯。

⑤收拾工作，在收拾前，往往茶会有加入文娱节目，如朗诵、唱歌等，欣赏文娱节目后用茶巾轻拭喝过的茶杯。

将自己的杯子收回，所有茶具装回背包，依次为：保温壶、茶巾、包壶巾（壶、盅、杯）奉茶盘、跪垫。

⑥一期一会，茶会结束，合影。

3. 穿云卫射礼表演环节

（1）中日韩三国传统服饰展示

中方、日方、韩方分别展示出自己民族的传统服饰，各需两名展示人员，以1男1女为佳）。

（2）中日韩三国传统弓箭、动作展示

中、日、韩三方的传统弓展示，展示人员需向观众展示自己国家的传统弓箭，展示完毕以后需再射出一箭向观众展示射箭动作。

（3）中日韩三国传统礼射展示

各方需依次向观众展示自己国家的传统礼射。

（4）敬酒环节

所有流程完毕以后，向对方敬酒祝福，以示三国友好。

（5）流程完毕，退场。

（6）军阵表演：15 人。

八、游戏环节执行案

1. 飞花令

（1）介绍

行酒令是筵宴上助兴取乐的饮酒游戏，最早诞生于西周，完备于隋唐。饮酒行令在士大夫中特别风行，他们还常常赋诗撰文予以赞颂。

（2）游戏玩法

酒令又分雅令和通令。"飞花令"就是属于雅令的一种，先推一人为令官，或出诗句，或出对子，其他人按令首之一续令，所续必在内容与形式上相符，不然则被罚饮酒。但是今日我们所玩的飞花令更为简单，花朝节，那么一定是要有花的诗词，无须符合形式，不论唐诗还是宋词，只要有"花"（诗词里可以包含花名，如梅花、桃花、杏花等……）均可续令。30 秒内续不出下一句诗词者，则罚酒一杯。

（3）备注：行令官可邀请赞助商或者指定，游戏时间为 20 分钟即可结束

（4）所需工作人员：2 名

（5）所需物料：花酒/果酒 2 瓶

2. 投壶

（1）介绍

投壶是古代士大夫宴饮时做的一种投掷游戏，《礼记·投壶》注疏说："投壶者，主人与客燕饮讲论才艺之礼也。"《左传》曾记载过晋昭公大宴诸国君主，举行投壶之戏的事。

（2）游戏玩法

现场设立投壶瓷器花瓶一个，壶与玩者之间距离 2 米，需将箭矢的端首掷入壶内才算投中，每人共 3 支箭，全部投中者为胜，胜利者可到接待处领取小礼品一份。

（3）备注：游戏限人数：20 人，游戏时间为：20 分钟。

（4）所需工作人员：2 名

（5）所需物料：瓷器花瓶 1 个、竹签、箭 3 支。

（6）小礼品：若干（可用赞助商提供）。

3. 木射游戏

（1）介绍

《木射图》，唐·陆秉。"为十五笋以代侯，击地球以触之。笋饰以朱、墨，字以贵贱之。朱者：仁、义、礼、智、信、温、良、恭、俭、让。墨者：慢、傲、佞、贪、滥。仁者胜，滥者负，而行一赏罚焉。"

木笋桩改为箭靶，3 个箭靶上的十五个字，是封建伦理道德对人臧否的基本准则，汉儒董仲舒提出"五常"，即以仁、义、礼、智、信为重要的道德

规范。唐代韩愈把"五常"视为"五德",认为五德是一个人先天就有的,并由此把人自然地分为上中下三品,品是不能改变的,而"木射"就反映了唐代以韩愈为代表的伦理观,即把"五德"扩充为十,并在其对立面上,寻出五个字,以分优劣、存褒贬。

(2)游戏玩法

现场设有3个箭靶,箭靶尺寸为80厘米,距离5米,每人有6支箭的机会

1号靶子上的字为:仁、慢、义、贪、智

2号靶子上的字为:信、温、佞、良、滥

3号靶子上的字为:恭、俭、让、礼、傲

朱者为:仁、义、礼、智、信、温、良、恭、俭、让

墨者为:慢、傲、佞、贪、滥

①游戏分为3组,1组3人,1人6支箭,以击中朱者为胜,以击中墨者为负,最后看谁击中的朱者最多,即晋级单组第1名。

②单组3位胜利者进行最后的排位比拼,同样以击中朱者为胜,以击中墨者为负,最后看谁击中的朱者最多,则为最后的胜利者。

(3)所需工作人员:穿云卫负责。

(4)奖品:3份(待议,可让赞助商提供)。

(5)所需物料:80厘米靶纸3张、珍珠棉靶子3个(80厘米)、挡箭布6米。

2017年首届端午节汉服趣味运动会

一、端午简介

端午节,为每年夏历五月初五。据《荆楚岁时记》记载,因仲夏登高,顺阳在上,五月是仲夏,它的第一个午日正是登高顺阳好天气之日,故五月初五亦称为"端阳节"。此外端午节还称"午日节、五月节、龙舟节、浴兰节"等。端午节是流行于中国以及汉字文化圈诸国的传统文化节日。端午节起源于中国,最初为古代百越地区(长江中下游及以南一带)崇拜龙图腾的部族举行图腾祭祀的节日,百越之地春秋之前有在夏历五月初五以龙舟竞渡形式举行部落图腾祭祀的习俗。后因战国时期的楚国(今湖北)诗人屈原在该日抱石跳汨罗江自尽,统治者为树立忠君爱国标签将端午作为纪念屈原的节日;部分地区也有纪念伍子胥、曹娥等说法。端午节与春节、清明节、中秋节并称为中国汉族的四大传统节日。自古以来端午节便有划龙舟及食粽等节日活动。自2008年起,端午节被列为国家法定节假日。2006年5月,国务院将其列入首批国家级非物质文化遗产名录;2009年9月,联合国教科文组织正式审议并批准中国端午节列入世界非物质文化遗产。

二、主办：四川传统文化促进会汉服专委会

三、承办：成都传统文化保护协会汉文化研究会

四、学术支持：成都传统文化保护协会汉文化研究会

五、活动主题：别样汉服过端午　传承千年尚武情

六、活动内容

（一）活动目的：

1. 响应国家国务院实行的2017复兴传统文化的重大政策、推广复兴传统娱乐体育精神。

2. 让广大群众了解到汉服也可以日常便捷并且更加休闲舒适。

3. 让群众了解到我国古时娱乐体育项目的先进发达。

（二）活动时间：2017年5月29日（夏历五月初四）

（三）活动地点：锦门景区丝绸之路纪念公园

（四）场地安排：

（五）活动流程：
08:30—10:00　　　签到
10:00—10:20　　　汉服单车出行，传统又时尚
10:20—10:30　　　方阵集合，准备祭祀
10:30—10:40　　　穿云卫仪仗入场
10:40—11:20　　　端午祭祀
11:20—11:40　　　箭阵演练，射五毒
11:40—11:45　　　短兵格斗演练
11:45—12:00　　　以舞相属百人汉舞
12:00—13:30　　　午饭时间
14:00—14:10　　　蹴鞠表演赛
14:10—14:20　　　捶丸比赛
14:20—14:40　　　射五毒比赛
14:40—15:00　　　斗蛋比赛
15:00—15:20　　　木射比赛
15:20—15:30　　　颁奖典礼
13:30—17:00　　　1. 包粽子、品雄黄酒、挂香囊
　　　　　　　　　2. 昭年记忆娱乐项目
　　　　　　　　　3. 传统手工艺小集市
　　　　　　　　　4. 采桑果、体验蚕丝
17:00　　　　　　　活动结束

七、活动亮点

1. 盛世中华　腾飞巨龙——四川2017年最大规模的传统祭龙仪式
2. 武道仪仗，箭阵表演——四川唯一一个传统弓箭汉服团体穿云卫武道兵击表演
3. 百人汉舞，以舞相属——重寻汉文化中的欢乐记忆
4. 蹴鞠表演，传统时尚——四川首次专业球迷协会复原中国传统蹴鞠表演
5. 捶丸表演——原来高尔夫来自中国
6. 汉服出行，单车相伴——成都首次汉服单车出行倡议，环保又时尚

八、流程细化

（一）签到：签到处位于锦门丝绸纪念公园门口处。
签到时间：08：30—10：00
签到工作人员：
1. 签到人员4名：团体签到、游客（散客）签到、汉服同袍签到、嘉宾媒体签到、赞助商签到。
2. 安保：2名，负责维持签到纪律、现场秩序。

3. 物料：3*4背景主题墙喷绘2张、签字笔4支、签到表若干、神龙卡若干、五彩绳若干。

4. 负责：待补充。　　联系方式：待补充。

（二）汉服单车出行环节

10：00—10：20　30名身着汉服的骑手从绕锦门一圈（指定路线待议），回到主会场（祭祀场地）。

1. 人员：30名骑手，由网络召集，汉服自备，男女不限。安保2名，负责骑行路线的清场与安全问题。

2. 物料：30辆自行车（由一步单车提供）。

3. 负责：待补充。　　联系方式：待补充。

（三）祭祀环节

祭祀时间：10：20—11：20

流程：10分钟时间方阵准备，祭祀方阵、从祭方阵、赞助商方阵、游客方阵（除祭祀方阵以外）以横6竖8的方式站立成正方形于祭祀台下等待祭祀——方阵站定以后由穿云卫仪仗队入场站立于祭祀台左右两侧，仪仗队准备完毕后，祭祀正式开始。

1. 人员：祭祀人员（xx负责）、从祭方阵（现场参与同袍）、赞助方阵（所有参与赞助商）、游客方阵（自愿参与祭祀的现场游客）、安保人员4名负责维持方阵排列时的秩序以及祭祀中的现场秩序与安全、仪仗队人员10名（需召集）。

2. 物料：仪仗队旗帜2/4面、祭祀物料（汉研会提供）、仪仗队弓箭6/8张（仪仗队入场音乐、祭祀入场音乐、红地毯以及龙像（锦门提供）。

3. 负责：待补充。　　联系方式：待补充。

（四）箭阵环节 11:20—11:30

流程：

1. 人员：箭阵人员6—8人、安保人员4—6人。

2. 物料：射德弓道提供。

3. 负责：射德弓道。　　联系方式：待补充。

（五）短兵格斗环节 11:30—11:40。

（六）以舞相属环节

流程：11:40—12:00 散站立于祭祀台，由汉研会汉舞组的成员领舞，全体同袍一起跳"盛唐夜唱"。

1. 人员：领舞人员8—10对、全体着汉服同袍、安保人员3名维持秩序。

2. 物料：音响、盛唐夜唱音乐。

3. 负责：待补充。　　联系方式：待补充。

午饭时间

（七）蹴鞠环节 14:00—14:10

流程：蹴鞠表演热场，提供2—4名教练现场表演花式蹴鞠，主持人现场解说，表演完后，由主持人现场抽取2—3名观众上场体验花式蹴鞠的乐趣。

1. 人员：2—4名教练、安保人员1名维持现场秩序

2. 物料：2—4套便捷汉服、体验参与礼品2—3份（赞助商提供）。
3. 负责：待补充。　　联系方式：待补充。
（八）捶丸环节14：10—14：20
流程：捶丸表演；提供2—4名教练表演捶丸，主持人现场解说，之后由主持人现场抽取2名观众上台体验。
1. 人员：教练2—4名、安保1人维持秩序。
2. 物料：2—4套汉服、体验参与礼品2—3份（赞助商提供）。
3. 负责：待补充。　　联系方式：待补充。
（九）射五毒比赛环节
流程：射五毒此环节是室内环节，并且专设3个10米比赛箭道，靶子为五毒靶，3人同时参加比赛，每人5支箭，以射中靶子上的五毒虫为准，5只五毒虫全中者则奖励弓道馆300元体验卡一张（奖品内容待议）。
比赛规则：只有五毒虫全中者方可有奖励，其余均无奖励，奖品名额限额5名（名额待议）
（十）斗蛋环节14：40—15：00
流程：此环节为儿童亲子环节，小朋友带好提前在家里让家长准备好的鸡蛋、鸭蛋、鹅蛋都均可的蛋（煮熟的蛋），6人一组，上台面对面，一人携一只蛋，蛋头对蛋头，蛋尾对蛋尾对碰，蛋破下场，赢的一方可以把输方的蛋缴获，后继续分组拼杀，直至蛋王产生。
1. 人员：讲解员2名、演示人员2名、裁判1名、安保1名。
2. 物料：奖品1份。　　参与礼品：5份（均由赞助商提供）。
（十一）木射环节15：00—15：20。
流程：用木削成笋形，作靶子，竖立于地面，总计十五根。这十五根笋分为两大类：一类通体涂为红色，分别刻上仁、义、礼、智、信、温、良、恭、俭、让等字，共十根；另一类涂以黑色，分别刻以慢、傲、佞、贪、滥等字，共五根。活动时，将十五根笋立在平坦的场地一端，投抛者在另一端，用木球去击打另一端的木笋，以击中朱色笋者为胜，以击中墨者为负，最后以击中朱色笋者超过5个或5个以上并且无墨者，就是终胜者。每人一次击打机会。
1. 人员：裁判1名、安保1名。
2. 物料：笋形木桩15个、圆球2个、红黑油漆各1罐、奖品3份、参与奖若干。
3. 负责：　　联系方式：待补充。
（十二）颁奖环节15：20—14：00。
1. 福利项目：
（1）桑蚕体验
活动现场全天设立桑蚕体验项目，可到桑蚕体验馆进行体验。
（2）传统手工艺小集市
活动现场全天设立创意文化小集市，创意小集市摊位由锦门提供，数量待议。

（3）包粽子、做香囊、品雄黄酒（端午礼包）

凡签到者必有一张神龙游戏卡，集齐任意7个环节的神龙印章，可获得DIY药香囊1个。

2. 人员：赞助商提供工作人员（教授包粽子师傅）、安保2名维持秩序。

3. 物料：DIY中药粉、香囊包。

4. 负责：待补充。　　联系方式：待补充。

九、注意事项

1. 礼包获得方式：签到后获得一张空白的神龙卡，任意体验完成神龙卡上7个项目，并由裁判盖上神龙印章，即可获得端午礼包1份，每人只限领取1份。

2. 现场医疗点：锦门医疗室

3. 其他物料：签字笔一盒、印章10个、音响设备1套、游戏项目解析海报10张、指引牌若干、藿香正气液2件、创可贴5盒、云南白药2瓶、清凉油/风油精5支、医用酒精3瓶、工作人员饮用水、隔离带。

第十六章　秋游冬聚

下半年的重要节日有七夕、中秋、重阳、冬至等。其中，中秋、重阳在民间一直延续，影响很大；七夕、冬至虽一度衰落，但近年来随着人们对传统文化的重视而逐渐复兴。这些节日主题突出，文化底蕴深厚，很适合举办汉服活动。秋高气爽的时间特别适合大家出行。入冬以后天气逐渐转冷，室外活动举办困难，但我们仍然可以想办法，在寒冷的时节感受人与人的温暖，并祈盼新年的来临。

2017年七夕大型活动策划案

七夕节，又名乞巧节、七巧节或七姐诞，发源于中国，是华人地区以及东亚各国的传统节日，该节日来自牛郎与织女的传说，在夏历七月初七庆祝（日本在明治维新后改为阳历7月7日）。因为此日活动的主要参与者是少女，而节日活动的内容又是以乞巧为主，所以人们称这天为"乞巧节"或"少女节""女儿节"。2006年5月20日，七夕被中国国务院列入第一批国家非世界文化遗产名录。

一、活动名称：梦回汉唐　共度七夕

二、活动时间：2017年8月26日14点到21点

三、活动主题：梦回汉唐，共度七夕

四、活动对象：成都汉服同袍及普通市民

五、活动目标：吸引市民参与、了解传统文化

六、活动流程

1. 14:00—18:00：汉文化雅聚

在街区设置个点，分别为：茶艺雅聚、汉舞雅聚、红妆雅聚、书画雅聚、汉乐雅聚。
（1）茶艺雅聚：布置有茶席、茶艺师，以聚集对茶艺有兴趣的同袍。
（2）汉舞雅聚：有汉舞交流、表演，以聚集对舞蹈有兴趣的同袍。
（3）红妆雅聚：有汉服妆容、发型、装饰的现场教学和交流，以聚集对汉服妆发感兴趣的同袍。
（4）书画雅居：设有文房四宝及空白折扇，以聚集对书画感兴趣的同袍，可以一起交流书画技法及现场画扇。

（5）汉乐雅聚：设有传统乐器，以聚集对古典乐器感兴趣的同袍，可一起交流学习及现场演奏。

2. 17：00—18：00：签到

七夕晚上活动开始签到，分发神龙卡及灯笼并准备奖品。

3. 18：00—21：00 "神龙卡"活动

每位参与者将在签到时获得一张神龙卡。卡上有7个圆圈，并随机设置有路径。于场内设置9个NPC，每个NPC持有一枚独特的印章。每位参与者进入街区，需要按照自己神龙卡上的顺序寻找相应的NPC，完成一个NPC的任务后，即可获得该NPC的印章。按照神龙卡上的顺序，寻找下一位NPC并完成任务。（不能完成不在神龙卡上的其他NPC的任务，必须按照卡上的顺序来，于9个任务中完成卡上规定的7个，以便分流。）按照顺序完成7个NPC的任务，获得7枚印章，即可持神龙卡前往签到台兑换奖品。

NPC1：主题为唐诗。将设置一个盒子，盒子里放有唐朝各个诗人的名字，参与者随机抽取，抽到哪位诗人的名字，需现场背诵一首唐诗（若该诗人诗作较少，则背诵一句也可过关。为降低难度可以多放置李白杜甫等名家的名字）。完成任务即可获得印章。

NPC2：主题为游戏跳房子。将于地上画7个格子，格子里放置一沙包，参与者单脚跳入，将沙包从格子1踢到格子2及至踢完所有格子，即完成任务，可获得印章。

NPC3：主题为表演。现场任意跳舞一段或者表演乐器一段，也可唱歌，讲笑话等。完成任务即可获得印章。

NPC4：主题为游戏七巧板。现场准备5副七巧板，拼出相应的图形即可完成任务，获得印章。

NPC5：主题为"穿针"。此为七夕节传统活动，现场准备五根大针，及五彩丝线若干，将丝线穿过大针即可完成任务，获得印章。

NPC6：主题为"夹巧食"。此为七夕节传统活动，现场准备一盘煮熟的蛋，及竹筷5双，参与者用竹筷将蛋夹入另一空盘内即为完成任务，获得印章。

NPC7：主题为游戏"占花令"。准备花签若干，上面随机写有一字。参与者随机抽取花签，背诵含有该字的诗词一句。

NPC8：主题为游戏"抓巧子"，准备石子五颗，参与者拿起一颗石子，抛起来的同时抓起一颗石子，并且接住抛起得石子。然后再抛起一颗石子，同时抓起又一颗石子，并接住抛起得石子，重复如此直到5颗石子都抓在手上即可过关，获得印章。

NPC9：主题为古词。将设置一个盒子，盒子里放置有各种词牌名，抽到哪个词牌名就背诵该词一句。完成任务即可获得印章。

4. 18:00—21:00 "灯笼寻缘"活动

每个人在入场时，将获得一盏白纸灯笼，灯笼上有数字 1-500 之间的任意一个数字。只要寻找到另一个和自己灯笼数字一样的人，两人即可去签到台领取奖励一份。

5. 19:00—20:00 拜织女

拜织女是中国传统文化。举行的仪式是于月光下摆一张桌子，桌子上置茶、酒、水果、五子(桂圆、红枣、榛子、花生、瓜子)等祭品；又有鲜花几朵，束红纸，插瓶子里，花前置一个小香炉，设织女像，并由主祭带从祭祭拜。

6. 20:00-20:30 节目表演

将有女子表演的节目若干，如古典舞，乐器等。

七、宣传：

1. 四川汉服各群及微博号及微信公众号的前期报名宣传。
2. 四川汉服的微博及公众号会进行前期的预热宣传（软文宣传及推广）。
3. 现场记者及媒体。

2017年中秋走月雅聚活动

一、活动时间：2017 年 9 月 24 日

二、活动地点：武侯祠大街

三、活动内容：

上午 9：00—下午 7：00 汉服创意小集市（20 个摊位以内）
下午：
1:30　　　　签到
　　　　　　限报名 60 人，报名成功签到者可领取月饼一份和灯笼材料一份
2:00—4:00　舞台表演
　　　　　　周制汉婚表演
　　　　　　汉服形制秀
4:00—6:00　四川汉服将带着大家一起 DIY 自己的灯笼。
　　　　　　梳妆打扮
　　　　　　喝茶听琴

6:00—7:30　自行用餐
7:30—8:30　门口集合，锦里走月。
8:30　　　　解散，自行游玩。

四、活动备注

网络征集月神 8 位，作为当天走月活动的领队。欢迎未报名雅聚的朋友 7 点半现场参与。

2017 年重阳特别企划

有一段历史，可能已经被你淡忘。

有一些人，也在你的视线中从未存在过。

1937 年开始……

出川抗战的 350 多万川军，有 64 万多人伤亡（阵亡 263991 人，负伤 356267 人，失踪 26025 人）。

"无川不成军"，川军用鲜血和生命在抗日的战场上挽回了国之尊严。

而到了今日，这些老人还剩下多少呢？你见过他们吗？

四川汉服联手巴蜀抗战研究院，一起在重阳佳节为抗战老兵们送上节日的祝福。四川没有忘记你们，四川的年轻一代也没有忘记你们。我们将携带礼物和大家的祝福，在重阳节前看望抗战老兵。

一、活动时间：2017 年 10 月 22 日

二、活动内容：看望抗战老兵

三、活动联系人：×××

四、活动参加人：×××

五、活动报名人数：8 人

（请穿汉服正装，勿浓妆勿盛装，注意仪容仪表）

六、截止报名时间：2017 年 10 月 20 日

（请大家确定以后，务必遵守时间和安排）

七、特征集朗读者：1 名

（要求普通话标准，声音清晰明朗。善于朗读，声情并茂。由于老人普遍眼睛不好，所以需要人专门朗读大家的信件内容。）

八、温馨提示

其他四川汉服群友同袍，请勿捐款捐物。如有心，请手写"给老兵的一封信"，邮寄至以下地址：XXXX（截止时间：2017年10月20日）

我们将安排朗读者在活动现场为老兵朗读您的信件内容。

九、特别感谢

1. 礼品赞助：×××
2. 提供礼物和义诊：×××

2016年冬至活动策划案

冬至，又称"冬节"、"贺冬"，华夏二十四节气之一、八大天象类节气之一，与夏至相对。冬至在太阳到达黄经270°时开始，时于每年公历12月22日左右。据传，冬至在历史上的周代是新年元旦，曾经是个很热闹的日子。

冬至作为一个节日，至今已有2500年以上的历史。

据记载，周秦时代以冬十一月为正月，以冬至为岁首过新年。《汉书》有云："冬至阳气起，君道长，故贺……"也就是说，人们最初过冬至节是为了庆祝新的一年的到来。古人认为自冬至起，天地阳气开始兴作渐强，代表下一个循环开始，是大吉之日。因此，后来一般春节期间的祭祖、家庭聚餐等习俗，也往往出现在冬至。

把冬至作为节日来过源于汉代，盛于唐宋，相沿至今。周历的正月为夏历的十一月，因此，周代的正月等于我们现在的十一月，所以拜岁和贺冬并没有分别。直到汉武帝采用夏历后，才把正月和冬至分开。因此，也可以说专门过"冬至节"是自汉代以后才有，盛于唐宋，相沿至今。

一、活动概况：

1. 宣传主标：欢聚冬至——四川汉服2016年冬至大型文化交流活动
2. 目标：通过2016年冬至活动这一契机，在青羊宫这样的公共场所，宣传传统文化，提倡"过传统节日"。通过丰富的可参与的互动活动，吸引广大普通市民，为传统文化复兴者们提供一个展示自身的机会，沟通交流，快乐过冬至。
3. 主题：传统冬至欢乐今宵
4. 时间：2016年12月18日9：30—17:00
5. 地点：成都市青羊区青羊宫太极广场
6. 组织：

主办：四川道协、四川传统文化促进协会
承办：四川汉服、太极松溪道馆

协办：成都汉研会、青羊宫

特邀媒体（拟）：四川卫视、成都电视台、成都日报社、华西都市报、新城快报等

二、活动流程：

时间	内容
8:00—9:00	工作人员集合、签到、布场
9:00—9:15	同袍集合、签到
9:15—10:00	邀请嘉宾、媒体入场
10:00—10:10	四川汉服会长致辞并介绍四川汉服建立情况
10:10—10:20	老庄书院院长致辞
10:20—10:30	四川传统文化促进协会领导致辞
10:30—10:35	太极松溪道馆太极表演
10:35—10:40	太极对抗性表演
10:40—11:00	太极简单互动教学
11:00—11:10	汉服琴箫合奏
11:10—11:20	汉舞《采薇》+诗经讲解
11:20—11:40	穿云卫箭阵表演
11:40—11:50	孙异《重回汉唐》
11:50—12:10	贺春+活动大合影
12:10—14:00	午餐聚餐——四川传统羊肉汤
14:00—14:10	主持人暖场
14:10—15:30	互动活动：茶席+传统创意小集市+
15:40—15:55	太极松溪道馆：冬至养生小讲座
16:00—17:00	太极松溪道馆现场教学活动
18:30—20:00	锦里夜游（只做建议）

三、活动亮点：

1. 百人太极表演

太极松溪道馆太极表演。同时穿插一定的互动环节和教学环节。让大家了解太极松溪道馆，喜欢上太极这一传统武术形式。

2. 穿云卫箭阵表演

穿云卫箭阵表演，展示汉服、传统弓箭、尚武精神。

3. 汉文化创意集市

四川汉服的各位汉友，带来自己的文化创意小产品，现场进行交换和售卖。

4. 道茶雅集

道文化茶道雅集，四川汉服茶道组与道友为大家联合带来的文化雅聚。

5. 贺冬活动——互赠美食

冬至贺冬是传统，在冬至，大家带来自己家的美食，互相赠送表达美好

的祝愿。

6. 午餐聚餐——四川传统羊肉汤

成都传统，冬至吃羊肉汤，强身健体。

7. 锦里夜游

夜游，拍照。

四、现场布置：

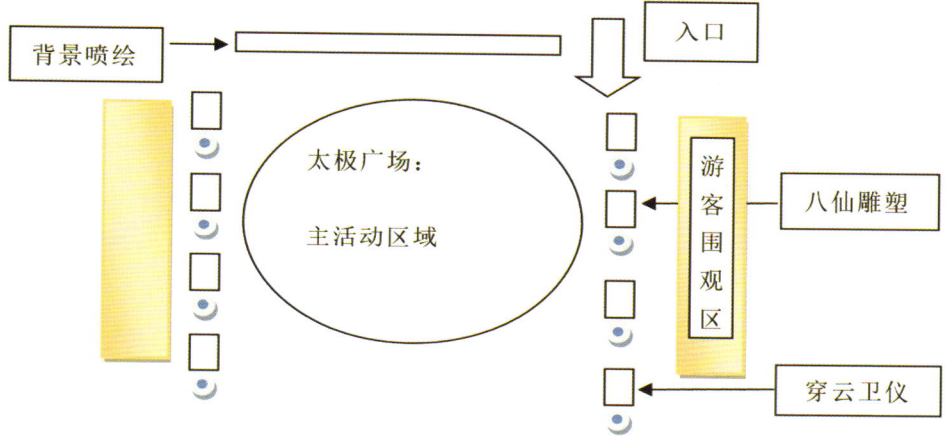

五、执行分工表：

组别	负责人	联系电话	组员	工作内容
统筹外联组				
方案策划组				
宣传拍摄组				
现场签到组				
安保后勤组				
表演组				

六、物料清单：

基础用：音响、扩音器（话筒）

祭祀用：祭服、道具、祭品、祀物

签到用：签到表（工作人员、管理人员、媒体、嘉宾）、签到笔、宣传海报

表演用：太极道具、箭阵表演道具

雅集用：茶叶、茶具、香
集市用：摆摊工具（桌/垫布/商家自带）

七、宣传推广计划：

前期活动预备宣传：活动时间地点推出预报
活动前的亮点宣传：活动特色和参与活动的好处
活动中赞助商宣传：现场赞助商宣传资料
活动后综合性宣传：媒体资料、自己的活动图文报道

第七篇　汉风化人

第十七章　校园华裳

"谁赢得了青年，谁就赢得了未来"。青年是汉服复兴的主体力量，校园是汉服复兴的重要阵地。课程、学生社团与比赛、活动结合，是提高汉服教育成效的良好方式。用系统讲授的课程资源（人员、知识等）哺育社团，用学生自己运行的社团将课程内容真正实践起来，又用相对稳定的比赛活动给课程、社团以良好的发展载体和平台。在这个过程中，把社会力量与校园资源进行整合、形成合力，让"礼仪之大、服章之美"早日归来，在青少年中生根发芽、再现辉煌。

面向生活与实践的国学校本课程*

何志攀

一、研究背景

随着经济社会的发展和民族自信心的增强，"弘扬传统文化"的声音日渐响亮。党的《十八大报告》提出要"建设优秀传统文化传承体系，弘扬中华优秀传统文化"。2014年教育部印发的《完善中华优秀传统文化教育指导纲要》提出："把中华优秀传统文化教育系统融入课程和教材体系"，"鼓励各地各学校充分挖掘和利用本地中华优秀传统文化教育资源，开设专题的地方课程和校本课程"。

为系统地弘扬国学、传承文脉，各界人士开展了许多努力。2012年全国"两会"期间有政协委员提出《在基础教育阶段开设传统文化教育国家实验课程》的提案，也有人大代表提出了"应设立传统文化教育国家实验课程和加强海峡两岸中华传统文化教育交流"的工作建议。2013年中华书局在北京举办"两岸高中中华传统文化教育交流研讨会暨中华传统文化（高中）教学研究基地共建启动仪式"。此外，由"十二五"中国教育学会《中国传统文化与当代教育》总课题组编写的《中国传统文化教育全国中小学实验教材》也已

---

* 2017年9月，北京师范大学北京文化发展研究院与中国教育电视台网络国学台、北京成长教育发展基金会共同发起的"传统文化教育京津冀论坛"在北京孔庙·国子监彝伦堂成功举行。来自京津冀三地的一些专家学者和部分中小学校长、教师参加了论坛，就当前中小学开展优秀传统文化教育的重要意义、基本经验、存在的问题以及未来发展方向，进行了深入的交流和探讨。本文为笔者的论坛发言材料，收入本书时有修订。

出版发行。

近年来的国学教育探索，目前仍然存在诸多问题。首先是课程地位，由于国学教育刚刚走向从"在野"向"在朝"的转变，目前并不是教育内容的主体，因而存在与当前课程、教学体系的兼容问题，如师资配备、课时安排、课程地位等。其次课程资源，因为不是必修课程，其开设与否主要依靠教师的兴趣和投入，一旦教师兴趣缺失或者精力不足，课程就无法开设或延续下去。第三是课程内容，课程设置的零散化、碎片化，即使开设了相关课程，也给人感觉只见"中国元素"、不见"中华文化"的体系，国学变成一种"标本""陈列品"，而不是当下地活着的传统，这导致"回避文化传统主流、视野狭窄、脱离生活"等弊端。"不怎么开""没人来开""开了也都是些文化碎片"等等问题，本质上是近代以来"西体中用"文化发展模式在教育的体现——文化主体承接西方文化，但根据需要接纳一定的"中国元素"。我在教学实践中力图通过具体课程开设的实践，"解剖麻雀"，跳出中西体用的尖锐对立，直面生活、实践的本身（即"生活世界"本身），探索问题的解决思路。

二、研究课题

课题名称	起止年月	任务来源
"明体达用"理念与《华夏文明》系列校本课程的研发与实践	2013—2017	全国教育科学规划课题"中国传统文化教育课程研发与实施的实践研究"子课题
《华夏文明》：面向生活与实践的国学校本课程建设	2013—2015	北京市西城区优秀人才培养资助个人项目
以汉服活动为载体的传统服饰礼仪文化青少年传承模式研究	2014—2017	国家社会科学基金艺术学项目"非物质文化遗产青少年传承研究"子课题
高中思想政治必修课程校本化研究	2012—2014	北京市西城区教委项目

从20世纪90年代末开始的课程改革强调国家课程、地方课程和校本课程的三级课程体系，为更灵活多样地开展教育，如传统文化教育提供了重要渠道。2005起年我陆续主持开设了中国哲学、传统礼仪、中医、汉服等课程。课程逐渐增加，参与的志愿者也越来越多。2013年我有幸参与全国教育科学规划课题"中国传统文化教育课程研发与实施的实践研究"，将此前的探索加以归纳整理，形成子课题《华夏文明》系列校本课程的研发与实践"，并思考了贯穿课程建设的"中西""体用"理念。同年，该课题被评选为"西城区优秀人才培养资助个人项目"。在课程建设中，由于汉服课程贴近生活实

践的特质，以及近年来汉服复兴的历史机遇，汉服课程得到长足的发展，凸显出来成为独立的课题，并荣幸地列入国家社会科学基金艺术学项目"非物质文化遗产青少年传承研究"，成为其子课题"以汉服活动为载体的传统服饰礼仪文化青少年传承模式研究"。

"中国传统文化教育课程研发与实施的实践研究"课题结项证书

除了专门的传统文化课程以外，在其他人文社科课程中，我也努力探索渗透传统文化教育的渠道。这既包括我从事的初中思想品德与高中思想政治课的教学，也包括相关人文社科选修课程的建设。2009年我校成立了国际部，其灵活的课程设置给课程建设探索提供了良好的机遇与平台。2012年，我主持开设的相关课程被列入西城区教委项目"高中思想政治必修课程校本化研究"。一方面我们研究了必修课的传统文化渗透，如《经济生活》涉及的轻重、平准、货殖、财税等问题；《政治生活》涉及的民本思想、古今国家观念的区别与联系等；另一方面则是开发相关选修课程，如辩论、法律、哲学、逻辑等，这些课程中除了学科基本内容外，还力图实现"古今中外"的会通，如法律课对中华法系传统"律学""律令格式"的介绍，逻辑课对传统"名学"的介绍等。

三、成果内容

1. "体用不二"——理论与实践相结合的课程理念和课程内容模式

"体"就是华夏文明的思想内涵，"用"就是实践，包括社会实践和个人的生活实践。"体"与"用"的统一，具体说来就是"即用见体、明体达用"：我们要直面生活、实践的本身（即"生活世界"），文化教育要以人为本、为学生的成长服务（"即用"），在这一过程中去感悟、继承文化（"见体"）。又要运用理论、文化（"明体"）提升生活、实践（"达用"）。

以此理念为指导，我陆续开设了哲学、礼仪、汉服、中医等课程，建设和完善了包括课程目标、内容安排、评价方式在内的一整套课程计划体系，并编写了相关校本教材。

（1）专门的国学课程

课程	开设年份	授课志愿者	本学年开设年级
中国哲学智慧	2005 年	北京师范大学哲学与社会学学院"爱智者协会"	高一
华夏礼仪智慧	2008 年	何志攀、外请教师	原开设于高一，2018年未开设
走进中医	2009 年	北京中医药大学推拿协会、耳针协会	初二、高三国际部
走近汉服	2011 年	汉服北京（北京汉服协会）、北京中医药大学蝉衣汉服社	初一、初二、高三国际部
诗书礼乐品鉴	2014 年	北京中医药大学国学社	原开设于国际部高三，2018年未开设
中华传统弓箭射艺基础	2015 年	北京控弦司	原开设于初一，2018年未开设
礼射——中国传统射艺	2017 年	北京校园礼射联盟、清华大学礼射研习会	初二

"中国有礼仪之大，故称夏；有服章之美，谓之华"。中国自古以来被称为"礼仪之邦"，而中国的政治历来被称作"衣冠之治"。进行传统文化教育，

《华夏文明》系列校本教材第一版*
（刘芮溪、肖沐野 拍摄）

《华夏文明》系列校本教材第二版**
（刘芮溪、肖沐野 拍摄）

---

* 《中国哲学智慧》，第一册（儒学）、第二册（诸子），编著：何志攀；校对：孟瀚文；封面设计：潘鋆。《文化行——华夏礼仪智慧》，第一册（礼仪），编著：何志攀、于晓蕊；校对：孟瀚文；封面设计：潘鋆。《文化行——华夏礼仪智慧》，第二册（节日），编著：郭月；校对：何志攀、丁亚晨；封面设计：潘鋆。《走近中医》，编著：段瑶、张驰。

** 《中国哲学智慧》，编著：北京师范大学爱智者协会；审稿：何志攀、林国旺；校对：孟瀚文；封面设计：潘鋆。《走近中医》，编著：潘诚、段瑶、甄苗苗、桑小普、张驰；审稿：何志攀；校对：孟瀚文、申毅锋。《走近汉服——中华传统服饰与生活方式体验》，编著：李晓璇、杨娜、钟莹、李萌；审稿：何志攀、杨娜；校对：孟瀚文。《文化行——华夏礼仪智慧》，编著：郭月、于晓蕊、何志攀、李晓璇；编辑：孟瀚文；校对：丁亚晨；封面设计：潘鋆。

必须重视礼仪和服饰文化。中医是中国传统科学中在当代生活中保存最为完整的，也是与大众关系密切的，从这里入手去理解传统文化，不仅无"零散、片面"的弊病，而且也解决了脱离生活、脱离实践的问题。而这些学科背后都体现了中国哲学思想的深厚影响。我们的课程不仅仅是补充一些"中国元素"的常识，而是帮助学生结合生活，感悟传承中华文化之"道"，并用以指导自己的生活实践，做到"即用见体、明体达用"，即引导学生在生活和实践中感悟文化，用思想文化的提升去指导自己的生活实践。

（2）非专门国学课程中的国学承继

课程	开设年份	授课志愿者	本学年开设年级
辩论素质导论	2012年	北京大学、北京师范大学、中国人民大学等志愿者；塑说教育	初二、高一
美国法律文化	2012年	中国政法大学志愿者	（2018年未开设）
中西哲学探究	2012年	北京师范大学、中国人民大学等志愿者	高三国际部
逻辑与批判性思维	2012年	北京师范大学、中国人民大学等志愿者	高三国际部

除了上述选修课程以外，我借助国际部校本课程建设的平台，还进行了思想政治课必修课程的校本化研究，并组织写作了《政府与政治》《哲学概论》《文化生活》等校本读本。

国际班思想政治课校本读本第一版
（刘芮溪、肖沐野 拍摄）*

国际班思想政治课校本读本（第二版）
（刘芮溪、肖沐野 拍摄）**

---

* 《哲学概论》（第一版），编著：何志攀，封面设计：D.C.David。《哲学概论》（第二版），编著：何志攀、郭明、蒋瑞，封面设计：郭明。《文化生活》（第一版），编著：何志攀，校对：丁亚晨，封面设计：潘鎏。

** 《政府与政治》（第一版），编著：蒋瑞、何志攀、郭明、刘梦婷，校对：何志攀、蒋瑞、丁亚晨，封面设计：郭明。《政府与政治》（第一版修订），编著：蒋瑞、何志攀、郭明、刘梦婷、黄亚庆，校对：何志攀、黄亚庆、隋良玉，封面设计：郭明。《哲学概论》（第二版修订），编著：何志攀、郭明、蒋瑞、隋良玉、展静雅，校对：何志攀、隋良玉、展静雅、黄亚庆，封面设计：郭明。《文化生活》（第二版），编著：何志攀，校对：何志攀、丁亚晨、蒋瑞，封面设计：郭明。《文化生活》（第二版修订），编著：何志攀，校对：隋良玉、黄亚庆、丁亚晨，封面设计：郭明。

2. "校本选修"——校本特色选修课程的课程定位

目前传统文化在中学教育中的分量不断提高，但是囿于近百年的"西体中用"模式，其地位仍然是辅助、补充性质的。因此要通过各种途径，进一步提高传统文化的比重。其中阻力最小，见效最快的就是开设校本课程。我校在初一开设有专门的传统文化类选修课，初二、高一、高三国际部有拓展类选修课，都为我们开展多样化的教育，包括传统文化教育提供了良好的渠道。这些课程的开设，也丰富了学校课程体系。

3. "中大结合"——中学教师与大学志愿者资源结合的课程开设模式

在教学中采取"中学老师＋社会志愿者"的模式，中学教师负责开发课程，以及培训志愿者授课方法。志愿者则将自己的专业知识和热情融入课程当中。这些志愿者在我校接受培训并实际授课后，得到了锻炼的机会，有的志愿者还将相关课程向社会推广，有的还成立了创业团队。志愿者的加盟，也避免了教师对有关话题兴趣缺失或能力不足，课程无法开设或延续的弊端。这种模式，既有利于课程开设，又有利于课程推广，是一种可持续发展的模式。

4. "一课一社"——课程在学生中的推广运用方法

我在课程建设中，力求根据实际需要，将一门课程与一个学生社团结合起来，通过课程为社团提供人员基础，通过社团将课程的影响力从课堂中释放出来。2013年笔者指导曾上过汉服选修课的学生，成立北师大实验中学"子衿汉服社"，并组织了清明踏青、手工制作、汉服讲座等活动，在学生中普及扩大了以汉服为标志的传统文化的影响。此外选修了中医课程的学生，曾组建中医养生社。今年新开设的射箭课，也将在打好基础后，选拔学生成立礼射队。除了专门的传统文化社团外，我也指导了其他的人文社科类社团，并在其活动中渗透了传统文化内容，如辩论社、哲学社、模拟法庭、模拟政协等。

四、成果特色（创新点）

在中学阶段进行人文社会科学教育，主要渠道是语文、历史、政治等学科的必修课程。但是社会的不断发展，以及学生培养道路的多样化，都对人文社科教育提出了新的需要。本课题正是围绕着人文社科的校本课程建设而展开。本课题的创新表现在以下几个方面：

课程理念创新：文化的核心是"道"，"明体"就是"明道"。在中国哲学课程中，我们力图让学生感受到中国哲学是一种活的思想，是可以指导现实，解决现实问题的。"华夏复兴、衣礼偕行"，礼仪与服饰也并不是"仪式动作的总和"和"一件衣服而已"，而是"中国有礼仪之大故称夏，有服章之美谓之华"，中医学是完整科学的理论和实践体系，历史上"废方存药"的失败，正是因为脱离了整体理论框架的指导。中国传统文化不仅是些碎片，或者被观赏把玩的展品。而是一个完整的体系，是活着的、实践着的文化，是"源头活水"。而这些文化是可以影响生活，指导实践的，我们对它的学习，也要在实践体验中进行。

课程设置创新：借助校本课程的平台，将中医、汉服文化、中国哲学等传统文化的重要内容系统地引进高中。中医的教学曾得到《中国中医药报》（中国中医药行业唯一的国家级报纸）的报道。汉服文化的系统进入中学教学则是北京市的首例。

课程开设模式的创新：在"中大结合"的模式下，中学教师真正成为课程的实施者、开发者、研究者，并能充分发挥自己教学经验丰富的优势。而大学生志愿者的加入，则给课程建设带来了活力。经过数年的摸索，已经形成了较稳定的合作关系和新老志愿者传承培养模式。

五、发展状况

1. 校内应用

本课题涉及课程，目前已经形成比较稳定的课程实施方案、校本教材、课件以及授课队伍，并借助诸多初高中诸多校本课程平台予以实施、推广，给学生进行传统学习提供更多更好的资源和选择。

首先，汉服课程的实施与推广。汉服课程是本课题的亮点。我校是北京市第一个在校内开设汉服类选修课的学校，《走近汉服》课程在社会上有一定影响力。该课程秉承"始于衣冠，达于博远"的精神，自2011年开设以来在校内培养了一批汉服爱好者，促进了学生对华夏文明的喜爱和文化自觉。最初一批选修汉服课的初中生，升入高中后成立了汉服主题的传统文化社团。目前汉服课程开设于初一传统文化类课程、初二"拓展类"选修课、高三国际部选修课等。

其次，中医课程的实施与推广。该课程具有北京中医药大学志愿者的专业支持，取得了较好的教学效果，曾得到《中国中医药报》的报道。目前开设于初二"拓展类"选修课、高三国际部选修课等。

第三，其他传统文化选修课的建设。礼仪课程由于与汉服课程内容有较大相关性，后不再单独开设，而是整合进汉服课程中。中国哲学智慧课程则结合了西方哲学内容，整合为《中西哲学探究》，在高一选修课和高三国际部选修课中继续开设。本课题并未止步于已有的课程，而是不断探索新的课程。2017—2018学年度，在初二年级筹备开设了"礼射——中国传统射箭运动"这一新课。

第四，传统文化教育在其他课程中的渗透。包括在必修课程中的渗透与其他选修课中的渗透。这使得传统文化教育超出了专门课程的范围，得以向其他课程延伸。目前，辩论、哲学、逻辑等课程中都在增加传统文化的内容。但这一部分的探索较之前述内容，还比较初步。

2. 社会推广

首先，志愿者授课队伍的培养：现有课程的参与者分别有北京师范大学哲学与社会学学院爱智者协会，汉服北京，北京中医药大学蝉衣汉服社，北京中医药大学耳针协会、推拿协会、岐黄爱心社等。北京校园礼射联盟、清华大学礼射研习会本学年也参与到我们的校本课程建设之中。志愿者在这里得到锻炼的机会，以及施展理想的平台。

其次，相关课程的推广。上述社团在我校开设课程之后，又把发展成熟的课程向外推广。目前汉服课程已经在北京市三帆中学、首都师范大学附属中学、中国人民大学附属中学（第二分校）等得以开设。中医课程则推广至北京宏志中学、首都师范大学第二附属中学等，以北中医的选修课团队为基础孕育的"杏林学园"团队，其课程项目申请并确立为国家级创新创业课题，参加北京市房山区创新创业大赛并荣获优秀奖。

第三，相关读本著作的出版。2015年课题结题之际，我们开启了相关校本教材的充实、完善、出版工作，最后选定了汉服和礼仪主题。经努力，已经完成《华夏有衣》《华夏礼仪》两本著作，由开明出版社出版发行；其续篇《华夏节令》，由学苑出版社出版发行。

六、反思展望

1. "课/社/赛"三位一体模式的探索。将课程、学生社团与比赛活动结合起来，是发挥课程建设成果效益的有效渠道。用系统讲授的课程资源（人员、知识等）哺育社团，用学生自己运行的社团将课程内容真正实践起来，又用相对稳定的比赛活动给课程、社团以良好的发展载体、平台。目前实施效果最好的是"辩论课程——辩论社——辩论赛"。模拟法庭、模拟政协、礼射，也有比较稳定的活动载体。哲学、汉服的活动载体正在探索之中。中医活动载体比较明确，但需要的资源投入较多。

2. 社会力量与课程资源的整合推广。我们的课程建设已经积累了一定的成果，包括课程方案、教材课件、授课经验等，但是仅靠热心人士、社团和一线教师的力量，是很难进一步向社会推广的。目前的课程推广规模，在现有的人力资源基础上很难扩大。这就需要有意愿、有能力进行传统文化推广的力量来加大投入，将现有成果真正推广出去。例如今年辩论课的授课者是一家从事演讲、辩论方面培训的专门机构，因此辩论课的推广就正规、有效。

3. 必修课的传统文化渗透。必修课是当代教育体系的主干课程，也是为人们精神世界奠基的主体内容。传统文化教育不能只是停留在选修课中，还需要向必修课拓展。一方面，传统文化不进入必修课，不成为"主旋律"，就始终只能是教育舞台上的"配角"。另一方面，传统文化教育是要"返本开新"，在继承传统的基础上面向未来，整合"古今中外"，做到"综合创新"。所以，不能停留在祖先的光荣中，"自说自话"、"圈地自萌"，而是要真真切切地去关注、思考当代社会、学术的基本问题。这里的必修课不仅指文科课程，也包括理科与音体美等各类课程。

4. 要注意"民族性"与"先进性"的统一。文化有先进性和民族性两个指标，不能以一个否定另外一个。"民族文化"侧重于民族性，"传统文化"侧重于民族的过去，但我们更重要的是面向未来。今天我们的困惑主要在于"本土的现代化"即明末的"思想启蒙"和"社会转型"被明末战乱中断了，以至于1840年之后被动挨打。我们是学了"别人的东西"，才重新进步的。我们要做的，不是掩盖历史，而是接续"历史的断裂"，又将学习他人的成果和百年来跌跌撞撞的探索成就，真正整合进本民族文化体系中。除了大陆地区的探索以外，港澳台地区的发展探索，同样是值得重视的。不同地方既有联系又各有特色的发展历程，可以起到互相借鉴、补益的作用。如果进一步扩展视野，所有华人的现代发展探索历程，都是值得珍视的宝贵财富。

攀枝花中国三线建设博物馆*（何汉生 拍摄）

2018年1月北师大实验中学高二文科班参观河南林州红旗渠（何志攀 供图）

5. 警惕传统文化教育中的"原教旨主义"。不能开历史倒车，把一页在古代就评价不高的东西，或者当时还有一定存在的合理性而现在已经不合时宜的东西，当作要弘扬的"精华"。目前一些国学教育中良莠不分、泥古不化的奇葩事件，极大地损害了中华传统文化的社会认可度，给中华文化抹了黑。此外，还有一些民族、宗教中的保守落后势力，借民族文化之名，行宗教扩张之实，大搞"去中国化""逆世俗化"等历史逆流，更是要坚决反对的。

6. 要有学术尊严，实事求是。不能媚俗，当"墙头草"，社会流行什么就讲什么，就如毛泽东讽刺过的"头重脚轻根底浅，嘴尖皮厚腹中空"。不能把传统文化变成为流行主张涂脂抹粉的工具。今天流行A理念，就去论证A理念在传统文化中有多么重要的意义；明天流行B学说，就去论证B学说与传统文化多么交相辉映。对社会流行的思潮、主张，无论是中国的，还是西方的，还是哪里的，都要以实事求是态度，去认真思考、分析。

总之，我们讲传统文化，不是为了鉴赏已经失去生命力的"古董"，而是为了正本清源、廓清迷雾，帮助学生了解自己"从哪里来"，进而思考"到哪里去"。根深才能叶茂、源远才能流长，要帮助学生在打牢思想文化的根基的基础上，与时俱进、开拓创新，做到"不忘本来、吸收外来、面向未来"，毕竟，"我们的征途是星辰大海"！

---

* 三线建设，指的是自1964年起在中西部地区的13个省、自治区进行的一场以战备为指导思想的大规模国防、科技、工业和交通基本设施建设。三线建设是中国经济史上一次极大规模的工业迁移过程，在极其艰苦的条件下，为中西部地区工业化做出了极大贡献。攀枝花中国三线建设博物馆，是国内面积最大、展陈最全、影响力最广泛的三线建设主题博物馆，全面展示了全国13个省区三线建设的历史面貌。四川省攀枝花市就是在三线建设的大背景下，于1965年建市。

传统文化教育京津冀论坛（北京文化发展研究院 供图）

汉服选修课的理想与现实*

何志攀、杨梦醒

> 头上倭堕髻，耳中明月珠。缃绮为下裙，紫绮为上襦。行者见罗敷，下担捋髭须。少年见罗敷，脱帽著帩头。耕者忘其犁，锄者忘其锄。来归相怨怒，但坐观罗敷。
> ——（汉）《陌上桑》

> 鸡鸣外欲曙，新妇起严妆。著我绣夹裙，事事四五通。足下蹑丝履，头上玳瑁光。腰若流纨素，耳著明月珰。指如削葱根，口如含朱丹。纤纤作细步，精妙世无双。
> ——（汉）《孔雀东南飞》

"中国有礼仪之大故称夏，有服章之美谓之华"。"华"是华美的服饰，夏是兴盛的文明道德。从轩辕黄帝"垂衣裳而治"开始，就形成了被称为"汉服"的独特服饰体系。汉服是汉民族的传统服装、是中华文化的代表性服饰，还是东亚地区服饰文化的主要蓝本。日本、越南等国都有类似"衣冠唐制度、礼乐汉君臣"的说法，可见其影响之广泛。

近年来，汉服文化越来越被人所重视，逐渐从服饰史研究的"冷门"和"专门"领域，变成与传统文化复兴紧密相关的热门、大众话题，出现了"华夏复兴、衣冠先行""始于衣冠、达于博远"等高度肯定其价值的说法。大约十年前，汉服文化从互联网上走进社会生活，之后一些高校的传统文化课

---

* 本文发表于《中国民族教育》2017年第2期，收入本书时有修订。杨梦醒，首都师范大学附属中学教师。本文图片提供者：姜晓媛，北京中医药大学研究生，汉服选修课授课志愿者。

程出现汉服文化身影，各大高校纷纷组建了汉服相关社团。2011年，北京师范大学附属实验中学在北京地区的中学教育中率先开设了汉服选修课程，指导学生进行系统的汉服相关内容学习与实践。随后的几年中，中国人民大学附属中学第二分校、首都师范大学附属中学等也陆续开始开设汉服主题的选修课程。与此同时，全国各地有越来越多的中小学在国学类课程中加入汉服讲座、汉服穿着等内容。

北师大实验中学初一选修课《华夏霓裳——汉服鉴赏与制作》展示（姜晓媛 供图）

结合近年来中学汉服文化教育的发展状况，笔者认为，在中学推进汉服文化教育，应该着重思考以下几个方面的问题。

一、为什么要开设汉服选修课

1. 是完善中华优秀传统文化教育的要求。

教育部《完善中华优秀传统文化教育指导纲要》强调"加强中华优秀传统文化教育，是构建中华优秀传统文化传承体系，推动文化传承创新的重要途径"。但是近代以来被动挨打、救亡图存的背景，导致我们教育的主流内容是发源于欧美的近现代文明，即"西学"。这是必要的，但又是不够的。如何将我们学习到的"西学"，以及后来在实践中探索出的"新学"，接续上民族文化之根，真正做到"古为今用、洋为中用"，是我们需要不断探索的事情。在目前还没能将"古今中西"有机熔为一炉，教育体系还是"西学"为主的情况下，通过国家课程、地方课程、校本课程这三级课程的设置，在选修课中加强传统文化教育，是一种成本较低、变动较小的选择。

2. 可以发挥汉服的文教价值。

汉服是中华优秀传统文化的重要内容，它绝不仅仅是一件服装，而是与中华文化的核心理念有关。中国不仅是"礼仪之邦"，还是"衣冠上国"，服饰是与礼仪并称的中华文化标志。"黄帝垂衣裳而天下治"，由传统服饰延伸开去，几乎可以涵盖传统文化的各个层面。所以，帮助学生理解汉服，不是寻找可有可无的文化"碎片""元素"点缀生活，而是通过汉服所承载的文化感悟中华文化的核心精神。

3. 符合教育规律和青少年自身特点。

青少年时期是"自我意识"成熟的重要时期，需要从国家和民族的层面寻找文化自我。他们普遍存在"我们是谁""我们从哪里来"的追问。此外，青少年处于感性思维向理性思维的转变期，容易受到"服装"这样的直观事

物的影响。通过汉服这一重要载体，让学生感悟"礼仪之大""服章之美"，从而帮助学生正确认识中华民族优秀传统文化并产生兴趣，涵养他们含蓄、庄重、淡雅、大气的东方式审美情趣。

二、汉服选修课到底该怎样开

1. 课程内容

各地汉服选修课的开设，归纳起来有三种模式：

一是"服饰为本"模式。课程内容主要围绕服饰展开，专业性较强，一般是服饰相关的剪裁制作，这种课程对教师的服饰史和服饰制作专业水平要求较高。如常州市第二中学的校本课程"汉服制作"，其视频资源所展示的即此种模式。

二是"服饰＋礼仪＋节日"模式。这种模式源于汉服复兴初期，人们往往借助传统节日和传统礼仪这两类最容易展示传统服饰的场合，来将汉服带回今天的生活。北京师范大学附属实验中学初中部开设的校本课程"走近汉服"即采取此种模式。

三是"服饰＋传统文化"模式。这种模式以汉服为突破口，适当结合琴棋书画、诗词书法、茶艺花道等传统文化精髓的教授研习。首都师范大学附属中学的校本课程"汉服与传统文化"即为此种模式。

这三种模式中，以后两种模式较为常见。以北京师范大学附属实验中学初中部开设的校本课程"走近汉服"为例，其春季学期的安排是：

在传统服饰部分，安排了试穿、传世实物赏析、纸样制作、古装剧服饰纠错等环节，比较传统服饰、现代民族服饰、影视剧服饰及亚洲其他国家民族服饰之间的区别与联系。

古代妆造（姜晓媛 供图）

纸汉服制作（姜晓媛 供图）

在华夏礼仪部分，安排了常礼示范互动、传统礼仪活动（祭祀、射礼、婚礼、成人礼）研习视频资料讲解等环节。

传统礼仪排演（姜晓媛 供图）

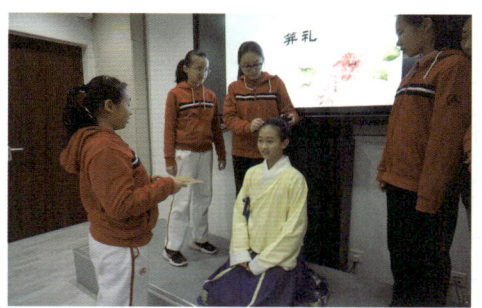

笄礼展示（姜晓媛 供图）

笄礼展示（姜晓媛 供图）

在传统节日（本学期重要传统节日包括上巳、清明、立夏、端午）来临之际，重点和同学分享各个节日的传统习俗，鼓励同学动手制作应节配饰等传统手工作品。（注：这里是春季学期的课程，涉及的主要节日是上巳、清明、立夏、端午，秋季学期课程则学习七夕、中秋、重阳、冬至、新年等。）

同时，课程中鼓励同学们以现代人的方式表达对传统的理解，例如使用现代的绘画方式表达传统节日主题，将传统服饰或文物漫画化、人形化，制作包含传统元素的文具或居家小物件如书签、随身小包、配饰等。

绳结编制（姜晓媛 供图）

香囊制作（姜晓媛 供图）　　　　汉服手工作品：布艺花（姜晓媛 供图）

表：北京师范大学附属实验中学校本课程"走近汉服"课时安排

课程内容安排	实施内容	课时安排
第一部分 华夏有衣	1. 现代汉服基本款式介绍	1
	2. 汉服复兴运动始末	2
	3. 古装剧"纠错"	2
第二部分 礼乐华章	1. 华夏礼仪·坐立揖拜	1
	2. 华夏礼仪·婚冠丧祭	2
第三部分 岁时节令	1. 岁时节令·上巳清明	2
	2. 岁时节令·立夏端午	2
第四部分 亲裁罗裳	1. 手缝基础（不织布卡套）	2
	2. 手缝进阶（束口袋）	2
	3. 手缝进阶（汉服布偶）	4
	4. 配饰制作（绳绦编结）	2
	5. 配饰制作（端午五彩绳）	2
	6. 配饰制作（古风首饰）	4
	7. 其他手工（汉服折纸）	2
	8. 综合手工（端午香包）	2

　　课程将服饰与礼仪、节日等结合起来，一方面丰富了服饰文化教育的内容，另一方面提高了服饰文化教育的实践性，强化了学生的参与程度，拉近了学生与传统文化的距离。

2. 课程的讲授方式

　　汉服课程强调体验和互动，常见做法是通过图片、视频及汉服试穿体验、纸模汉服制作等形式传递汉服之美，从而使学生增强认同感，启发他们自主学习和深入探究的意识。北师大实验中学的授课志愿者就采用过制作簪子、汉服布艺、汉服纸模、手绘汉服娃娃等多种方式，来激发学生的兴趣。

课程中一个比较有意思的问题，是如何看待影视剧服装。由于汉族传统服饰在历史中的消亡没落，很多学生并不清楚汉族的传统服饰是什么，他们对传统服饰的认识主要来源于影视作品。授课者利用家喻户晓的影视剧片段，容易激发学生的兴趣。但是影视作品对服饰有艺术的加工，甚至有的剧作服饰缺乏学术指导很不规范，引导学生正确分辨汉服与影视剧服装尤为重要。比如有学生观看了有些热播电视剧，误认为剧中演员所穿的衣服是汉服，但其实那些服装只是具有古典风格罢了。我们可以通过1998年版《三国演义》、1987年版《红楼梦》这些服饰相对规范的电视剧来帮助学生了解传统服饰的原貌。

在礼仪、节日方面，强调体验和操作。授课者要指导学生掌握汉服活动的基本程序和要求，学会活动策划、方案制定，如活动时间、地点、活动内容、宣传媒体、志愿者、互动交流方式、前期准备、预期效果等。

节俗类的课程活动最贴近日常生活，也最容易让学生对传统文化产生切近的体会。首师大附中一位学生上过"花朝节"体验课后，在个人周记中写道："爱花护花是中国古人的传统精神，故而历史上有'花朝节'。虽然今日'花朝节'已经没落消亡了，但是这种精神记忆却始仍存留在民族文化中。牡丹代表富贵，菊花象征隐逸高洁、兰草让人联想到屈原的《离骚》。春意融融的时节，假如能在校园里伴着桃花，重回昔日百花朝圣，各自祈愿的古韵风光，那该是多么流光溢彩的时刻啊。"

课堂教学之外，授课者还要抓住机会带学生走出教室，走进博物馆，参加传统节日民俗活动，从文物及传统民俗中更好接受传统文化的熏陶。利用学校展演的机会，如文艺汇演、主题班会等，进行教学成果展示——汉服展示、汉舞表演、礼仪复原等——给学生充分展示学习成果的机会，增强学生对课程的认同感。

此外，授课者还可以积极吸取社会和高校中的汉服社团资源。这些社团不仅可以提供人力作为助教的帮助，还可以提供服饰的试穿与指导等。如北京师范大学附属实验中学等学校的汉服选修课长期与北京汉服协会、北京中医药大学蝉衣汉服社合作，这些社团对学校的选修课程给予了多方面的支持。

三、教学中的常见问题及应对

汉服选修课在教学过程中，有时候也会引起个别学生、部分领导和同事的疑问，比如：

1. 关于"大汉族主义"问题。在课程中必须要避免和抵制错误的民族观。包括"大汉族主义"在内的"大民族主义"是民族沙文主义的体现，即宣扬本民族优越论，对其他民族采取歧视、排斥、压迫等极端行为。不过这一概念有特定的内涵，不能见到汉文化的字眼就说是"大汉族主义"。除了反对妄自尊大的大民族主义之外，我们还要反对自卑怯懦的民族虚无主义、历史虚无主义，以及反对片面强调民族差别、制造民族隔阂，甚至煽动民族分裂的地方民族主义、民族分裂主义等。授课者要让学生认识到，我们的国家倡导团结、平等、互助、和谐的民族关系，中华人民共和国公民在法律面前一律

平等。汉服文化是中华文化的重要组成部分，是中华民族共有精神家园的重要内容。要坚决反对任何极端化的倾向。

2. 关于汉服背负的文化糟粕问题。授课者要让学生了解，汉服在历史上除了民族文化符号和审美传承之外，也担负着划分尊卑的功能，这是当代社会必须坚决摒弃的。汉服背后的传统文化，置之于世界文明之中，也一样有着缺点甚至糟粕：如男尊女卑、等级思想、重礼不重法等。复兴汉服绝不是复辟落后文化，而是传承的基础上与时俱进、开拓创新。因此，在教育学生热爱祖国、钟爱传统的同时，授课者要注意既反对民族虚无主义和历史虚无主义，又反对封闭主义和保守主义。

3. 关于复兴汉服只是皮毛和表面的质疑。授课者必须正面回应外界对"汉服只是文化皮毛"的质疑。有人问，复兴汉服有何必要？那么，同样可以追问，复兴汉服有何不可。汉服不仅仅是一件漂亮衣服，其承载的深厚文化底蕴这里不再赘述，需要注意的是，正如马克思主义唯物史观所指出的，要重视文化的作用，但是反对文化决定论。文化与政治经济军事相辅相成、相互作用，共同影响国家民族的兴衰。民族的命运并非仅依靠文化。弘扬汉服绝不是提倡"一穿就灵"，哪种文化要素也承担不起这个重任。如果认为汉服做不到"一穿就灵"，所以就是"文化皮毛"的话，那么绝大部分文化要素都只能做"皮毛"。

4. 关于衣冠礼仪的改良问题。一些学生会提问，为什么这个衣服一定要这样制作、这样穿？为什么中华礼仪有如此复杂的规定？也有的学生有复古、泥古的倾向，强调衣冠服饰必须和古代一模一样，礼仪必须原原本本照做。授课者应当帮助学生理解，上述两种倾向都是不对的。对于任何事物特别是传统的、博大精深的中国文化，应该秉持先继承后发展、先了解再批判的态度。

四、还有哪些方面有待加强

1. 加强对师资力量的培训。汉服是古老的，但是汉服复兴则是年轻的社会现象。汉服文化相关选修课也是新学科，资料少、争论多、更新快，特别需要加强教师的学习培训。目前，很多学校都是邀请社会志愿者特别是大学生志愿者来讲授，他们富有热情、时间充裕，但是课

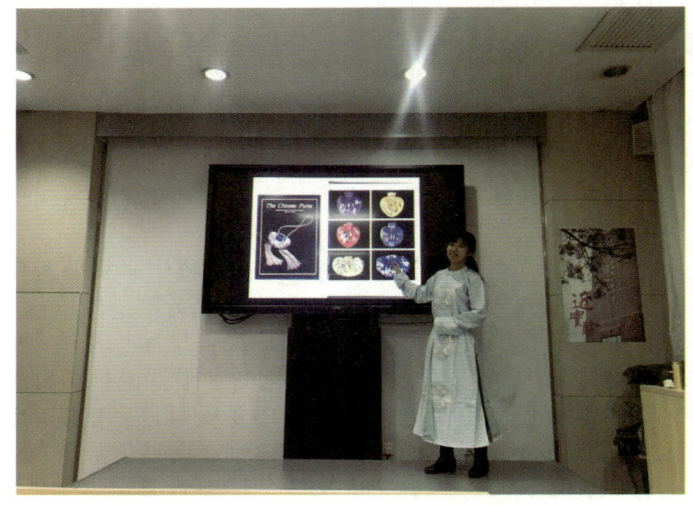

选修课志愿者授课（姜晓媛 供图）

堂管理能力、教育教学能力等比较缺乏。教学人才的缺乏是目前汉服课程发展的突出障碍。

2. 建设统一规范的教材。现在汉服教育在中学课程中总体来说还开设得比较少，但是发展很快，规范的、具有指导性、可操作性的教材稀缺是目前亟待解决的问题。期待较为权威的研究机构和社会热心人士进行系列教材的编写。

3. 资金的投入和课程资源的开发。汉服课程会带给学生强烈的参与感和体验感，这一特点决定了课程建设需要不少的资金投入。服装、礼仪用具（冠、婚等）、做手工的物资费用，目前多由热心的中学教师和社会志愿者自行购置，这明显不是长远之计。建议有条件的中学更加重视传统文化方面的教育普及，特别是在汉服选修课的师资、课程、固定教室（如首师大附中有专门的国学教室）等方面给予更多支持。

4. 与其他传统文化教育与学生活动的结合。汉服与其他传统文化课程具有极大的亲和度，如吟诵、民乐等，都可以与汉服相结合。但是目前很多开展传统文化的老师，对汉服并不了解，但又有朴素的文化情感，故而采用的传统服饰往往是粗制滥造的影楼装。"汉服+"的模式，可以产生强强联合的效果。除课程以外，学生社团、学生活动也是汉服的用武之地。

中华民族的复兴，离不开中华文化的复兴。"聚沙成塔、集腋成裘"，每一个中华儿女都可以选择自己力所能及的事情，为这个伟大的事业做出自己贡献。华夏复兴，衣冠先行，这就是包括笔者在内的汉服同袍所选择的复兴之路，在这条路上，愿有更多的人并肩前行。

中学汉服社团建设的思考与实践

王娅飞[*]

"青青子衿，悠悠我心。"

这句话出自《诗经·郑风·子衿》，描写的是一位女子对心上人的相思与喜爱之情，每当看到青色的物品或景象，便会想到心上人那青青的衣裳与玉佩。由此，"子衿"既是服饰的象征，亦是对于挚爱之物的喜爱之情。

我于三年前，也就是初二的时候，加入了汉服社，从普通社员，到部门干事，再到担任社长一职，我对汉服的感情也从起初单纯的感兴趣，到现在真切地希望能够通过自己以及团队的努力，将汉服文化广泛传播，不断地传承下去。

担任社长的时间已经有一学期有余，在社团的建设和管理方面经历过一些大大小小的磕磕绊绊，也有一些小小的心得，今天来写些关于个人在社团建设和发展的经验总结与思考。

---

[*] 王娅飞，北京师范大学附属实验中学高中生，曾任子衿汉服社社长。

2017年4月学生社团展示（北师大实验中学子衿汉服社 供图）

一、团队建设

2017年9月份的新一届的汉服社招新，使得子衿汉服社人数增至180余人。招新过后，首要的任务就是建立社团的管理层，也就是核心部门。核心部门的任务和职能是什么呢，首先是具有团队合作的能力以及责任心，愿意为汉服社的发展付出自己的努力，换言之，部门干事们可能并没有很深厚的关于汉服及汉服文化的专业知识，但是一定要具备对于汉服社以及汉服文化的一颗炙热的真正愿意做实事的心，与此同时还要将心比心地去照顾新成员以及学弟学妹们，帮助他们更好地适应和融入社团，协助他们疑难解惑，更好地了解与理解汉服，形成良好的氛围，也在潜移默化的宣传与传承着汉服文化。

子衿汉服社的核心部分较之往年有所变革，分为长策阁、尚书台、嗣音斋以及兴趣小组四个部分。每个部门的职能都有差异，所以对于干事们的要求也各不相同。

2017年9月学生社团招新
（北师大实验中学子衿汉服社 供图）

长策阁："长策"二字意为良计，由三位社长——王娅飞、刘安格、张宇迪组成，不招干事，负责对于社团大小适宜的总组织与决策工作以及社团资金管理。

尚书台：活动部。"尚书"取自"尚书省"，负责大型节日活动的策划与执行，组织社团节日外出、外拍等实践活动和校内的大型活动的组织安排以及社内汉服的租赁与管理。

嗣音斋：宣传部。"嗣音"取自

《诗经·子衿》，意为保持音讯，负责各项活动的宣传报道、海报、推送制作以及社团公众号管理与日常运营。

兴趣小组：负责组织、策划与安排每月一次的小型校内活动，包括手工制作、汉服制作研习、汉族乐舞、礼射、传统文化普及等内容。

二、社团活动与时间规划

1. 节日外出

节日外出活动通常指传统节日期间开展的与该节日习俗文化相关的活动，这部分比较容易制定计划，比如上半年的节日有元宵、花朝、端午节，下半年有：中秋、重阳、冬至，但是有时候节日当天可能与正常上课时间有所冲突，可以选择提前或者推后到周六周日开展。我认为，外出活动每学期举行1—3次即可，既是因为一些节日时间与学校安排相冲突（如期中、期末考试等），也是因为举办太多次的话干事们劳心又劳力，占用了干事们很大部分的时间不说，也会逐渐使社团的社员们失去兴趣。

2017年10月4日，正逢中秋佳节，汉服社在招新及各部门干事选拔结束后进行了这一学年首次节日外出活动，我们结合节日习俗以及社员兴趣，选择集体制作传统冰皮月饼，宋代大诗人苏轼有诗句"小饼如嚼月，中有酥与饴"赞美月饼，又因为月饼亦圆，故月饼为美好之意，有象征着团圆和睦。经过两小时的调配、混合、和面、包馅以及造型这一系列琐碎的过程，我们制成了数个形状图案不一、口味多样的冰皮月饼。在整个过程中，个个自称为"手残党"的我们经过相互协调与合作，尽管这中间确实有些困难，但我们还是顺利地完成了制作月饼的整个流程。虽然不是很完美，但是品尝着自己亲自制作的冰皮月饼还是相比较于从市面上买来的月饼更有成就感，更有意义些。尤其是当家人们坐在一起一同有说有笑着品尝并给予认可和欣慰的笑容时，那真可谓是中秋节最幸福的时候了。

2017年11月19日，子衿汉服社还参与了由北京校园传统文化联盟所组织的汉服运动十四周年外出活动，我们身着汉家衣裳行走于南锣鼓巷，用自身的行动宣传汉服，弘扬汉服。我们穿梭于大大小小的街道之间，身着汉服游玩、购物、用餐、摄影，一路上有很多游客甚至包括外国友人邀请我们合影，询问着各种有关汉服文化的问题，听我们讲述我们和社团的故事以及活动的初衷，并给予了高度的支持与肯定，有些游客虽然还分不大清汉服与其他服装的区别，但是与我们交谈过后也赞赏了汉服的精美和脱俗，那种民族自豪感油然而生。大家都非常的开心，原因并不是因为我们受到了广泛的关注，而是达到了我们最初的目的，用自己以及团队的力量，去宣传和弘扬汉服文化，在汉服复兴的漫漫长路上，我们知道，我们曾经为此付出过，努力过。

录制汉服运动十四周年出行活动祝福视频（北师大实验中学子衿汉服社 供图）

2. 校内大型活动

学校或团委会定期在校内举办社团嘉年华、社团展示、校新年联欢会以及新年舞会等大型活动，但有些活动间隔时间比较短，而且汉服社一般不论是乐舞还是仪式等活动准备排练的时间都会很长，所以就会有选择性地参与。上一届的子衿汉服社就曾经成功举办过汉服乐舞的演出以及笄礼的展示。2017年12月29日，在校新年联欢会上，子衿汉服社又一次展示了社团的风采。我与其余五位汉服社干事们经过两个月勤奋的排练，借鉴安九、璇玑

笄礼展示（北师大实验中学子衿汉服社 供图）

姐姐的舞蹈教程，又进行了一些自己的一些改编，最终在学校的四会堂进行了精彩的演出。

排练《礼仪之邦》（北师大实验中学子衿汉服社 供图）

3. 日常活动

子衿汉服社每个月都会组织一次校内的小型日常活动，包含手工制作、汉服设计、汉族乐舞、礼射、传统文化普及等内容。这种活动不会占用社员们大量的时间，还在丰富社员们课余生活的同时感受与学习汉服艺术与文化的乐趣。

三、思考与展望

中学社团活动较之大学社团发展有其独特性：中学生自由支配时间较少，场地物资等资源更为紧张，家长学校包括学生自己对社团活动与文化课学习之间的关系较为关注。最后一个问题尤为关键，一方面涉及家长、学校对活动的认可与支持力度，另一方面也是学生社团发展的内在要求。一个运行良好的社团需要共同的愿景追求和稳定运作成员可参与的平台。辩论社、模拟联合国之类的社团之所以容易发展，就是因为其相对确定的活动模式，有核心内容。那么汉服社的核心内容到底是什么？说汉文化过于空泛，说服饰其实很多人都不甚了解。回顾汉服运动初期，同袍们主要是想各种办法让汉服增加"出镜率"，得到大众的了解和认同。那么汉服运动发展到今天，很多学生并不了解汉服运动复兴的艰难历程，学生们一进学校看社团招新就看到汉服社，就会觉得这个是跟文学社、动漫社、摇滚社、戏剧社等等一样的自然而然的存在，汉服增加出镜率已经对他们缺乏视觉和思想上的冲击力了。

这一年的努力就是力图探索解决这一问题。正如指导老师说：汉服社活动比较散，缺乏核心内容。核心内容就像辩论社的打辩论赛、戏剧社的排练戏剧。结合今年的实践，以及指导老师的建议，从活动平台搭建的角度，有些初步的想法（脑洞），与大家交流一下：

1. 比赛类

方案一：汉服纸艺大赛

虽然汉服的意义不只是一件衣服，但是它首先是一件衣服。当我们对服饰本身都不甚了解，如何以其昏昏，使人昭昭？与之相关的适合开展的活动，就有纸艺大赛或类似的活动。因为很多中学都有社会实践、通用技术、文化遗产教育等诸多渠道，开展汉服纸艺大赛，乃至几校社团开展纸艺设计制作联赛，是一个很容易上手的活动。在活动时还可以穿插汉服展示、传统文化表演等。

方案二：汉服版/汉元素版校服设计比赛

这个可以与学校合作，也不一定是校服，也可以是有学校特色的服装。

方案三：汉元素服装设计大赛等，这个就不局限于学生身份了。

大家可以一起开开脑洞。

2. 文化活动类

（1）成人礼/集体成人礼

华夏复兴、衣礼偕行，适合在中学校园开展的活动有成人礼与祭祀，主要是冠礼笄礼。

方案一：遵照传统的冠礼笄礼，为社员或者是爱好者专门举办。

方案二：汉服版集体成人礼。既可以是为社员具体举办，也可以是说服学校官方出面采用我们的方案。

祭祀的话学校一般没有场地，但是举办释奠礼、释菜礼（与尊师教育结合），祭祀英烈等还是有可能的。

（2）节日

方案一：带动社员过传统节日，基本常识和技能的掌握。

方案二：设计专门活动，如之前有做过的"带妈妈一起穿汉服"，类似这样。

方案三：与学校合作开展的传统文化活动，类似于我校传统文化节。

3.其他可以长期稳定举办的活动

（1）汉服大众舞蹈（汉服版"广场舞"）

舞蹈比赛比较专业，但是不定位于舞蹈比赛，而是普及聚会，还是可行的。《以舞相属》就是很好的例子。动员有才华的同学，设计类似这样适合大众参与的汉服舞蹈，征集创意，选出好的向外推广。

（2）礼射比赛

这是与汉服密切相关活动中，最适合做比赛的了。条件具备了，从几校联赛做起，慢慢做大。

目前想到的就是这些，拉拉杂杂，供大家参考。

担任社长一职的时间已经有一个多学期了，回顾子衿汉服社这半年来的活动、工作、发展、付出、收获等等。总而言之，这一学期，充满了困难与挑战，挑战越大，机遇越大，克服一个又一个困难的同时，子衿汉服社也在不断成长着。那些曾经使我们抓耳挠腮不知从何下手的境遇，逐渐化为了丰富经验与更好的未来，使子衿汉服社变得更加壮阔，更加成熟。我们收获了更多的社员，更高的声誉，更优秀的干事，更吸引人的活动，以及——汉服社更美好的明天。当然，我们不得不承认，作为高中生社团，我们的影响力、号召力与其他经验丰富，建社时间悠久的大型传统文化社团相比还很欠缺，各方面发展都还不够完善，需要向各位老师与师兄师姐们请教，听取大家的意见与建议，努力改善各方面的不足。在新的学期里，我们将着重致力

2017年4月社团成员踏青
（北师大实验中学子衿汉服社 供图）

2017年9月北师大实验中学百年校庆演出
（北师大实验中学子衿汉服社 供图）

于宣传汉服文化，以更加生动形象、大家都喜爱的方式去渗透，比如通过微信、微博以及子衿汉服社公众平台等渠道上发布一些大家真正感兴趣的内容或话题，再进一步，可以通过拍摄一些小短片，微电影的形式让更多感兴趣同学参与进来。此外，活动方面也不会松懈，尚书台和兴趣小组的干事们也会根据社员们的兴趣爱好，积极开展多样化的活动。将子衿汉服社发展得更好，更优秀！汉服一生，同袍一世，我们是一叶扁舟，但我们的征途，是整片海洋。

第七篇　汉风化人

校园华裳

第十八章 笔著服章

要推动汉服文化乃至整个中华优秀传统文化的普及、推广，就必须下力气进行宣传工作。其中课程建设是校园传统文化教育的重要渠道。期待将来，能将中华优秀传统文化的各个方面，都根据需要系统编写成书，以教材的形式推广给学校、学生、以至全社会。"华夏复兴、四字千钧，维艰举步、启在汉衣"，虽然困难重重，但是我们的探索不会停止。

《华夏文明》系列选修课教材写作方案 *

冯琳、何志攀

党的《十八大报告》提出"文化是民族的血脉，是人民的精神家园"，要"建设优秀传统文化传承体系，弘扬中华优秀传统文化"。习近平总书记指出："培育和弘扬社会主义核心价值观必须立足中华优秀传统文化。牢固的核心价值观，都有其固有的根本。抛弃传统、丢掉根本，就等于割断了自己的精神命脉。"近年来我校传统文化教育进行了不少探索，《华夏文明》系列选修课程正是其中之一。

一、课程开设概况

2014年教育部印发的《完善中华优秀传统文化教育指导纲要》提出："把中华优秀传统文化教育系统融入课程和教材体系"，"鼓励各地各学校充分挖掘和利用本地中华优秀传统文化教育资源，开设专题的地方课程和校本课程"。但是当前国学教育存在的主要问题是"课程门类孤立化、教育内容碎片化、教学设计随意化"。形象地说就是从传统文化的躯壳中挑拣出一鳞半爪的"符号碎片"来装点我们的精神生活，缺乏对文化"体用兼备"的掌握。

对此，我们提出了"明体达用、经世致用"的理念，即引导学生在生活和实践中感悟文化，用思想文化的提升去指导自己的生活实践，并开设了《华夏文明》系列选修课程，编写了相关校本教材。

---

* 2011年9月，北京师范大学附属实验中学开设了《走近汉服》选修课，并编撰了校本教材，这是汉服第一次正式以课程的形式走进中学校园。经长期探索，我们筹备将原有校本教材修订出版。本文为2015年3月筹备相关写作时递交的报告。此次写作的原计划，从内容上来说包括哲学、礼仪、汉服、中医，后由于各种条件限制，只有汉服、礼仪的写作得以开展；从呈现方式上，最初想写成教材，但由于早期参与者多为社会志愿者，大家很有热情，但是对教材的写作方法并不熟悉，故而最终改为写作读本，正式的教材写作则留待条件成熟后进行。

课程	开设年份	课程目标及主要内容
《中国哲学智慧》	2005年	通过对中国哲学思想基本内容的介绍，帮助选修同学了解先哲的基本思想及中国哲学的基本脉络，养成哲学的思维，批判地、反思地看待世界、看待人生。通过学习，学生们将初步了解中国哲学的基本知识如代表人物、主要思想、经典著作等。
《文化行——华夏礼仪智慧》	2008年	通过课堂学习，学生们将初步了解华夏礼仪的基本知识和主要思想精髓；通过亲身参与礼乐文化活动，学生们可以将自己融入传统文化之中，将传统文化的精髓融入于心，亲身感受并应用于自己日常的生活之中；并以礼乐为切入点，以窥中华文化之面貌，为以后的学习打下基础。
《走进中医》	2009年	本课程意在宣传中医知识，讲解如推拿、耳针、中医基础、中医诊断学方面相关知识。我们本着介绍和宣传中医的目的，将医学简化成一种可以日常运用、方便可行的治疗方法，为同学们答疑解惑，让同学们能正确认识中医，运用中医知识，不被错误思想蒙蔽。
《走近汉服》	2011年	以传统服饰在现代的继承和传播为切入点，以"做中学"的授课方式，介绍传统文化中的服饰、饮食、民俗、娱乐等和日常生活密切相关的内容。与参与课程的所有同学感悟"礼仪之大、服章之美"，体味传统生活方式中的智慧和乐趣，唤起同学们对于传统文化的认同感。

二、相关课程的发展现状

以上课程都经过一定的教学实践检验，正日渐成熟。其中中医的教学还曾得到《中国中医药报》（中国中医药行业唯一的国家级报纸）的报道；汉服文化的系统进入中学教学则是北京市的首例。将以往的教学经验加以整理提升，并进而推广，是很有意义的。这不仅有助于传统文化的弘扬，也有助于我校课程体系的建设完善。下面简单介绍一下每门课程的发展现状。

（一）哲学

在法国，哲学是所有高中生的必修课，也是高中毕业会考的一门必考科目。通过哲学教会学生"哲学地思考"，而非简单的知识传授，通过引导学生如何去思考，从而塑造合格的公民。我国的传统哲学教育的问题：一方面，专门的哲学课程开设于思想政治课程，主要内容为马克思主义哲学，较少讲授中国传统哲学内容；另一方面，"国学"课程蕴含大量中国传统哲学内容，但当下的教育更侧重于从文学、文化角度而不是哲学角度进行解读。

2013年中华书局联合有关单位，对新出版的《中华文化基本教材》进行研讨。这是在台湾地区高中必选课教材《中国文化基础教材》的基础上，由中华书局修订后出版的教材。"十二五"中国教育学会《中国传统文化与当代教育》总课题组编写的《中国传统文化教育全国中小学实验教材》也已出版发行，并提出了"儒学养正，兵学相佑，道法自然，文化浸润"的课程结构。

但是这类课程，前者局限于儒学，后者侧重于文化，尚缺乏一本既重视理论思维养成，又能够概览中国人的哲学世界，并适合中学生的教材。《中国哲学智慧》教材力图填补这一空白。

（二）礼仪

我国自古号称"礼仪之邦"，孔子说"不学礼，无以立"。《公民道德建设实施纲要》提出："要结合各自的工作职能，运用多种形式和手段，大力宣传基本道德知识、道德规范和必要礼仪，使之家喻户晓、人人皆知。"但总的来说，目前的礼仪教育的弊端，一是"大而无当"，笼统的强调"文明礼貌"，但对具体如何待人接物则语焉不详；二是"全盘西化"，讲的多是西方式的礼仪，缺乏民族文化底蕴；三是"良莠不分、进退失据"，有些热心人士也想提倡传统礼仪，但是由于缺乏礼学的理论修养，不分精华糟粕，全盘照搬古代礼仪，引起诸多非议。

近年来随着传统文化的复兴，传统礼乐也随之重回人们的视野。清华大学设立了"中国礼学研究中心"。中国人民大学孔子研究院成立了"礼学中心"，并举办了"重建礼乐生活方式"学术研讨会。2014年12月由清华大学中国礼学研究中心、嘉礼堂以及中国美术学院视觉中国研究院共同举办的"第三届礼学国际学术研讨会"在杭州召开。至此，被拆解为"民俗学、哲学、历史学"等研究对象的礼学重新恢复了生命力。从大学到民间的书院、学堂、私塾等，很多人士都在从事传统礼仪推广工作。而我国台湾地区的礼仪教育总的来说情况较好，也为大陆的礼仪教育发展提供了很多借鉴。

因此，《华夏礼仪智慧》力图在继承传统的基础上，编写成为一本既适合当代人生活情境，又具有民族文化底蕴的礼仪教材。

（三）汉服

"中国有礼仪之大，故称夏；有服章之美，谓之华"。这里的"服章之美"就是指的华夏衣冠，即汉服。汉服，全称是"汉民族传统服饰"，又称汉衣冠、汉装、华服，是从黄帝即位到17世纪中叶（明末清初），以"华夏—汉"文化为背景和主导思想，以华夏礼仪文化为中心，通过自然演化而形成的具有独特汉民族风貌性格的传统服装和配饰体系。它承载了汉族的染织绣等杰出工艺和美学，传承了诸多非物质文化遗产。汉服虽然在17世纪遭受"剃发易服"的灾厄而衰微，但其影响仍然不绝若如缕。

在各地有志之士的努力下，2008年左右，天津师范大学等部分高校的相关传统文化课程中已经开始有汉服内容出现，各大高校纷纷组建了汉服相关社团。2009年国内开始出现现代"私塾"类学堂，采取"着汉服、读经典"模式授课，给学龄儿童乃至成人普及包括汉服在内的传统文化知识以及传统生活方式。2011年，我校最早开设了汉服相关选修课，指导学生进行系统的汉服相关内容学习与实践。随后的几年中，人大附中第二分校、武汉职业技术学院等几所中学或高校也逐渐开始开设汉服主题的选修课程。与此同时，全国各地有越来越多的中小学在国学类课程中加入汉服讲座、汉服穿着等教学内容。2015年，武汉生物工程学院开设汉服制作选修课，是国内首次的汉服制作相关课程。

目前尚无适合中学教学的汉服教材，我们力图编写一本"文化、技艺、审美"三位一体的，适合中学教学的教材，以填补这一空白。

（四）中医

中医药学是对人体生命活动和疾病变化规律的理论概括，它主要包括阴阳、五行、运气、脏象、经络等学说，其内容涵盖病因、病机、诊法、辨证、治则治法、预防、养生等内容。中医药学融合了传统哲学、生物学等多种学科的内容，是中国古代劳动人民在长期医疗实践中逐渐形成的宝贵财富。

近年来，中医药大学学生、中医药科普工作者以及医务工作者以各种形式走进中小学，把中医药文化带入课堂。2010年，北京中医药大学耳针协会和推拿协会在我校先后开展中医耳针、推拿、中医基础理论、中医诊断学等相关选修课程，以多样的教学形式，配合适合青少年的课程内容，将中医药带进中学课堂。除了大学生社团走进中学，广州中医药博物馆的科普工作者也为当地孩子们举办多场科普活动，开展了健身气功八段锦教学、神奇的耳穴体验、真伪中药辨别、闻香识药材等项目。2011年9月1日，北京宏志中学中医药杏林高中实验班将正式开设杏林实验班的教学由中医药大学与宏志中学共同承担，学生除了需要完成普通高中阶段全部课程以外，还要完成中国传统文化和中医基础知识等课程的学习。

目前的中医教育，或者是面向大学的预科教育，离普通中学生较远；或者是失之于零碎。因此，编写一本既系统讲述中医药理论，又面向大众进行宣传普及的教材，就显得十分必要。

因此，本套教材坚持"即用见体、明体达用、经世致用"的思想，建设面向生活与实践的高中国学校本课程。"体"就是华夏文明的思想内涵，"用"就是实践，包括社会实践和个人的生活实践。两者统一，从而做到"体用兼备"。

附件：写作大纲

《中国哲学智慧》

方案一：
　　第一单元　先哲智慧
第一课　易学之境
　　太极阴阳
　　八卦变易
第二课　儒家义理
　　仁者爱人
　　性善性恶
第三课　为道之道
　　无为之道
　　逍遥之境
　　综合探究　进退之道：阳刚进取还是守柔处下
　　第二单元　百家争鸣
第四课　法家之术
　　法、术、势
　　黄老与法家
第五课　兼爱非攻
　　兼爱非攻
　　墨经名辩
第六课　名辩思潮
　　白马非马
　　荀子名学
　　综合探究　融会百家：百家一理，万法一门
　　第三单元　三教论衡
第七课　儒教
　　以德配天
　　取义成仁
第八课　道教
　　尊道贵德
　　仙道贵生
第九课　佛教
　　寂静涅槃
　　拈花微笑
　　综合探究　学通三教：三教原来是一家
　　第四单元　历代哲思

第十课　魏晋玄学
　　　有无言意
　　　名教自然
第十一课　程朱理学
　　　无极太极
　　　格物穷理
第十二课　陆王心学
　　　发明本心
　　　致良知
　　　综合探究　明末启蒙：顾炎武、方以智、黄宗羲、王夫之等

方案二：
　　第一单元　宇宙大化——易学的奥秘
第一课　大道之源
　　　无极太极
　　　阴阳五行
第二课　群经之首
　　　易经体例
　　　卜筮之法
第三课　六十四卦
　　　乾坤并建
　　　咸恒庆会
　　　综合探究　盘古开天：中国哲学的思想原型
　　第二单元　天人合德——儒家的义理
第四课　践仁知天
　　　仁者爱人
　　　性善性恶
第五课　天理良知
　　　格物穷理
　　　发明本心
第六课　儒教
　　　以德配天
　　　取义成仁
　　　综合探究　文天祥：留取丹心照汗青
　　第三单元　无为逍遥——道家的智慧
第七课　为道之道
　　　无为之道
　　　逍遥之境
第八课　魏晋玄学
　　　有无言意

第七篇　汉风化人

笔著服章

215

　　　　名教自然
第九课　道教
　　　　尊道贵德
　　　　仙道贵生
　　　　综合探究　苏东坡：莫听穿林打叶声
　　　　第四单元　名辩思潮——名学的兴衰
第十课　兼爱非攻
　　　　墨家思想
　　　　墨经名辩
第十一课　白马非马
　　　　名家兴起
　　　　公孙龙子
第十二课　荀子正名
　　　　正名逻辑
　　　　名学兴衰
　　　　综合探究　惠施：子非鱼安知鱼之乐

　　　　　　　《华夏礼仪智慧》

　　　第一单元　礼以修身
第一课　礼仪之邦（礼仪之大、无仪不成礼）
第二课　举止端庄（坐立行、揖拜）
第三课　言谈得体（称呼、对众）
综合探究　书信
　　　第二单元　为人处事
第四课　居家
第五课　在校
第六课　处世
综合探究　出门、远行
　　　第三单元　待人接物
第七课　宴饮
第八课　访客
第九课　馈赠
综合探究　庆吊
　　　第四单元　礼乐人生
第十课　人生之初
第十一课　青春与成长（冠礼、笄礼）
第十二课　婚礼
综合探究　寿庆礼俗
附：礼学进阶　简要叙述
坛庙、宗法、宫室、衣冠、礼器、丧礼、祭祀、节日

《走近汉服》

  第一单元 华夏衣冠
第一课 华夏有衣——总体介绍汉服的概念及汉服复兴的意义
  1. 初识汉服
  2. 传承与再生
第二课 汉服款式
第三课 上国衣冠
综合探究：汉服基本礼仪
  第二单元 亲裁罗裳
第四课 裁剪制作
第五课 配饰
第六课 宫绦与中国结
综合探究：传统之美——面料、纹饰、配色欣赏
  第三单元 礼仪之大
第七课 冠笄之礼（冠礼、笄礼）
第八课 汉服婚礼
第九课 乡射之礼（射礼、投壶）
综合探究：祭祀
  第四单元 岁时节令
第十课 新年
第十一课 春生夏长
第十二课 秋收冬藏
综合探究：上巳节

《走进中医》

  第一单元 做健康的人——中医概述，健康的概念＋预防
第一课 过健康的生活
  1. 健康从今天开始——中医的健康概念，简介中医学含义
  2. 不治已病治未病——预防的意识
第二课 人有三宝精气神
  1. 气——简介中医中的气概念，如元气、宗气、营气、卫气之类
  2. 精、神——精神内守，病安从来
第三课 中医的说理工具——阴阳五行
  1. 察色按脉，先辨阴阳
  2. 五行学说
综合探究 健康有道——讲养生，各种小贴士（或者 天人相应——顺应自然、四时养生）

第二单元　人体的奥秘
第四课　人是水做的
　　1. 人是水做的——气血津液
　　2. 人体的江河湖海——经络
第五课　脏腑的秘密（上）
　　1. 心者——君主之官也，神明出焉小肠者——受盛之官，化物出焉
　　2. 肺者——相傅之官，治节出焉大肠者——传道之官，变化出焉
第六课　脏腑的秘密（下）
　　1. 肝者——将军之官，谋虑出焉胆者——中正之官，决断出焉
　　2. 脾胃者——仓廪之官，五味出焉肾者——作强之官，伎巧出焉
　　　膀胱者——州都之官，津液藏焉，气化则能出矣
综合探究　五行与脏腑的联系
　　第三单元　人为什么会生病
第七课　外感六淫　内伤七情——病因与发病
　　1. 看不见的外邪——风寒暑湿燥火
　　2. 情绪是怎么治病的，又是怎么治病的
第八课　病机
　　1. 治病求本，本于阴阳
　　2. 正气存内，邪不可干
第九课　认识自己的体质
　　1. 人分九种
　　2. 体质养生
综合探究　食物也有"体质"——食物的寒热温凉
　　第四单元　中医是如何看病的
第十课　望闻问切——中医诊断，简要附注中医的辨证与辨病的关系
　　1. 望、闻、问
　　2. 什么是把脉
第十一课　药的故事
　　1. 中药的标签——四气五味，升降浮沉
　　2. 那些有趣的中药传说
第十二课　什么是"开方子"
　　1. 用药如用兵——中药的"排兵布阵"（这里会介绍君臣佐使，配伍，禁忌）
　　2. 众方之宗、群方之祖——《伤寒杂病论》
　　综合探究　以普通的感冒举例，结合上面的病因病机，告诉大家感冒也分好多种，如何诊断，如何辨证。
　　　附录：耳针与推拿不用铺陈写，写成攻略那种，简明扼要、便于操作。

中华传统礼乐文明研习课课程设计方案*

吉恩煦、何志攀

【课程介绍】

中华传统文明中最为重要的就是礼乐文明。而现有的中学课程中并没有将礼仪课或礼乐课作为单独的一门课程进行开设，或者仅仅一个学期内加开两三门选修或兴趣课，这样实际上是无法起到真正好的作用的，授课不成体系，师生互动度不高，学生们也无法真正领会其中内容。

礼者，履也，律也。学习礼仪并不能死硬的从文献课本中进行，而是应该加强学生的动手能力，从根本上落实传统礼乐的践行。

目前北京市中学每学期为二十学周，一年约为四十学周，抛去放假及郊游、考试等，所正式教学使用学周应为十四至十六周。中华传统礼仪研习课初定为四个年级，初一、初二、高一、高二。其中初中为传统礼仪体验课，每学期12节课，每学年24节课，共48节。高中为传统礼仪理论研习课，每学期10节课，每学年20节，共40节。一共88节课程。其中有些课程根据教学方法的不同可进行拆分，因为每节课大致分为两个框题，每个框题原则上教学时间应不少于40分钟。因此，初中总课时应为3840分钟，高中总课时为3200分钟。

【书名及书稿内容】

初中：三套，共4本教材

初一年级所用的两册教材分别为《中国传统日常礼仪》和《中国传统节日礼仪》，两本教材根据时间的推移进行穿插教学，所达到的目标为熟悉传统日常礼仪、传统节日，具有一定礼仪实践能力。

初二年级所用教材为《中国传统汉服常识》（上、下）并辅之以传统吟诵、写字、射箭、音乐、建筑等体验课程，突出礼乐文明教育。所达到目标为使学生初步掌握古代适龄士人所需掌握的基本技艺，并配合实践课程进行传统礼仪的教授。最后用一节课的时间向家长进行汇报表演。

具体课程设置如下：

课程年级	课程名称	课程类型	课程场所	课程节数	课程说明
初一（上）	坐立常礼	课本讲授	教室	1	
	中国传统节日之秋季节日	课本讲授	教室	2	
	家庭礼仪	课本讲授	教室	1	
	师生校园礼仪	课本讲授	教室	1	

---

* 作者：吉恩煦，字与嘉，中国人民大学孔子研究院礼学中心副主任，长期从事传统礼仪研究、宣传、复原实践等工作。

（续表）

课程年级	课程名称	课程类型	课程场所	课程节数	课程说明
	拱手、作揖、跪拜等行礼仪容	课本讲授、实践	教室/封闭大厅（或活动教室）	2	
	中国传统节日之冬季节日	课本讲授	教室	2	
	中国传统节日之新年礼仪	课本讲授	教室	3	
初一（下）	早晚日常及饮食礼仪	课本讲授	教室	1	
	中国传统节日之春季节日	课本讲授	教室	4	
	投壶礼	实践	活动教室	1	
	古代礼仪故事选读	课本讲授	教室	1	
	中国传统节日之夏季节日	课本讲授	教室	2	
	古代礼器常识及摆放	图片讲授/动手实践	教室	2	
	写作	开放教学	教室	1	
初二（上）	写字及相应书法礼仪	实践	教室	3	
	读书方式及古典诗歌吟诵	课本讲授及实践	教室	3	
	传统汉服常识及穿着（上）	课本讲授及实践	教室/活动教室	4	
	古代建筑常识及旅游礼仪	校外体验	校外（古建景观）	2	
初二（下）	传统射艺	实践	室外	5	
	传统音乐赏析及乐器讲解	课本讲授及欣赏	教室	3	
	传统汉服常识及穿着（下）	实践	活动教室	2	
	传统配饰手工制作	手工课	教室	1	
	家长互动课	开放式互动课	教室	1	

高中：一套，共 4 本教材

高一：整个高中阶段只有一套教材《中华传统礼仪文明》，侧重理论方面。高一年级要求学生系统学习古代礼仪脉络，理解礼仪内涵和精神，并初步触及传统礼学内容。从五礼的基本内容进行教学，完整学习冠礼、婚礼、相见礼、乡饮酒礼、乡射礼内容，并附之以文言文阅读，句读点书等文献能力。

高二：系统学习传统丧礼、丧服制度、祭祀礼仪并在实践中对传统冠礼、拜师礼、祭祀礼即兴演习。使学生初步掌握传统六艺。针对高校自主招生考试及知名学府（如北大、清华人大、北师等）先修课程进行知识结构梳理及应试教学。

具体课程设置如下：

课程年级	课程名称	课程类型	课程场所	课程节数	课程说明
高一（上）	礼仪本质	理论教学	教室	1	
	五礼概述	理论教学	教室	1	
	传统冠礼	课本讲授	教室	3	
	传统婚礼	课本讲授	教室	3	
	礼仪情景剧	实践	活动教室	1	
	传统书信写作	课程讲授	教室		
高一（下）	相见礼仪	课本讲授	教室	1	
	乡饮酒礼	课本讲授	教室	1	
	乡射礼	课本讲授	教室	2	
	射礼操演	实践	户外	2	
	文言标点训练	技能教学	教室	1	
	礼学文献阅读	技能教学	教室	2	
	射礼汇报	教学测试	户外	1	
高二（上）	传统伦理	理论教学	教室	1	
	六书概要（文字学基础）	理论教学	教室	1	
	说文解字概论	理论教学	教室	2	
	丧礼概要	课本讲授	教室	1	
	丧服制度	课本讲授	教室	2	
	传统冠礼演礼	实践	活动教室	1	
	传统祭祖礼仪	课本讲授	教室	2	

（续表）

课程年级	课程名称	课程类型	课程场所	课程节数	课程说明
高二（下）	节日中的祭祀礼仪	课本讲授	教室	1	
	文庙制度及释奠礼	课本讲授	教室	2	
	社会风俗及古人习惯	课本讲授	教室	1	
	传统书信、公文写作	课本讲授/实践	教室	3	
	礼仪、知识测试	考察	活动教室	1	
	礼仪情景剧汇报	实践	活动教室	1	
	传统拜师礼演礼	实践	活动教室	1	

【写作安排】

2015年、2016年这一课程开始设计课程方案、组织教材写作，并准备由中华书局予以推广。由于主要筹备者、编写者工作繁忙，加之中华书局后来的工作计划变动，这一计划最终没能完成，十分可惜。课程设置的人文性、实践性、系统性、综合性等特色，使其仍具有参考价值，收录于此，以供参考。

课程设计完成后，开展了配套教材写作。这套教材写作人员以中学教师为主，加入部分社会志愿者。其中《中国传统日常礼仪》和《中国传统节日礼仪》完成过半。由于课程建设并未持续下去，所以相应写作也未最终完成，下列写作方案的具体的设计及表述还需调整打磨。收录写作方案，一是纪念这次努力和尝试，二是希望能有机会接着完成写作，或是有他人能完成这一工作。"功成不必在我"，但愿大家共同努力，不断推进华夏复兴。

《中国传统日常礼仪》

单元	章节
第一单元 举止言谈 （本单元介绍个人基本礼仪）	一、举止得当 1. 动静皆宜（讲坐立行） 2. 如沐春风（讲见面礼）
	二、仪表大方 1. 容貌表情 2. 仪容仪表
	三、言谈得体 1. 礼貌称呼 2. 礼貌用语 3. 谈吐艺术

（续表）

单元	章节
第二单元　为人处世 （本单元介绍如何适应不同身份、角色）	四、家庭礼仪 1. 家庭组成 2. 孝悌礼义
	五、校园礼仪 1. 尊师重道 2. 携手同侪 3. 礼在点滴
	六、为人处世 1. 处世智慧 2. 人际交往 3. 异场之仪
第三单元　待人接物 （本单元介绍人际交往准则及社会公德）	七、方向位次 1. 古代宫室 2. 主客方位 3. 道亦有道（讲行进中的次序） 4. 君子御艺（讲古今交通秩序）
	八、待人接物 1. 造访他人 2. 馈赠之仪 3. 庆吊之仪
	九、宴饮尚礼 1. 传统宴饮 2. 中餐礼仪 3. 茶香馥郁
第四单元　礼仪进阶 （本单元讲述礼仪文书写作，及礼仪器物的相关知识）	十、礼仪文书 1. 现代书信 2. 传统书信 3. 红白礼文
	十一、俎豆仪节 1. 传统礼器 2. 礼器摆放 3. 投壶之礼

《中国传统节日礼仪》

单元	章节
第一单元 春	正月 孟春 1. 华夏新年 2. 缤纷大春节 3. 元宵节 4. 天穿·填仓·正月晦
	二月 仲春 1. 中和节 2. 二月二 3. 花朝节
	三月 季春 1. 上巳节 2. 寒食节 3. 清明节
第二单元 夏	四月 孟夏 立夏（附录介绍浴佛节）
	五月 仲夏 1. 端午节 2. 分龙节（附录介绍雨节）
	六月 季夏 1. 六月六 2. 观莲节（附录介绍"五季"）
第三单元 秋	七月 孟秋 1. 七夕节 2. 中元节
	八月 仲秋 1. 中秋节（附录介绍秋社）
	九月 季秋 重阳节
第四单元 冬	十月 孟冬 1. 十月朝 2. 下元节
	十一月 仲冬 冬至节

(续表)

单元	章节
	腊月　季冬 1. 腊八节 2. 尾牙节 3. 小年祭灶 4. 除夕
拓展：历法举要	1. 夏历概要 2. 天干地支 3. 一年四季 4. 二十四节气 5. 纪年之法 6. 月、日、时

汉服概念的修正缘由及其发展的三个阶段 *

杨娜

2001年上海APEC会议后"新唐装"方兴未艾之际，互联网上又兴起了有关"汉服"的讨论，而这一次的争论则是把服装样式锁定在了于明末清初消失在中国民间社会的汉族"古装"，一石激起千层浪。由于汉服一词出自互联网上的网友讨论，中国官方也从未对此有过表态，各方对其定义和范畴仍是说法不一，导致了对于汉服和汉服运动的争议和质疑不断。

因此，笔者认为应该针对汉服运动的不同阶段，结合社会公众对于汉服的认知和了解，不断修正汉服概念，在实践中完成汉服复兴的三段使命，进而实现重正汉民族服装之名的可能性。

一、第一阶段：汉服与古装

2001年上海APEC会议之后，网友们指出："APEC会议上的'新唐装'是根据清朝'马褂'设计而成，与真正的唐朝服装没有任何关系，也不属于中国传统的'上衣下裳'民族服装体系范畴。"最有资格代表中国国家形象的服装，应该是根据中华民族的主体民族——汉族的传统服装所设计，而不应该选用其他近现代社会的时装物品，并提出了"汉服"——汉民族传统服装的概念。

---

* 本文发表于"汉服北京"公众号，收入本书时作者杨娜有修订。

1. 概念上模糊汉服与古装的时间线

根据 2003 年时，汉网论坛（汉服运动的网络发源地）骨干们的讨论结果，认为"汉服是指明代以前，在自然的文化发展和民族交融过程中形成的汉族服饰"。显而易见，网友们所界定的"汉服"概念，基本是以清政府的"剃发易服"时间点为分割线，借此判定汉族人身上所穿着的是汉族传统服饰或满族传统服饰为依据而确定。换句话说，兴起自 21 世纪的"汉服"论说，多少是具有一些反"唐装"和反"旗袍"的倾向。*

此后，网友们又对"汉服"概念不断修订，但重点也是围绕着时间、地域、范围而修正。如 2005 年文章《汉服略考》中指出的汉服概念，这一概念也是学术文章中引用量最高的一个概念。文中指出："汉服是汉民族传统服饰，指约公元前 21 世纪至公元 17 世纪中叶（明末清初）这近四千年中，在华夏民族（汉后又称汉民族）的主要居住区，以'华夏—汉'文化为背景和主导思想，通过自然演化而形成的具有独特汉民族风貌性格，明显区别于其他民族的传统服装和装饰体系。"** 而其他的一些学术文章也不断在对"汉服"概念的时间和外延做了修订，如增加"上溯炎黄，下至宋明""从黄帝即位（约公元前 2697 年）至明末（公元 17 世纪中叶）四千多年"的时间范畴。

综上所述，在以时间点为主要界定依据的前提下，网友们所建构的"汉服"更像是特指明末清初前汉族人的"古装"。从这个概念中可以看出，这场以复活"汉服"为载体的"汉服复兴运动"，实际可以被理解为在当前中国社会中试图复活一件消失了的汉族"古装"的文化实践行动。

2. 实践中区分汉服与古装的穿着场合

显而易见，在概念中除了穿着时间线的差异外，并不能分出汉族"古装"与现代汉服的差异，这一阶段对于汉服的界定，其实与汉族人的明末清初前的"古装"并没有本质差别。但是在实践中对于是否属于现代汉服的判定又很鲜明，特别是对汉服活动中出现的"影楼装"、戏服做出"上纲上线"的抨击和指责。网友们认为："影楼装、戏服是从事戏曲、戏剧、等表演演艺艺术中所用到的道具服装，在服装用料、剪裁方式、'露肉'程度、细节制作上面与汉服有着很大差别。"因此，在正规的汉服活动，特别是祭祀礼仪、节日礼仪等重要活动场合，是不应该穿着影楼装来参加的。影楼装、戏服的场合，应该仅仅是被用在影楼拍摄、舞台表演等特殊场景之中，与汉服复兴有着本质差别。由此可见，尽管"影楼装"、古装和汉服在概念上的区分并不明显，但是在实践中，网友们却非常看重二者之间的穿着场合。

实际上，对于汉服第一阶段的概念定位也是符合 2003 年汉服运动需要的。因为汉服本身的建构制作，最初大量参照了古装剧、影楼装的设计样式和风格。而为了让公众更好地、直观地熟悉汉服的样式，因此在概念上把现代汉服与传统古装的样式进行了模糊，仅以时间线来区分二者的差异，这样也有利于公众对服装样式的认知，更容易提升大家的接纳程度，甚至是唤回

---

* 周星．"新唐装、汉服与汉服运动——二十一世纪初叶中国有关"民族服装"的新动态"[J]．开放时代，2008（3）．

** 张梦玥．汉服略考[J]．语文建设通讯，2005（8）．

大家的集体记忆。但是在实际活动中，又通过对于具体服装样式的分析，来界定是否应该出现在汉服活动中，进而在群体内部强化汉服与古装的差异，树立起内部的形象认知，区分汉服与古装的穿着场合，建构新的集体认同。

随着汉服这一概念的受众日益扩大，汉服运动发轫十年之后，借助第一阶段概念所取得的成果也有了鲜明的效果——社会上把"古装"的称呼改为汉服。在媒体上经常可以看到"哪个明星穿着汉服最漂亮？""大学生们穿着汉服穿毕业照合影"的新闻报道，而打开文章后可以发现，人们身穿的其实是网友眼中的"古装"或影楼装。而这一现象的改变，可以被看作是汉服运动第一阶段的成果，就是把众人眼中的"古装"更名为汉服，进而迅速地扩大了汉服这一概念的受众群体。

二、第二阶段：汉服与汉元素

在 2009 年汉服运动如火如荼之际，为了促进汉服适应现代社会的日常属性，即应对汉服在重大或特殊"非常"场合出现的局限性，汉服运动参与者还对汉服进行了改良和创新，并推出"汉元素"这一概念，亦即"汉服元素时装"，特指具有某些汉服元素（交领、右衽、系带等）的时装。而且汉元素和汉服便装之间的定义，在本质上并没有楚河汉界。随着汉元素的认知度不断扩大，实际上与汉服款式的特征描述也在日益模糊。

1. 概念上模糊汉服与汉元素的款式

随着汉服样式的不断扩大和深入人心，很多汉服运动参与者们也意识到了这个问题，即现代汉服是 21 世纪的建构产物，并非是完全复原自古代的传统服饰。如果从现代的民俗服饰定位来看，汉服的概念更应该以款式与特征来界定，而不是以时间与朝代命名。2010 年，有网友开始编写现代体系大纲，2011 年，百度贴吧网友"一盏风"在《现代汉服体系 2.1 版》中明确了"现代汉服"的概念，并且以款式作为了判定标准："现代汉服是指现代正统汉服的简称，指的是现在这个时代的汉族传统服饰。现代汉服按款式可以分为：内衣、中衣、外衣、罩衫、配饰、首服、足衣七大类；按照功用可以分为：礼服、常服、弓武服饰、僧道服饰、表演服饰、衍生服饰六个部分。"

尽管这个概念并不完善，甚至说是存在着很大争议，但却起到"抛砖引玉"的作用。在笔者看来，第二个阶段中，汉服的定义重点应在于服饰的形制特征，也就是相对于西式服装的自成一体风格。故第二个阶段的汉服定义应该是："汉服应指 21 世纪出现并流行，仿照历史上明末清初之前的汉民族传统服饰形制的服装。其典型特征为：平面剪裁、交领右衽（领子左右相叠，外在看起来如同字母"y"）、绳带系结（没有扣子和拉链，用绳带系结）、上衣下裳、宽袍大袖（泛指礼服，日常中也有窄袖）、衣裾袖口缘边。"

与汉服这一概念相似，汉服运动参与者们对于"汉元素"的描述并不清晰。就像对于汉服主流款式的核心特点描述——交领右衽、无扣结缨、飘逸洒脱，如果对应在"汉元素"的样式上，也几乎是可以重合与一致。对于汉服与汉元素的差异，更多是体现在制作细节和造型外观上，如裙裾是否及地、上衣后背是否有中缝，整体造型是否收腰合身，拼接部分是否使用拉链等，

而这些差异在形制概念上则没有明显的文字标识。

因此，对于汉服的第二个阶段的概念实质是在模糊汉服与汉元素的款式样式，进而带来更多的可穿着场合，突破汉服的非日常边界线，扩大汉服的知名度，并且也给时装世界带来新的审美情绪。

2. 实践中区分汉服与汉元素的场景

从服装样式的外观上看，汉元素和汉服日常服装的样式更是如出一辙。正如一些排斥汉元素的网友所说，汉元素的流行会阻碍汉服的推广，因为"那些将衣裙做短小的夏装，若本体采用的不是西式剪裁，那也就不是什么汉元素，它属于汉服系统中的便装"。因此，实际应用中，汉服运动参与者把汉元素时装和汉服礼服的场景做了区分。

像祭礼、成人礼、婚礼等场合，属于严肃性事务、人生重要仪式场景，作为主体者出席时，往往会选择最隆重的汉服礼服，甚至会采取"多层叠穿"的方式，突出服饰的厚重感；像传统节日、宴席观礼等场合，如果仅作为一般观众或参与者出席时，通常会选择日常礼服或汉服便装，突出汉服的传统服饰属性；像日常生活、工作或学习等场合，如果仅作为一件好看、符合自己爱好的普通服饰穿着时，通常考虑是汉服便装、"短打类"汉服或者汉元素，避免与现代社会的"格格不入"的场景。

总而言之，在汉服运动取得一定效果的背景下，也就是第一阶段的汉服概念获得了一定社会认知度后，此时人们对于汉服的概念有了转变，实际上是改"时间线"的分割方式为"款式"的描述，推动穿着汉服的场合有所扩大，也让人们更加熟悉了现代汉服的款式风貌。

三、第三阶段：汉服与华服

汉服概念的第三次变革节点，可以认为是在2018年首届"中国华服日"的推动下而提前出现。实际上，搜索百度百科"华服"词条，可以发现与"汉服"的词条为同一条，这是因为在汉服运动兴起之初，网友们对汉服的定义中就提到了——汉服，又称华服。

然而，与汉服的概念备受质疑相似，华服的概念也从未有过官方表态，甚至因为"华"的范畴与指代，而遇到了更多的争议。

1. 概念上模糊汉服与华服的范畴

实际上，第三阶段的定义应该是基于汉服是汉民族服装这一理论被广泛接受后，通过其历史风貌、文明内涵、穿着载体的特性，描述出的其服饰背后的体系特征和认同意义。然而，由于汉服运动尚未完成汉民族服装的使命，既没有完成汉服体系的建设和背后一套服饰文化体系理论的重构，也没有让社会公众们完全适应中国社会中随处可见的"广袖飘飘"、"衣裾渺渺"，因而也就并没有具备现代社会的民俗服装基础，这也正是汉服仍然不能在特定的族际交互场景下，成为汉民族文化认同的重要符号和标志的根本原因。

另一方面，对于现代华服的定义，这里"华"的解释实际有两层含义。从狭义上讲，"华服"可以理解为华夏民族的服饰，即汉民族和汉民族的前身华夏民族服饰，这里的"华夏服饰"也可以等同于"汉族服饰"。但从广义上讲,"华"则可以理解为中华民族的民族服饰,也就是包含了56个民族的中华民族服饰体系,因而它应该是包括了唐装、旗袍、汉服,以及蒙古袍、藏袍、苗服等少数民族服饰等在内的所有"新中式服装"和各地民俗服饰的总和。正是因为有着"华"字有着狭义和广义之分,人们也往往是根据不同的实际需要,剖析某一时刻华服的狭义和广义的指代含义。

在概念定义中,汉服与华服的指代和范畴,应该类似于"汉语""汉字"所对应的"中文""华语"一样,模糊汉民族服饰与中华民族服饰的指代。笔者认为第三阶段的现代汉服定义应该是:"自辛亥革命以来,在继承传统华夏(汉)服饰的基础上,表现华夏(汉)民族性格与文化特征,明显地与其他民族服饰相区别,具有完整性、统一性、独立性、复杂性、自觉性的现代民族服饰文化体系。"

换句话说,第三阶段的汉服概念,应该是类似于模糊汉文明和中华文明的范畴相似,淡化"华"的狭义和广义之分,通过描述汉服的历史渊源、穿着时间、文化内涵、体系特征,表现汉服的民族服装属性。

2. 实践中区分汉服与华服的载体

在实践中,则应该是依据中华民族对内分辨56个民族属性,还是对外强化中华民族共同体的场景,确定汉服与华服的差别。实际上"华服"概念,更多的应该采用广义定义,被理解为56个民族的传统服饰共同融合而成的服饰文化体系。而且,华服体系与汉服体系的定位相似,它绝不应该是一种款式或某一种元素,必须是一个能够体现56个民族传统文化和现代时代精神,而且是具有中华民俗服饰基础,可以与西方服饰体系相互区别的服饰体系。在这个意义上,眼下它尚未成型,属于一种未来理念型或理想型。

至于实际应用中,汉服和华服的关系,恰好像汉民族和中华民族多元一体格局的关系。正如十九大报告中所指出的,"铸牢中华民族共同体意识,加强各民族交往交流交融,促进各民族像石榴籽一样紧紧抱在一起"[*]。体现在服饰层面的汉服,则应该理解为是在56个民族共同场景下,弥补汉民族民族服装缺位的尴尬;并且在中华民族的国际重要场合中,成为华服的主体组成,肩负起树立中华民族认同的积极作用。

四、总结

综上所述,伴随着汉服运动的不断发展和深入,汉服的概念和理论应该是个不断修正、改进、完善的过程。对

2018年中国华服日活动(杨娜 供图)

---

* 郝时远.各民族像石榴籽一样紧紧抱在一起[N].人民日报,2018年03月02日.

华夏节令

传承传统节日

于发轫于21世纪的汉服理念，绝不能仅仅根据某一时刻的当时视角，抨击和指责们前辈们的概念漏洞、形制模糊、理论匮乏，更重要的是在汉服运动的发展过程中，根据全局性的变化，不断纠正以往的错误观点，借鉴前人的研讨成果和实践经验，实质性的建立可以被接纳的最新概念和理论。在不断地尝试、摸索、纠正过程中，修正与完善新的概念、理论和体系，这才是汉服复兴的终极指向，才能让被迫消失的民族服饰瑰宝，真正地回归现代社会生活，再度绽放万丈荣光。

附　录

中国华服日倡议书

同志们、朋友们、同胞们：

今天是黄帝纪元四千七百一十六年三月初三日，值此中华民族人文始祖诞辰之际，我们联合数十家华服传承企业、数百家华服推广机构和爱好者，数十家网络文化传媒企业，共同召开了中国华服文化研讨会。经与会者共同讨论，向全国青少年朋友，各华服文化传承者，各华服推广协会、社团和爱好者提出倡议如下：

一、传承民族精神、彰显文化自信。中华优秀传统文化是中华民族的精神命脉。希望全国青少年朋友能够深入学习和继承中华优秀传统文化，让承接优秀传统文化、符合时代精神需求的服装服饰在中华民族传统节日和人生重要节点走上街头、走进网络、走进生活，通过富有中华民族独特文化魅力的系列服装服饰，向全世界展示中华文化的独特魅力。

二、复兴不是复古、继承创新并举。不忘历史才能开辟未来，善于继承才能善于创新。希望各华服文化传承者能够在传承和吸收中华优秀传统文化的同时，取其精华、去其糟粕，扬弃继承、转化创新，不搞简单复古，不搞厚古薄今、以古非今，要在华服作品和产品中努力实现传统文化的创造性转化、创新性发展，使之与现实文化相融相通，共同服务以文化人的时代任务。

三、推动文化繁荣、坚持古为今用。一个国家、一个民族的强盛，总是以文化兴盛为支撑的，希望各华服推广协会、社团和爱好者能够一如既往地以推动中华文化发展繁荣为己任，进一步丰富推广载体、拓宽推广形式，在努力用中华民族创造的一切精神财富来以文育人的同时，分清精华糟粕，对历史文化特别是先人传承下来的价值理念和道德规范，要坚持古为今用。对于"男尊女卑""纲常礼教"等不符合社会主义核心价值观的内容，要有鉴别地加以对待，要大力弘扬以爱国主义为核心的民族精神和以改革创新为核心的时代精神，深入挖掘和阐发中华优秀传统文化讲仁爱、重民本、守诚信、崇正义、尚和合、求大同的时代价值，使中国华服文化成为涵养社会主义核心价值观的重要源泉。

青年朋友们、同胞们、同志们，中华民族创造了源远流长的中华文化，中华民族也一定能够创造出中华文化新的辉煌。让我们共同努力，不忘初心，继续前进，共同为实现中华民族伟大复兴的"中国梦"而努力奋斗。

中国青少年新媒体协会
中国华服文化研讨会参会代表
黄帝纪元四千七百一十六年三月初三日

中国华服日

关于对《中国华服日倡议书》中"中华民族传统节日"和"人生重要节点"进行明确的公告

《中国华服日倡议书》已于4月18日晚向全社会公布。经中国华服文化研讨会参会代表灵芝姬(@月半的灵芝本芝)提议,全体参会代表审议通过。现将该倡议书中第一段:"希望全国青少年朋友能够深入学习和继承中华优秀传统文化,让承接优秀传统文化、符合时代精神需求的服装服饰在中华民族传统节日和人生重要节点走上街头、走进网络、走进生活。"中的"中华民族传统节日"和"人生重要节点"进行明确如下:

一、中华民族传统节日部分
共分3个大类、21个节日:
(一)国家法定节假日类:
1. 元旦(公历1月1日)
2. 春节(农历正月初一)
3. 清明
4. 端午(农历五月初五)
5. 中秋(农历八月十五)
6. 国庆(公历10月1日)
(二)中华传统节日类
7. 元宵节(农历正月十五)
8. 花朝节(农历二月十五)
9. 黄帝诞辰、上巳节、中国华服日(农历三月初三)
10. 七夕(农历七月初七)
11. 中元节(农历七月十五)
12. 重阳节(农历九月初九)
13. 冬至
(三)其他节日类别
14. 妇女节(公历3月8日)
15. 青年节(公历5月4日)
16. 儿童节(公历6月1日)
17. 中国人民抗日战争胜利纪念日(公历9月3日)
18. 教师节(公历9月10日)
19. 中国烈士纪念日(公历9月30日)
20. 抗美援朝纪念日(公历10月25日)
21. 中国制造日(公历12月26日)
二、人生重要节点部分
1. 生日庆典; 2. 婚礼庆典; 3. 满月、百天、周岁 庆典;
4. 成人庆典(冠礼和笄礼);   5. 入学典礼;
6. 毕业典礼 ;   7. 企业、公司、单位成立及周年庆典;
8. 祭祖;
以上21个节日、8个重要节点均为基本倡议,各地可根据本地特点自行增加。
特此通告。

中国华服文化研讨会
2018年4月23日

传统节日穿衣指南[*]

龙头节（夏历二月初二）

二月二，龙抬头，此节是龙文化意识最浓厚的一个节日。人们庆祝"龙头节"，以示敬龙祈雨，让老天佑保丰收。

龙一直是中华民族精神的象征。龙文化早已渗透于我国社会各个层面。龙在古代不仅仅是皇族权势的象征，更是在平民意识里生动，在众多传统节日里呈现千姿百态的风姿神韵。

因此，在这天推荐龙纹绣花汉服。

直裰 魁龙（重回汉唐 供图）　　　　褙子 琅轩（重回汉唐 供图）

花朝节（夏历二月初二、二月十二或二月十五）

也叫花神节，传说花神专管植物的春长夏养，二月初二花神生辰，许多地方不少农人都要聚集于花神庙内设供，形成庙会。

夜里还要提举各种形状的"花神灯"，在花神庙附近巡游。除此之外，这一天还有赏红、游春扑蝶、种花挑菜等美好的风俗活动。

在这样一个春意烂漫的时节，推荐色调明媚的大袖礼服、窄袖常服。

---

[*] 本文选自微信公众号"重回汉唐汉服"，收入本书时有修订。古人着衣，一年四季、不同时节，都有其相应的穿着要求。在不同时期、不同地域，又各有差异。今天我们穿着汉服，是将其作为民族服装，融入当代生活。我们应当在今天生活实践的基础上，承接前人经验，摸索出适合当代人生活节奏的汉服穿搭要求。以下相关文章，都是今人的探索和思考，是进一步前进的参考样例。

华夏节令

传承传统节日

齐胸襦裙 左静影 右沉碧
（重回汉唐 供图）

齐胸襦裙 朝歌（重回汉唐 供图）

上巳节（夏历三月初三）

古称上巳节是纪念黄帝的节日。中原地区自古有"二月二，龙抬头；三月三，生轩辕"的说法。又称它是女儿节和情人节，因为古代一般在这个日子举行成人礼。而杜甫那句"三月三日天气新，长安水边多丽人"，更将此节绮丽的风情烘至高处。

此节在中国流传时间甚长，不少地区至今尚有余韵可寻，泼水节中就可看到上巳节的影子。

齐胸襦裙 流光（重回汉唐 供图）

褙子 白薇（重回汉唐 供图）

其风俗活动有袚禊、畔浴、修禊、祈求生育、互赠香草、郊外游春、泡温泉、曲水流觞、赏桃花、曲水流觞等内容。

这一天，推荐光鲜靓丽的汉服，飘逸柔美的襦裙、清新温婉的褙子都十分适合。

寒食节（夏历三月初七）

寒食节源于春秋，曾被称为中国民间第一大祭日。起源于纪念晋国名臣介子推。

东汉末年虽经多次禁断，却屡禁屡兴，其习俗蔓延全国，深入民心。伴随着岁月的流逝，已静静地融入了清明节。

其风俗有禁烟火，只吃冷食。还有采集野菜、祭扫、踏青、秋千、蹴鞠、拜祖、插柳、咏诗等。

这一天推荐深衣祭服，或方便活动的素净常服。

深衣 信步（重回汉唐 供图）

清明节（每年公历4月4—6日）

清明节是祭祖和扫墓的日子。大约起于周代，后来在宋元时期形成一个以祭祖扫墓为中心，将寒食风俗与上巳踏青等活动相融合的传统节日。

扫墓祭祖、踏青郊游是基本主题。此外还有禁火、荡秋千、蹴鞠、打马球、插柳、植树、放风筝、射柳、斗鸡蚕花会等一系列风俗体育活动。

这一天，推荐深衣祭服，或便于活动的素净常服。

玄端 周彝（重回汉唐 供图）

褙子 入景（重回汉唐 供图）

华夏节令 传承传统节日

端午节（夏历五月初五）

端午节已在民间传承两千多年。其由来说法甚多，各地过法虽不尽相同，但包粽子、划龙船是普遍习俗。

一直到如今，每年五月初，中国百姓家家都要浸糯米、洗粽叶、包粽子，其花色品种更为繁多。

除此之外还有挂钟馗像、迎鬼船、躲午、帖午叶符、悬挂菖蒲、游百病、佩香囊、放风筝、比武击球、荡秋千、沐兰汤、栓五色丝线、画额、采药、雄黄酒、跳钟馗、斗草等习俗。

由此可见，此节活动较多，以窄袖为主、方便活动的常服最为适宜，如齐腰襦裙、半臂。

半臂 浮生（重回汉唐 供图）　　半臂 灵鹫（重回汉唐 供图）

观莲节（夏历每年六月二十四）

旧时汉族民间节日，流行于我国部分地区。民间以此日为荷诞，即荷花生日。这一天有划船、观莲、放荷灯、品莲馔等活动。

早在宋代，每逢六月廿四，民间便至荷塘泛舟赏荷、消夏纳凉。荡舟轻波，采莲弄藕，享受浩月遮云的夏夜风情，好不惬意。

江南一带，此日是举家赏荷观莲的盛大民俗节日，泛舟赏荷，笙歌如沸，流传数代。

在这个浪漫的节日里，穿上唯美轻柔的襦裙最合适不过。

齐胸襦裙 映仙（重回汉唐 供图）　　半臂 铃兰曲（重回汉唐 供图）

七夕（夏历七月初七）

七夕节始于中国汉朝，又称乞巧节。相传，织女是一个心灵手巧的仙女，凡间的妇女便在她与牛郎相会的这一天晚上向她乞求智慧和巧艺，也少不了求赐美满姻缘。

这一天还有穿针乞巧、喜蛛应巧、投针验巧、兰夜斗巧、种生求子、晒书晒衣、拜织女、拜魁星、染指甲、妇女洗发、吃巧果等诸多习俗。

此节推荐色调烂漫的汉服，大袖衫礼服、窄袖常服皆可。

对襟齐腰襦裙 流风（重回汉唐 供图）　　衣裳 陇上乐（重回汉唐 供图）

华夏节令

传承传统节日

中元节（夏历七月十五日）

中元节俗称七月半。是以祀鬼为中心的节日，有放河灯、焚纸锭的习俗。这一天要祭祖、上坟、点荷灯为亡者照回家之路。道观举行盛大法会祈福吉祥道场，内容是为死者的灵魂超度。

除了祭祖，民间还盛行祭祀土地和庄稼、放河灯等习俗。中元夜放在江河湖海之中，任其漂泛。放河灯的目的，是普度水中的落水鬼和其他孤魂野鬼。

可以看出，中元节的祭祀具有双重意义，一是阐扬怀念祖先的孝道，一是发扬推己及人，乐善好施的义举。

此节推荐祭服、或便于活动的素净常服。

半臂 锦瑟（重回汉唐 供图）

中秋节（夏历八月十五）

中秋节始于唐朝初年，盛行于宋朝，至明清时，已成为与春节齐名的中国主要节日之一。有祭月、赏月、拜月、吃月饼、赏桂花、饮桂花酒、等习俗，流传至今，经久不息。

中秋赏月的风俗在唐代十分流行，许多诗人的名篇中都有咏月的诗句。

到宋代，赏月之风更盛，直到今天，一家人围坐在一起，欣赏皓月当空的美景仍是中秋佳节必不可少的活动之一。

在此良辰美景，推荐穿明丽的汉服：浪漫的襦裙、温柔的褙子皆可。

齐胸襦裙 瑶华
（重回汉唐 供图）

交领齐腰襦裙 月凝香
（重回汉唐 供图）

238

重阳节（夏历九月初九日）

重阳节，早在战国时期就已经形成，到了唐代被正式定为民间的节日，此后历朝历代沿袭至今。

庆祝重阳节一般包括出游赏秋、登高远眺、观赏菊花、遍插茱萸、吃重阳糕、饮菊花酒等活动。

重阳节是最好的赏秋时期，中国南方还有些山区村落保留了"晒秋"特色。去乡村赏民俗、看晒秋，已成为乡村旅游的一种时尚。"晒秋"是一种典型的农俗现象，具有极强的地域特色。

在这个秋高气爽的时节，推荐色调清朗的常服：褙子、齐腰襦裙。

褙子 惊羽（重回汉唐 供图）

剪袖袄裙 玉茗

（重回汉唐 供图）

寒衣节（夏历十月初一）

又称"十月朝""祭祖节"、民众称为鬼头日，是我国传统的祭祀节日。这一天，人们把冥衣焚化给祖先，谓之送寒衣。同时，这一天也标志着严冬的到来，所以也是为父母爱人等所关心的人送御寒衣物的日子。

中国民间在十月一日，不仅要为亡人送寒衣过冬，就是生者也要进行一些象征过冬的传统活动。妇女们要在这一天将做好的棉衣拿出来，让儿女、丈夫换季。如果此时天气仍然暖和，不适宜穿棉，也要督促儿女、丈夫试穿一下，图个吉利。

因此这一天推荐保暖的汉服或配饰：袄裙、斗篷。

斗篷 野步（重回汉唐 供图）　　袄裙 幽兰（重回汉唐 供图）

下元节（夏历十月十五）

下元节的来历与道教有关。道家有三官，天官、地官、水官，谓天官赐福，地官赦罪，水官解厄。下元节，就是水官解厄旸谷帝君解厄之辰。

这一天，道观做道场，民间则祭祀亡灵，并祈求下元水官排忧解难。

随着日月的流逝，下元节在民间逐步演化为多备丰盛菜肴，享祭祖先亡灵，祈求福禄祯祥的传统祭祀节日。

这一天，庄重和内敛是节日的基调。因此推荐男子可穿色调庄重、低沉的深衣常服，在拜祭时可以着玄端等更庄重严肃的衣服。女子可穿色调较深的深衣、襦裙等。

白色深衣 士风（重回汉唐 供图）　　大氅 和如（重回汉唐 供图）

腊八节（夏历十二月初八）

腊八节，俗称"腊八"，即夏历十二月初八，古人有祭祀祖先和神灵、祈求丰收吉祥的传统，一些地区有喝腊八粥的习俗。

自先上古起，腊八是用来祭祀祖先和神灵的祭祀仪式，祈求丰收和吉祥。到了明清，敬神供佛更是取代祭祀祖灵、欢庆丰收和驱疫禳灾，而成为腊八节的主旋律。

其节俗主要是熬煮、赠送、品尝腊八粥，并举行庆丰家宴。许多人家自此拉开春节的序幕，"年"的气氛逐渐浓厚。

此节推荐色调喜庆的袄裙。

袄裙 惊蛰年（重回汉唐 供图）

除夕（夏历腊月〈十二月〉的最后一个晚上）

除夕，又称大年夜。是辞旧迎新、一元复始、万象更新的节日。因常在夏历腊月二十九或三十日，故又称为大年三十。

除夕这一天对华人来说是极为重要的。家家户户开始忙年，这一天有吃团圆饭、守岁、贴门神、贴春联、贴年画、挂灯笼、吃年夜饭、贴窗花、压岁钱、贴福字、燃爆竹等习俗，流传至今，经久不息。

在这个日子里，推荐色调明艳的汉服或配饰。

斗篷 何年（重回汉唐 供图）

春节（腊月二十三或二十四的祭灶，一直到正月十五）

春节是中华民族最隆重的传统佳节，中国人过春节已有4000多年的历史。在不同时代，春节有不同名称。唐宋元明，则称为"元旦""新元"等，辛亥革命后，把夏历新年正式定名为春节。

在现代，人们把春节定于夏历正月初一，但一般至少要到正月十五（上元节）新年才算结束。

节日活动有扫尘、办年货、守岁、拜年、贴春联、贴年画、爆竹、发压岁钱等，所有这些活动，都有一个共同的主题，即"辞旧迎新"。

因此，在这个辞旧迎新的节日，推荐能令自己心仪的新款汉服，来为新春佳节增添一抹喜庆气氛。

长袄 飞鸿凌月（重回汉唐 供图）　　贴里 朝天阙（重回汉唐 供图）

元宵节（夏历正月十五）

元宵节，又称上元节、元夕或灯节，始于2000多年前的秦朝。是春节之后的第一个重要节日，是中国亦是汉字文化圈的地区和海外华人的传统节日之一。

其传统习俗有出门赏月、燃灯放焰、喜猜灯谜、共吃元宵、闹花灯、舞龙灯、踩高跷、舞狮子、划旱船、逐鼠、送孩儿灯、迎紫姑、走百病、拉兔子灯、扭秧歌、打太平鼓等。

元宵之夜，赏灯十分兴盛，大街小巷张灯结彩，猜灯谜，吃元宵，满城的火树银花，十分繁华热闹。

这一天，推荐热闹欢喜的汉服。

袄裙 瑞鹤仙（重回汉唐 供图）　　披风 暗香（重回汉唐 供图）

新年汉衣彰显魅力 *

小时候一心想着过年，新年到、穿新衣、戴新帽，许多念想都可以借助"年"来实现。年就像古诗中所写的那样，充满着热闹和温馨的气色："爆竹声中一岁除，春风送暖入屠苏。千门万户曈曈日，总把新桃换旧符。"

虽然现代社会生活节奏加快，许多传统习俗都在改变，但是每年的春节依然能给我们带来许多感动。就像拥挤的春运，只为了能回家吃一顿团圆饭。就像前段时间，美国华人放飞的孔明灯，一片灯火惊艳世界，寄托着思乡之情一起向空中飞去，那一刻，远方的霓虹美得再璀璨，也比不上故乡烟火的斑斓。这让我们相信中国人的骨子里、内心深处依然为传统节日保留着重要位置。年，是中国人共通的情感与存在。

对于一些"洋节"的"入侵"，我们要做的也许不是将它拒之门外，而是保持足够的文化自信，提升自己节日的文化魅力，让她在与"洋节"的相互碰撞中，闪耀出更大的光辉！相信汉服，便是这光辉中的一缕，是她的魅力加分项！

也许有的朋友在家乡并不好意思穿汉服，包括平时会穿汉服的同袍，因为在外面有社团有朋友有同袍一起穿，不觉孤单，但是回到家乡后，可能就只有一个人。为此，我们采访了一些同袍们的想法：过年回家你还会穿汉服吗？

乌云卓玛：当然会啦！身为中国人，过自己的传统节日，当然要穿汉服过了！我都已经买好过年的新衣服了！大红色的袄裙，美美地过年！

天使：会呀，过年了会穿袄裙，想给儿子也穿上汉服带他去古镇玩。

敏敏爱吃蛋包饭：三年前认识的汉服，一开始我爸妈还不接受我穿汉服，现在，每到过年的时候我们全家都会穿汉服了，以后也会如此。

唐紫衫：很肯定地说，一定会呀！

乔乔：当然会穿哦，汉服加斗篷，我觉得传统节日就应该穿传统服饰。

在传统文化逐渐消失的年代，还有这么一群人依旧坚持着传承，他们选择穿着汉服回家过年，因为他们相信，过年时，汉服所蕴含的美好和独特意义，是其他任何服装都不能承载的。

汉服的绣花多为寓意深刻的纹样，与传统新年的氛围十分相称：

一、动物类图案

1. 金猴献瑞：金猴献桃绣花，象征好运亨通，长命百岁。

---

* 本文选自微信公众号"重回汉唐汉服"，收入本书时有修订。本文图片由重回汉唐提供。

童装袄裙 金猴献瑞（重回汉唐 供图）　　道袍 金猴献瑞（重回汉唐 供图）

2、金凤迎春：凤凰绣花，百鸟之王象征祥瑞。

袄裙 凤仪（重回汉唐 供图）　　袄裙 归云（重回汉唐 供图）

3. 青鸾唱韵：青鸾绣花，寓意吉祥长寿。

褙子 青鸾（重回汉唐 供图）

大氅 青鸾（重回汉唐 供图）

4. 鹤飞阳春：松鹤绣花，寓意吉祥、忠贞、长寿延年。

袄裙 瑞鹤仙（重回汉唐 供图）

童装比甲 野松白鹤（重回汉唐 供图）

5. 蝶舞新春：蝶恋花刺绣，彰显出一派春意盎然的美好景象。

袄裙 新棠（重回汉唐 供图）

二、植物、天象、人文类图案

1. 松枝祥云：独家设计祥云松枝绣花，寓意吉祥、长青不老。

大氅 傲霜（重回汉唐 供图）

2. 礼乐气质：以古琴之色为调，尽显礼乐气质的风流俊逸，唱一番繁华。

褙子 琴师（重回汉唐 供图）

这些带着浓厚传统文化印记的汉服绣花，凝聚了人们对生活、对生命的美好祝愿，它们都是年的意韵。老人们会在汉服上找到久违的历史传统影子，孩子们也会喜欢汉服与众不同的样子。对于孩子们来说，汉服还没有文化传承的课题，只是单纯地为他们带来欢笑，为过年增添一抹热闹的气氛。

年，是时间的见证者，凝结了太多太多的历史，汉服也是一样，它承载的不止是一种服装美，更是一种力量。当外来文化携带着世俗与狂欢向我们涌来时，汉服能够给予我们力量，坚守住传统文化的根。生活在都市，汉服让我们亲近

童装袄裙 觅夏实（重回汉唐 供图）

历史，欣赏先人们的文化思想。我们在外工作，追求效率、追赶时间，平时少有机会还乡，但无论如何，生活都还有一些东西，比一直追赶更重要。

过年回家，也希望我们回到当下，回到生活。

让我们一起穿着汉服回家过年，让汉服融入家园，融入传统节日，融入大众。

袄裙 月麟香（重回汉唐 供图）

幸运色里助你开运 *

齐胸襦裙 绯颜（善若居 供图）

颜色为我们这个世界带来美丽，很多人还认为它们会左右我们的运势，并把对我们运势有利的颜色，叫作"幸运色"。当然不要迷信哦，我们更多把这些看作一种美好的希冀和愿望。外国常讲十二星座，中国人常讲有十二生肖、五行八卦，那么，你知道你的生肖幸运色是什么颜色吗？本文就带你看看带你的幸运色，助你运势上升！

（一）五行属火

属蛇、属马是五行为火的人。一般红色是他们的幸运色，平时可以多用红色的助长运势。

红色是非常艳丽的颜色。红色的披帛与红色的裙头使这件齐胸襦裙带着别样的美艳。6米大摆，使喜欢转圈圈跳舞的你得到充分的满足。下裙隐约透出内层的水绿，设计独特，带着朦胧美。

* 本文选自微信公众号"汉服荟"，作者楸月白，收入本书时有修订。

裋子 红稚莲（秋海棠 供图）

红色与裋子相配，也可以超时尚日常。像图上这套裋子，压街你绝对是亮点，热情似火的红，燃烧着属火生肖的魅力。

（二）五行属木

属虎、属兔是五行为木的人。绿色是他们的幸运色。在家居或者办公室可以多摆设绿色植物、装饰物等都很助运。属虎、属兔的控制欲都比较强烈，因此绿色还可以平定他们的内心，使工作生活更有热情和积极性，又不至于太急躁。

墨绿带着稳重，汉元素对襟的喇叭袖设计让沉稳中彰显着少女的元气。棉麻面料柔软舒服，胸前的竹叶带着淡雅，最适合这个夏天。

汉元素喇叭袖A摆裙 翠琅轩（玺儿制作 供图）

苹果绿也是非常可爱的颜色。虽然很多人吐槽过宋裤不好上厕所，但是由于它的日常百搭方便活动性，依旧非常值得买买买！简约的夏日盛光，彩衣翩然，一缕清风，伴你轻诺，似记忆里的最初的温柔。

（三）五行属金

属猴、属鸡是五行为金的人。平时可以多穿白色、银色的衣服，戴一些金银首饰。这两个属相具有光明、纯净、单纯、理想主义的特征。理性的他们会更客观的处事，让事情更圆

多色宋裤 轻诺（华小夏 供图）

满，彰显时尚品位，有利于自身的运气。

立领衫 如是（溪春堂 供图）

气质白与紫色相搭，品味满满。纯白立领衫上点点绣花绽放，带着说不出的梦幻。如是茶一盏，如是素琴弹，来时不忙，去时不慌，长歌一曲，春色人间。这种意境美怕是只能与这件汉服相辅相成了。

一念心清净，莲花处处开。不染纤尘的莲花纹与素白浅蓝相搭配，走出别样禅意。属鸡属猴的人穿上这件汉服后感觉身上都充满着慈悲、平等、无邪、忘忧的智慧，很显气质。

对襟齐腰 般若（重回汉唐 供图）

（四）五行属土

属牛、属龙、属羊、属狗是五行为土的人。多穿黄色的衣服，用黄色的用品，玉器、水晶、都可以为他们带来快乐、好运气、以及美好的婚姻。黄色代表着快乐、乐观，不过他们有时容易情绪低落，生活中可以看到黄色的东西，对于他们的发展、情绪都有很好的催旺作用。

汉元素刺绣开衫吊带 凉凉（流烟昔泠 供图）

米黄色开衫配上别致的桔梗绣花，带着年少时的回忆，散着点点的芳香。微风凉凉，徜徉着盛夏风光，超可爱，超日常，超助运的一款汉元素，在这个时候最值得拥有。

"慢束罗裙半遮胸"是诗人对坦领襦裙的赞誉。棕黄的坦领配上增加人缘的少女粉。这几种颜色相配，不仅助于给自己带来快乐，使自己能广交好友，也给别人一种明媚女子的感觉，留下不错的印象。穿上这套汉服，说不定你的桃花运就在此刻悄悄挨近哦。

坦领襦裙 青萝赋（溪春堂 供图）

（五）五行属水

属鼠、属猪是五行为水的人。在生活中注意与黑、灰、蓝颜色的混搭，则可以起到提高运气的作用。家中也可以摆放鱼缸、水族箱等提高运气。

汉元素半臂间色褶裙 凉夜（鹿韵记 供图）

华夏节令　传承传统节日

　　黑色的汉元素带着与其他汉服不一样的调调。暗红花纹装饰下，有点古灵精怪和酷酷的味道。如果你走清新风多了，不妨大胆尝试换成这种风格，给人新感觉。微微一笑露出你可爱的小虎牙，调皮得让人不由感叹一句小坏坏。

　　男士汉服中灰色是很畅销的颜色，带着独特的温文尔雅，给人一种有内涵的感觉。舒适的竹节棉面料，软糯透气，十分适合夏季穿着。刺绣针迹密实，纹样古朴耐看。这款有多色选择，不喜欢灰色的还可以选择蓝色等。

交领半臂 游子意（观止茶舍 供图）

原汁原味中国游戏 *

身穿雪白外衣，心里香甜如蜜。
正月十五沿街卖，过了正月没人提。

挂宫灯（重回汉唐 供图）

* 本文选自微信公众号"重回汉唐汉服"，收入本书时有修订。本文人员参与表：出镜：兔子、笑笑、倾尽、凌霜、墨妍、裹齐无殇罔两；摄影：红袖、川木；后期：红袖；妆造：余墨；服装、道具支持：重回汉唐。

许多传统游戏陪伴了80、90后等几代人长大。重温这些游戏，不仅可以唤醒人们的童年记忆，还提醒人们放下手机，多与家人朋友沟通亲近。

汉服大合照（重回汉唐 供图）

老鹰捉小鸡

俗称"黄鹞吃鸡"，又叫"黄鼠狼吃鸡"，粤语称为"麻鹰捉鸡仔"。至少在明代就已经出现，是一种团体的益智娱乐游戏，在户外或有一定空间的室内进行。

老鹰捉小鸡1（重回汉唐 供图）

看我们的"小鸡",仗着身高和腿长强行躲避"老鹰"的抓捕,是不是很可爱!

老鹰捉小鸡2(重回汉唐 供图)

踢毽子

据说源于汉代。唐代《高僧传》中记载了一个故事:有一个叫跋陀的人到洛阳去,在路上遇到了十二岁的惠光,在天街井栏上反踢毽子,连续踢了五百次,观众赞叹不已。

踢毽子1(重回汉唐 供图)

踢毽子2(重回汉唐 供图)

跳绳

唐朝称跳绳为"透索",南宋称"跳白索"。原属于庭院游戏类,后发展成民间竞技运动。跳绳是一种在环摆的绳索中做各种跳跃动作的体育游戏。

跳时,摆绳与踏跃动作要合拍,可一摇一跳,也可一摇两跳乃至一摇三跳。摇绳的方向可前可后。用长绳可两人同时摇动、集体轮流跳或同时跳。

跳绳1(重回汉唐 供图)

跳绳2（重回汉唐 供图）

摸瞎鱼

现代的捉迷藏即源于此。明代《宛署杂记·民风一》记载："群儿牵绳为圆城，空其中方丈。城中轮着二儿，各用帕厚蒙其目，如瞎状。一儿手执木鱼，时敲一声，而旋易其地以误之。一儿候声往摸，以巧遇夺鱼为胜，则拳击执鱼儿，出之城外，而代之执鱼轮入，一儿摸之。"

摸瞎鱼1（重回汉唐 供图）

摸瞎鱼2（重回汉唐 供图）

丢手绢

又称"丢手帕"。这游戏据说源于宋末元初，是由黎族的一种舞蹈演变而来。

元朝元贞年间，阔别家乡近四十年的黄道婆从海南返回到上海，她不仅带回了先进的纺织技术和染布技术，同时也把丢手绢这个黎族人的游戏带回了故乡。

再后来，丢手绢这个游戏很快从上海流传到了中原地区，并逐渐遍及华夏大地。

丢手绢1（重回汉唐 供图）

丢手绢2（重回汉唐 供图）

拔河

拔河传说始于春秋时期的楚国。楚国地处大江南北，水道纵横，除陆军外，还有一支强大的水军舟师，并曾发明一种称之为"钩拒"的兵器，专门用于水上作战。

当敌人败退时，军士以钩拒将敌船钩住，使劲往后拉，使之逃脱不了。后来钩拒从军中流传至民间，演变为拔河比赛。唐代起初的拔河活动以拉扯竹索为主，到了隋唐时期已将竹索改为大绳，绳长约50丈（即167米），两头还分系小绳索数百条。

拔河1（重回汉唐 供图）

拔河 2（重回汉唐 供图）

燃炮竹

最早的炮竹，是指燃竹而爆，因竹子焚烧发出"噼噼叭叭"的爆竹。古时在节日或喜庆日，用火烧竹，毕剥发声，以"爆竹—辞旧迎新"的标志驱除山鬼和瘟神，谓之"爆竹"。

火药发明后以多层纸密卷火药，接以引线，燃之使爆炸发声，亦称为"爆竹"。也叫"爆仗"。

燃爆竹 1（重回汉唐 供图）

燃爆竹2（重回汉唐 供图）

后记

　　本书是汉服文化系列读本写作的第三部，是《华夏有衣》《华夏礼仪》的续篇。汉服具有三重身份：汉民族传统服饰、中国的代表性服饰、东亚传统服饰的蓝本，它是汉文明、中华文明乃至东亚文明的代表和象征。"中国有礼仪之大故称夏，有服章之美谓之华。"服饰及其承载的文化是中华文明的重要组成部分。汉服的复兴，标志着华夏文明之文化自觉与文化自信的重新获得。我们正是要从汉服着手，推进整个华夏文明的复兴，重建"礼仪之大、服章之美"的独特人文风貌。

　　从 2008 年起，我在北京师范大学附属实验中学相继主持开设了《中华传统礼仪文明》《走近汉服》等传统文化校本课程。课程秉承"始于衣冠、达于博远""华夏复兴、衣礼偕行"的精神，努力帮助学生了解华美服饰、日常礼节、岁时节令等知识，引领学生感受华夏文明的善良与美好，从而内外兼修，提高自身的人文素质。课程内容是服饰、礼仪、节日"三位一体"，根据不同年级的具体情况，在课程设置方面又有所侧重。2013 年，全国教育科学规划课题"中国传统文化教育课程研发与实施的实践研究"的子课题"'明体达用'理念与《华夏文明》系列校本课程的研发与实践"成功立项。这一子课题包括汉服、礼仪、哲学、中医等国学校本课程，并于同年被评为"西城区优秀人才培养资助个人项目"。2014 年，国家社会科学基金艺术学项目"非物质文化遗产青少年传承研究"课题的子课题"以汉服活动为载体的传统服饰礼仪文化青少年传承模式研究"成功立项，进一步推动了汉服文化的宣传和普及。

　　在课程开发建设实践的基础上，我们先后编写了《华夏礼仪智慧》《走近汉服》等校本教材。经过多年试用后，我们在原校本教材的基础上加以调整、充实，希望在立足教学实践的基础上，编写出一本适合中小学开展汉服课程，以及为广大社会人士普及汉服文化的读本。2015年3月，我与授课志愿者启动了相关读本的写作，并于2017年完成了两个读本，其中《华夏有衣》重在服饰，《华夏礼仪》侧重礼仪。课程讲授中的节日部分，当时限于篇幅和经费问题，忍痛舍去。2017年9月，节日部分的整理出版工作开始启动，并增补了活动策划、历法常识等内容，这就是《华夏节令：传承传统节日》一书的由来。

　　本书的作者，仍由中学教师和社会志愿者两部分组成。中学教师有北京师范大学附属实验中学冯琳老师、何志攀老师，海南师范大学附属中学卢怡老师，兰州市第五十八中学豆金楠老师、三亚市民族中学吴艳老师。社会志愿者有汉服北京的杨娜，四川汉服的施倩（网名墨璃），以及加拿大麦吉尔大学教育与心理咨询硕士郭月，深圳汉服同袍冯春苗（网名喵喵），首都博物馆馆员陈雨蕉，攀枝花学院文学学士孟瀚文，视觉编辑李松蔚等。

　　在汉服文化系列读本写作的基础上，我们还曾开展了"中华传统礼乐文明研习课"教材的写作，力图实现编写一套方便实用教材之初衷。可惜由于主客观条件的限制，未竟全功，这一梦想只好留待将来。写作人员包括《华夏节令：传承传统节日》作者冯琳、何志攀、郭月、卢怡、冯春苗、豆金楠、吴艳；此外还有北京师范大学附属实验中学张毅老师、北京市三帆中学谢含老师、河南省实验中学何思老师、北京师范大学附属中学姚岚老师、贵阳市第一中学武先云老师、海南华侨中学唐雯老师、海口市第四中学罗明蔚老师、广东省中山市中山纪念中学马懿宁老师；以及社会志愿者：四川大学文学与新闻学院中国古代文学在读硕士研究生李再睿、北京中医药大学中医内科学在读硕士研究生雷畅、北京大学哲学系博士研究生张茂钰。在此一并致谢。

　　《华夏节令：传承传统节日》写作分工如下：

　　　　第一章　　郭月、卢怡、豆金楠
　　　　第二章　　郭月、卢怡、冯春苗
　　　　第三章　　郭月、冯春苗、吴艳
　　　　第四章　　卢怡
　　　　第五章　　冯琳、郭月、卢怡
　　　　第六章　　冯琳、陈雨蕉
　　　　第七章　　冯琳、郭月、卢怡、冯春苗
　　　　第八章　　郭月、卢怡
　　　　第九章　　郭月、卢怡
　　　　第十章　　冯琳、卢怡
　　　　第十一章　郭月、冯春苗
　　　　第十二章　郭月、卢怡
　　　　第十三章　冯琳、何志攀
　　　　第十四章　何志攀
　　　　第十五章　施倩
　　　　第十六章　施倩
　　　　第十七章　何志攀
　　　　第十八章　冯琳、何志攀、杨娜

本书写作过程中参考了很多礼仪、民俗、历法等方面的研究成果。本书力图将学者的研究成果、社会热心人士的思考、文化复兴的实践探索，以及社会的现实需要整合起来。但由于本书篇幅和写作时间有限，很多内容不能一一涵盖，选择取舍的考虑也未必周全。欢迎广大读者的批评指正，你们的鞭策将鼓励我们不断前行。

本书根据内容需要，经作者授权收录了一些文章，在此表示感谢：吉恩煦、杨梦醒、王娅飞、余墨（网名）、楸月白（网名）。此外，特别感谢中国华服文化研讨会，授权本书收录《中国华服日倡议书》和《关于对〈中国华服日倡议书〉中"中华民族传统节日"和"人生重要节点"进行明确的公告》。本书文稿和经授权收录的文章，其版权都属于其作者所有。

写作过程中，云南省博物馆文物专业人员范舟、古代时尚文化研究学者马大勇，以及汉服同袍张宇谦、徐将晓、冯季越（"忆衣冠"）参与了审稿，冯琳、何志攀、卢怡、郭月、方翔进行了文字校对。

本书图片，除作者供图外，主要提供者为北京汉服协会（筹）（汉服北京）的李晓璇（网名月光里的银匠）、皇甫月骅（网名魁儿）等；天汉民族文化网的蒹葭从风（网名），草色风烟（网名），三柳（网名）等；成都重回汉唐文化传播有限公司；汉服荟的众多汉服商家。为本书提供图片的还有北京文化发展研究院、北京师范大学珠海分校南嘉汉服社、绘本作家燕王WF、北京中医药大学蝉衣汉服社姜晓媛（网名清晴瑶儿）、浙江舟山定海区汉文化协会龚金燕（网名子言）、深圳汉服同袍稻香（网名）、北京师范大学实验中学子衿汉服社，以及邓雪婷、张茂钰、刘芮溪、肖沐野、张纪元等。所有这些图片仅供本书写作使用，其版权都归其原作者所有。李松蔚、田成、蒋若禹、方翔参与了本书图片的整理工作。运平设计工作室承担了本书的封面设计工作。

本书写作过程中，成都重回汉唐文化传播有限公司的吕晓玮（网名绿珠儿）、汉服荟的陈奔超（网名阿犇）、天汉民族文化网的叶茂（网名百里奚）、汉服北京的庄旋（网名鸿胪寺少卿）、历史学者李竞恒博士、微博"汉族"话题主持人的奴兮小姐（网名）、广州岭南汉服文化研究会的汪家文（网名独秀嘉林）、北京校园传统文化联盟的书杀（网名）、汉服小怪兽传媒工作室的杨诗韵，以及娜嫒萧萧（网名）、蔡锐、王玉洁、田萌等同袍、亲友，都提供了相关资源和帮助。此外，潘銮、丁亚晨等参与了早期校本教材的绘图、审校等工作。还有许多同袍、亲友，给予我们文稿与图片的支持，由于篇幅限制，没有能够全部采用，但是这体现的鼓励与认可，让我们非常感激，并希望在以后的写作中弥补缺憾。

本书的最终完成离不开这些组织与个人的付出。

原国家总督学柳斌先生在百忙中为本书作序，并欣然为本书题词。我的同事北师大实验中学吴荻老师为本书题写了书名，我的书法老师、好友余辉先生为本书题词，使得本书更为厚重与丰富。

本书的编写克服了重重困难，在各位热心人士的帮助下，最终得以完成。感谢所有参与编写和提供帮助的人员，正是因为有了诸位的辛勤付出，这次艰苦的写作才得以坚持下来。感谢我所任教的北京师范大学附属实验中学，给传统文化教育提供的良好条件，我的诸多教育梦想在这里得以实现。感谢宋冉女士，帮助我们联系出版资源。感谢学苑出版社，给予我们的肯定与重视。感谢重回汉唐与汉服荟，给予本书编写的大力支持。感谢我的学生郭月，当时与我共同建设和讲授传统礼仪课程，并完成了早期校本教材节日部分的主要写作。感谢汉服北京和北京中医药大学蝉衣汉服社，将汉服课程开设并坚持下来，至今仍然怀念那些共同建设课程的日子。感谢天汉民族文化网诸网友，在我开始酝酿写作时的鼓励和支持。感谢可爱又能干的小卢老师和春苗同袍，在写作最艰苦的时候给予我的大量帮助。感谢腊肠等早期在北京做活动的同袍，至今还记得紫竹院的立夏、后海的中秋、香山的重阳、清华园的冬至，以及那时共同拥有的复兴华夏的梦想……此外，要感谢我敬爱的父亲，以及广大亲友给予的肯定与支持。要感谢我曾就读的四川省攀枝花市十九冶一中（现攀枝花市第十六中学校）和北京师范大学哲学与社会学学院，以及那时的师生、朋友们。那里孕育了我的诸多梦想，包括传统文化教育之梦，我今天几乎所有的实践，都源于曾经的思考和探索。还要特别感谢的是，在汉服运动中做出重要贡献的天风环珮（已去世）、兼葭从风、百里奚等同袍，你们撰写的《民族传统服饰·礼仪·节日复兴计划》，在这十多年间起到了汉服活动教科书的作用，为大家的礼仪、节日等活动提供了宝贵的资源，也深深打动和启发了我。撰写这一系列书籍，也是向当年一起奋斗过的同袍们致敬。

  本书从 2017 年 9 月重启写作，2018 年寒假基本完稿，花朝前后完成统稿，清明期间又加以修订。全书审校结束，已经是戊戌年的上巳了。此后，又有多番变迁，暑假再次补充修订，10 月终于完全定稿。历时四年之久的汉服文化读本写作，至此告一段落。一路走来，从讨论大纲，到申请经费，到编撰修订，历经寒暑、历尽艰辛，说得上是"一番番春秋冬夏，一场场酸甜苦辣"。但是我们都咬紧牙关、攻坚克难地坚持了下来。坚持就是胜利！本书基本完稿之日，恰逢"中国华服日"活动举办之时。有一种曙光在前、夙愿正在渐渐实现的感觉。关注汉服复兴转眼已是第十三年，这些年风雨兼程，一路前行。未来的路，还很漫长，但是，"星星之火，可以燎原"！只要越来越多的华夏儿女共同努力，我们的复兴之路就会越走越宽，从而真正实现"化民成俗""再兴华夏"的那一天！

何志攀（宁馨何如）
戊戌年（2018 年）
10 月 17 日重阳定稿

图书在版编目（CIP）数据

华夏节令：传承传统节日/冯琳，何志攀，杨娜著. —— 北京：学苑出版社，2019.3

ISBN 978-7-5077-5665-4

Ⅰ.①华… Ⅱ.①冯…②何…③杨… Ⅲ.①节令—风俗习惯—中国—中学—教材 Ⅳ.① G634.501

中国版本图书馆 CIP 数据核字（2019）第 041699 号

责任编辑：洪文雄

编　　辑：乔素娟

出版发行：学苑出版社

社　　址：北京市丰台区南方庄 2 号院 1 号楼

邮政编码：100079

网　　址：www.book001.com

电子邮箱：xueyuanpress@163.com

销售电话：010-67601101（销售部）、67603091（总编室）

印　刷　厂：河北赛文印刷有限公司

开本尺寸：880mm×1230mm　1/16

印　　张：17.5

字　　数：370 千字

版　　次：2019 年 4 月北京第 1 版

印　　次：2019 年 4 月北京第 1 次印刷

定　　价：96.00 元